파이썬을 활용한 공간분석 도구 개발

- 지리정보시스템(GIS)과 재난 정보 분석 -

지리정보시스템(GIS)과 재난 정보 분석

파이썬을 활용한 공간분석 도구 개발

최진무 | 김민준 지음

경희대학교 출판문화원

머리말

안녕하세요, 독자 여러분.

『파이썬을 활용한 공간분석 도구 개발』이라는 책을 집필하게 되어 매우 기쁩니다. 이 책은 파이썬을 처음 접하는 사람부터 이미 다양한 오픈소스 라이브러리를 사용할 수 있는 사람까지, 모두에게 유용하고 쉽게 읽히도록 기획되었습니다.

지리정보시스템(GIS)과 공간분석은 현대 사회에서 매우 중요한 역할을 하고 있습니다. 특히, 재난 정보를 활용한 피해 분석 및 대응에서 공간 데이터의 활용은 필수적입니다. 이 책은 이러한 필요에 부응하여 친절한 길잡이가 되는 데 중점을 두었습니다. 파이썬과 다양한 오픈소스 라이브러리를 활용하여 재난 정보 분석을 위해 실용적인 공간분석 도구를 개발하는 방법을 안내하고자 합니다.

책의 초반부에서는 파이썬의 설치와 기본 문법을 다루어, 프로그래밍 경험이 없는 독자들도 차근차근 따라올 수 있도록 배려했습니다. 그 후, 데이터 분석에 필수적인 판다스(Pandas) 라이브러리와 공간 데이터를 처리하기 위해 지오판다스(Geopandas), Rasterio 라이브러리를 이용한 벡터 및 래스터 데이터 처리 기법을 소개합니다. 이를 통해 독자들은 파이썬을 활용한 기본적인 공간 데이터 처리 기술을 익힐 수 있습니다.

중반부부터는 Matplotlib, Folium 등을 이용한 데이터 시각화 기술을 다루어, 분석 결과를 효과적으로 전달하는 방법을 배웁니다. 이후 5개 장에 걸쳐 실제 재난 피해 분석을 위한 다양한 사례 연습을 해봅니다. 이를 통해 실전에서 공간 데이터를 활용하여 재난 피해를 분석하는 방법을 심도 있게 탐구합니다. 과거 태풍 검색 및 비교, 침수 예상 건물 탐지, 재난 예상 피해 분석, 대피경로 분석, 산불 피해지역 탐지 등 다양한 주제를 다루며, 실제 문제 해결에 필요한 기술을 익힐 수 있습니다.

이 책을 통해 독자 여러분은 파이썬을 활용한 공간 데이터 처리의 기초부터 공간분석 도구를 개발하는 고급 기술까지 체계적으로 학습할 수 있을 것입니다. 또한, 배운 지식을 실제 재난 피해 분석을 위한 도구 개발과 같은 중요한 문제에 적용할 수 있는 능력을 갖추게 될 것입니다. 이 책이 독자 여러분의 학습과 실무에 큰 도움이 되기를 바랍니다.

감사합니다.

최진무, 김민준 드림

* 이 머리말이 책의 취지를 잘 반영하고 독자들에게 명확한 안내가 되기를 바랍니다. 이 책에 활용되는 학습 자료는 왼쪽의 큐알코드(https://kr.object.gov-ncloudstorage.com/khu-bucket/homepage/upload/etc/2024/241119/Python.zip)에서 다운받으시기 바랍니다. (4장부터의 데이터, 2장부터의 코드, 각 장에 대한 강의노트 ppt 파일) 추가적인 수정이나 보완이 필요하면 언제든지 알려주세요.

이 책의 내용

이 책은 파이썬을 활용한 공간분석 도구 개발을 학습하고자 하는 독자들을 대상으로 합니다. 전반적인 목표는 독자들이 파이썬과 다양한 라이브러리를 사용하여 재난 정보 분석을 위해 공간 데이터를 처리하고 분석하는 방법을 이해하고, 실제 응용 사례를 통해 실습할 수 있도록 돕는 것입니다.

1장에서는 파이썬과 아나콘다의 설치 및 기본적인 사용법을 다룹니다. 2장과 3장은 파이썬의 기본 문법인 변수와 자료형, 연산자와 제어문에 관해 설명하여, 프로그래밍의 기초를 다집니다. 4장에서는 데이터 분석을 위한 판다스 라이브러리를 소개하여, 데이터프레임을 다루는 방법을 배웁니다.

5장과 6장은 벡터 데이터와 래스터 데이터의 처리 방법을 다룹니다. 여기서 지오판다스, Rasterio 등의 라이브러리를 사용하여 벡터와 래스터 유형의 공간 데이터를 읽고, 처리하고, 변환하는 방법을 배웁니다. 7장에서는 Matplotlib, Plotly, Folium과 Mapclassify를 이용한 데이터 시각화 기법을 학습합니다.

8장부터 12장까지는 실제 사례 연구를 통해 공간분석 도구를 개발하는 방법을 다룹니다. 과거 태풍 검색 및 비교(8장), 침수 예상 건물 탐지(9장), 재난 예상 피해 분석(10장), 대피경로 분석(11장), 산불 피해지역 탐지(12장) 등의 주제를 통해, 실제 문제를 해결하는 데 필요한 분석 기법과 프로그래밍 기술을 익힙니다.

이 책을 통해 독자들은 파이썬의 기초를 학습하고 오픈소스 라이브러리를 활용한 공간 데이터 처리, 재난 피해 분석의 이론과 실습을 체계적으로 학습하여, 다양한 실세계 문제에 적용할 수 있는 능력을 갖추게 될 것입니다.

이 책과 유사도서의 차이점과 장점

유사도서와의 차이점

1. 실제 사례 중심의 실습
    - 유사도서: 대부분의 공간 데이터 분석 책들은 이론과 기본적인 예제에 집중하는 경우가 많습니다.
    - 본 도서: 과거 태풍 검색 및 비교, 침수 예상 건물 탐지, 재난 예상 피해 분석, 대피경로 분석, 산불 피해 지역 탐지 등 실제 응용 사례를 중심으로 실습을 제공합니다. 이는 독자들이 실제 문제를 해결하는 데 필요한 기술을 학습하고, 실무에 바로 적용할 수 있도록 돕습니다.
2. 전체적인 파이썬 생태계 활용
    - 유사도서: 특정 라이브러리나 도구에 집중하는 경향이 있습니다.
    - 본 도서: 파이썬 전반에 걸쳐 널리 사용되는 라이브러리(예: 판다스, 지오판다스, Matplotlib, Folium 등)를 종합적으로 다룹니다. 이는 독자들이 다양한 도구를 활용하여 종합적인 분석을 수행할 수 있게 돕습니다.
3. 단계별 학습 구성
    - 유사도서: 특정 주제나 기술에 집중하여 깊이 있는 내용을 다루지만, 초보자를 위한 기초 단계가 부족할 수 있습니다.
    - 본 도서: 파이썬과 아나콘다의 설치부터 변수와 자료형, 연산자와 제어문 같은 기초적인 내용까지 다루어 초보자도 쉽게 접근할 수 있습니다. 그런 다음 공간 데이터 처리, 시각화, 공간분석 등 점차 복잡한 주제로 넘어가며 학습의 깊이를 더해갑니다.

이 책의 장점

1. 실용성과 응용성

   재난 정보 분석에 관해 8장부터 12장까지 다섯 가지의 실제 사례를 통해 독자들이 배운 지식을 실제 문제 해결에 어떻게 적용할 수 있는지를 명확히 제시합니다. 이는 책을 읽고 난 후 독자들이 실무에 바로 활용할 수 있는 능력을 배양합니다.

2. 종합적인 도구 활용 능력

   파이썬 생태계의 다양한 도구와 라이브러리를 활용하는 방법을 배우므로, 독자들은 특정 도구에 종속되지 않고 오픈소스를 기반으로 한 방법으로 문제를 해결할 수 있는 능력을 갖추게 됩니다.

3. 체계적인 학습 경로

   기초부터 고급 주제까지 단계적으로 학습할 수 있도록 구성되어, 초보자부터 중급 사용자까지 모두에게 유용합니다. 이는 독자들이 자신의 수준에 맞추어 학습을 진행할 수 있게 합니다.

4. 데이터 시각화

   데이터 분석뿐만 아니라 7장에서 시각화 기법도 다루어, 분석 결과를 효과적으로 전달하는 방법을 배울 수 있습니다. 이는 분석 결과의 커뮤니케이션을 중요시하는 현대 데이터 과학의 요구에 부합합니다.

5. 실습 중심 접근

   이론보다는 실습을 통해 배우는 접근 방식을 취하여, 독자들이 직접 코드를 작성하고 실행하며 학습할 수 있게 합니다. 이는 학습 효과를 높이고, 실무 능력을 강화하는 데 도움이 됩니다.

종합적으로, 이 책은 이론과 실습을 균형 있게 다루고 있습니다. 재난 피해 분석에 관한 다양한 실제 사례를 통해 오픈소스 기반의 실용적인 공간분석 도구를 개발하는 방법을 학습할 수 있도록 돕는다는 점에서 큰 장점을 가지고 있습니다.

목 차

1장

파이썬과 아나콘다

이 장에서는 상용 GIS 소프트웨어의 한계를 살펴보고 이를 극복하기 위해 프로그래밍 기반의 GIS 도구를 이용하여 공간 데이터를 처리하는 방법을 살펴본다. 파이썬은 공간 데이터를 처리할 수 있도록 다양한 라이브러리를 제공하고 있어 많은 장점이 있다. 파이썬을 사용하면 어떤 장점이 있는지 살펴보자.

파이썬은 바이너리 파일을 내려받아 독립적으로 설치할 수 있고 아나콘다라는 패키지를 설치할 수도 있다. 아나콘다 패키지는 파이썬 프로그램뿐만 아니라 다양한 라이브러리를 포함하고 있으며 파이썬 프로그램의 사용자 인터페이스를 제공하는 주피터 노트북을 함께 설치해준다. 이러한 아나콘다의 설치과정을 살펴보고 여러분의 파이썬 환경을 만들어보도록 하자.

왜 파이썬인가?

우리는 왜 파이썬을 사용해야 할까? 컴퓨터가 등장하기 이전에는 작도를 통해 종이지도를 제작하고 공간정보를 탐구했다. 컴퓨터가 등장함에 따라 개인용 데스크톱 기반(Desktop-based)의 지리정보시스템(Geographic Information System)이 활성화되면서 비약적인 발전이 이루어졌다. 빅데이터가 더는 낯선 단어가 아닌 요즘, 대용량 지리정보 데이터의 수요가 급증하면서 지리정보 빅데이터를 효율적으로 처리하기 위해 GIS 프로그래밍의 필요성과 활용성이 높아졌다. 이에 따라 공간 데이터를 쉽게 수용할 수 있고 다양한 공간정보처리 기능을 제공하는 파이썬이 주목받고 있다.

데스크톱 기반의 상용 GIS 소프트웨어와 프로그래밍의 장단점을 잠시 살펴보자.

표 1.1 상용 GIS 소프트웨어의 한계점

- 운영체제(OS)의 의존성
  ESRI사의 소프트웨어는 맥(Mac) 운영체제에서 작동이 불가능함
- 구매 비용의 필요
  ESRI사의 ArcMap, ArcGIS Pro 등 상용 소프트웨어는 구매 비용이 발생함
- 사전 정의된 공간처리 도구(tool)의 폐쇄성
  GIS 소프트웨어의 공간처리 도구는 처리 과정이 공개되지 않아 과정에 대한 이해가 떨어질 수 있음
- 연속적인 데이터 처리의 불편성
  자르기(Clip) → 붙이기(Merge) → 쿼리(Query) → 데이터 추출(Extract) 등 연속적인 데이터 가공 및 분석 과정을 구현하는 데 자동화의 편의성이 떨어짐

평소 상용 또는 오픈소스 GIS 소프트웨어를 즐겨 사용하는 분들이라면 공감할 내용이라 생각된다. 다음으로 프로그래밍 기반 GIS 데이터 처리의 장점을 살펴보겠다.

표 1.2 프로그래밍 기반 GIS 데이터 처리의 장점

- 운영체제(OS)의 자유로움
  윈도우(Windows), 리눅스(Linux), 맥(mac) 운영체제의 종류와 관계없이 사용 가능

- 오픈소스(Open-source)
  구매비용이 존재하지 않으며 무료 또는 오픈소스 라이선스로 사용 가능
- 공간처리 기능의 개방성
  공간처리를 위한 과정을 코드로 확인할 수 있으며 사용자 정의가 가능함
- 재생산성과 재활용성
  사전에 작성된 코드를 쉽게 공유할 수 있어서 재생산성과 재활용성이 뛰어남

위와 같이 프로그래밍 기반 GIS 데이터 처리는 다양한 장점이 있다. 또한 프로그래밍 언어는 개인 데스크톱 기반뿐만 아니라 웹, 고성능 슈퍼컴퓨터, 모바일 앱으로도 구현·활용할 수 있어서 확장성이 매우 높다. 다만 프로그래밍에 익숙하지 않은 사용자는 새로운 언어를 배워야 하는 과정이 필요하기에 조금 어렵다고 느낄 수 있다. 그렇지만 이 책을 통해서 여러분은 프로그래밍 기반의 GIS 데이터 처리가 얼마나 매력적인지, 그리고 얼마나 편리한지를 느낄 수 있을 것이라 확신한다.

파이썬이란?

파이썬이란 공식 홈페이지(https://www.python.org)에 따르면, "더 빠르게 작업하고 시스템을 더 효과적으로 통합할 수 있는 프로그래밍 언어(Python is a programming language that lets you work more quickly and integrate your systems more effectively.)"다. 비교적 다른 프로그래밍 언어보다 쉽고 직관적인 코드로 구성되어 있다. 또한 파이썬의 장점으로 수많은 패키지와 라이브러리를 쉽게 사용할 수 있는 특징이 있다. 패키지? 라이브러리? 아직은 무슨 말인지 몰라도 된다. 이는 차차 알아보도록 하고, 파이썬 설치에 앞서 파이썬이 지닌 다양한 장점들을 요약해서 알아보도록 하자.

표 1.3 파이썬의 장점

- 직관적인 구문으로, 이해하기 쉽고 배우기 쉬운 언어
- 상대적으로 짧고 간단한 코드를 작성하여, 높은 수준의 데이터 처리 가능
- 사용자가 많아 타 프로그래밍 언어와 비교하여, 높은 점유율 보유

- 객체 지향(object-oriented) 프로그래밍에 대한 강력한 지원
- 공간 데이터 처리를 위한 다양한 패키지(package)와 라이브러리(library)가 존재

파이썬을 사용하려면 먼저 설치를 해야 한다. 우리가 영어를 배울 때, 영어는 어느 나라에서 사용하는 언어이고 어떠한 특징이 있는지를 먼저 배우게 된다. 프로그래밍 언어 역시 같은 방식이다. 컴퓨터에게는 '파이썬 언어를 내가 사용할 테니 지금부터 준비해볼까!'라는 행위가 파이썬을 다운로드하고 설치하는 과정이다. 파이썬 공식 홈페이지에서 쉽게 다운로드받을 수 있다. 이 책의 작성일 기준으로 최신 버전은 3.11.4이다(그림 1.1). 파이썬은 버전별로 따로 설치해도 다른 소프트웨어라고 생각하면 된다(다른 소프트웨어처럼 따로 작동한다). 버전이 달라도 괜찮으니 최신 버전을 다운받아 설치하자. 기존 버전으로 작업한 내용이 있고 그 내용을 유지하고 싶다면 기존 버전의 파이썬을 제거할 필요 없이 그대로 새로운 버전을 다운받으면 된다.

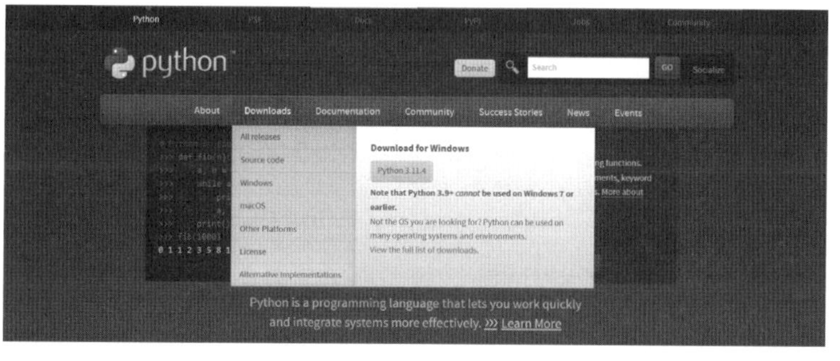

그림 1.1 파이썬 공식 홈페이지(http://python.org) **내 다운로드 화면**

파이썬은 버전에 따라 지원하는 라이브러리, 패키지가 상이하다. 예를 들어 특정 패키지는 파이썬 3.8.x 버전만을 지원하고, 파이썬 2.x.x 버전은 지원하지 않는 등의 이슈가 발생할 수 있다. 파이썬 버전별 설치 페이지는 그림 1.2와 같다. 공식 홈페이지 → Downloads → All releases를 통해 접근할 수 있다. 사전 배포되는 3.12 버전부터 3.8 버전까지 다양한 버전을 볼 수 있다. 아직은 설치하지 말자. 차근차근 뒤에서 살펴볼 것이다. 지금은 파이썬 웹사이트를 탐색하면서 어디에 무슨 정보가 있는지 확인해보자.

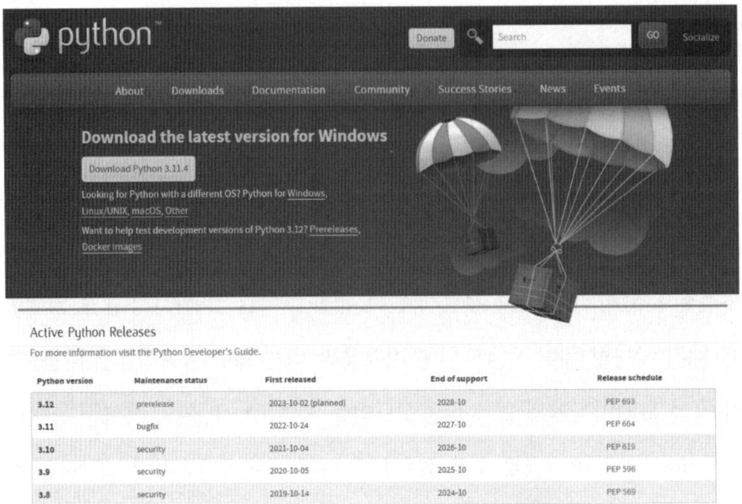

그림 1.2 파이썬 버전별 배포 홈페이지

아나콘다 설치

전 세계 수많은 개발자가 고민에 고민을 거듭하고 있다. 더욱 편리한 파이썬 개발환경을 만들 수는 없을까? 그렇게 탄생한 것이 바로 아나콘다(Anaconda)이다. 아나콘다는 파이썬 패키지 관리와 배포를 단순화하는 것을 목표로 과학 컴퓨팅(데이터 과학, 기계 학습 응용 프로그램, 대규모 데이터 처리, 예측 분석 등)을 위한 파이썬 프로그래밍 언어의 올인원(All-in-one) 배포판이다. 2012년 피터 왕(Peter Wang)과 트레비스 올리판트(Travis Oliphant)가 설립한 아나콘다사(Anaconda, Inc.)에서 개발·유지·관리하고 있다. 아나콘다를 설치할 경우 250개 이상의 패키지가 자동으로 설치되며 7,500개 이상의 추가 오픈소스 패키지를 설치할 수 있다. 공간 데이터 처리를 하려면 사전에 수많은 패키지를 설치해야 하는데, 아나콘다를 통해 번거로움을 덜 수 있다.

아나콘다는 공식 홈페이지(https://www.anaconda.com/download)에서 운영체제별 버전으로 다운로드받을 수 있다(그림 1.3).

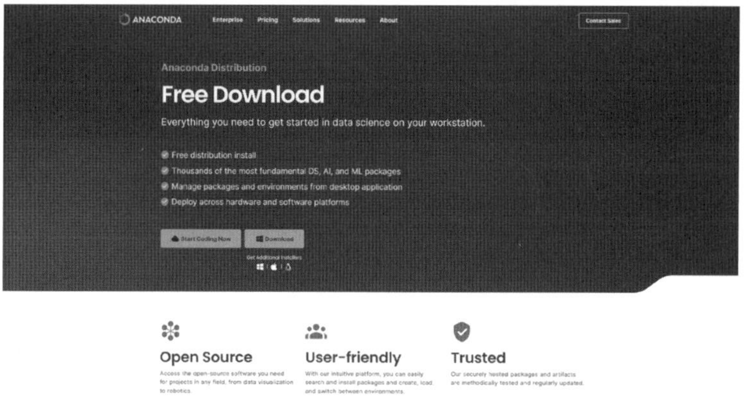

그림 1.3 아나콘다 다운로드 및 설치 페이지

설치파일을 다운로드받은 후 실행시키면 그림 1.4와 같은 화면이 등장한다. Next 버튼을 클릭한다.

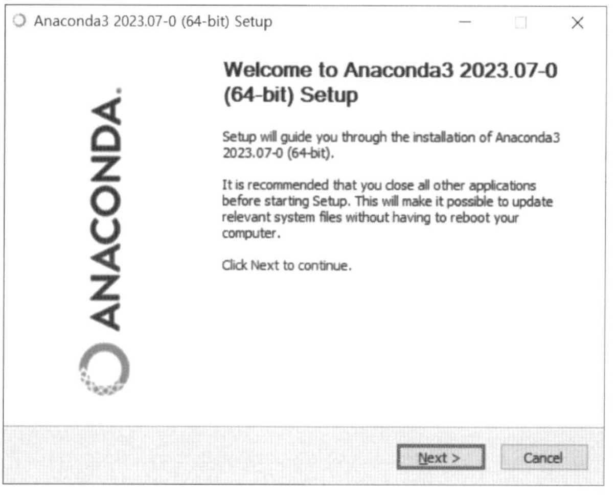

그림 1.4 아나콘다 설치 시작

다음은 아나콘다 사용을 위한 라이선스 동의 화면이다(그림 1.5). 관심 있는 분은 읽어본 후 Next 버튼을 클릭하면 된다. 보통은 읽지 않지만, 완제품을 개발하는 경우에는 오픈소스의 지식재산권 배포 관련 문제가 있으므로 반드시 꼼꼼히 읽어야 한다.

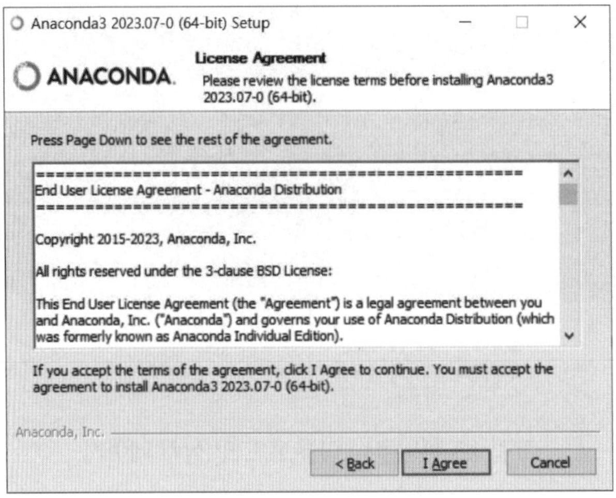

그림 1.5 라이선스 동의

다음은 설치 유형을 선택하는 화면이다(그림 1.6). 특별한 경우가 아닌 이상 Just Me로 설치하면 개인 컴퓨터에서 사용 가능한 옵션이다. 확인 후 Next 버튼을 클릭한다.

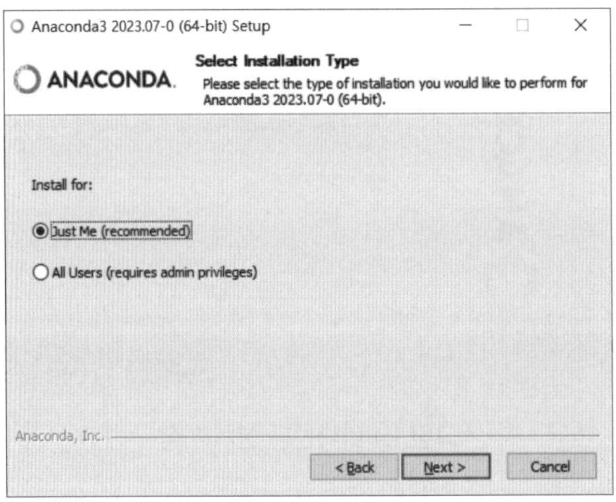

그림 1.6 설치 유형 선택

다음은 아나콘다 설치 경로를 지정하는 화면이다(그림 1.7). 기본적으로 C 드라이브에 설치된다. 다른 드라이브에 설치하고 싶은 경우 해당 드라이브 경로에 맞게 Anaconda 폴더를 지정해주면 된다. 확인 후 Next 버튼을 클릭한다.

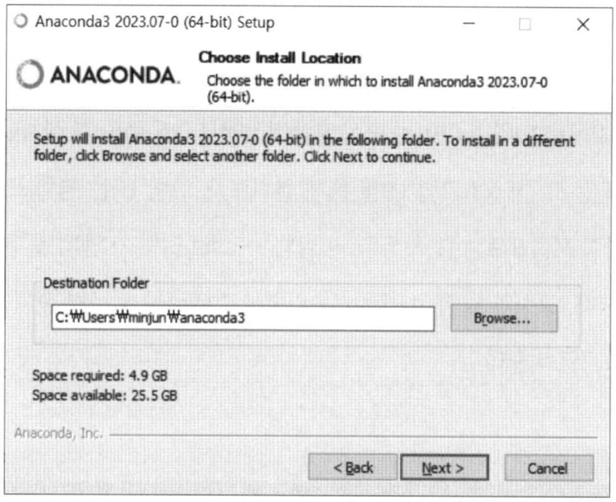

그림 1.7 설치 경로 지정

다음 화면은 중요한 화면이다(그림 1.8). 4개의 설치 옵션이 등장하는데, 우리는 여기서 2번째 체크박스 옵션을 주목해야 한다. 사전에 다른 파이썬을 설치하지 않았다면 'Add Anaconda3 to my PATH environment variable' 옵션을 선택(체크)한 후 설치하는 것을 추천한다. 이는 윈도우 환경변수 경로를 설정해주는 옵션인데, 파이썬의 실행 접근을 전부 가능하게 해주는 옵션이다. 쉽게 말해서, 컴퓨터에게 '내가 어느 경로에서든 파이썬을 실행시킬 수 있게 해줘! 내가 주소를 미리 알려줄 테니!'와 같은 기능을 한다. 즉, 아래 화면과 같이 총 3개의 체크박스를 선택한 후 Install 버튼을 클릭해준다.

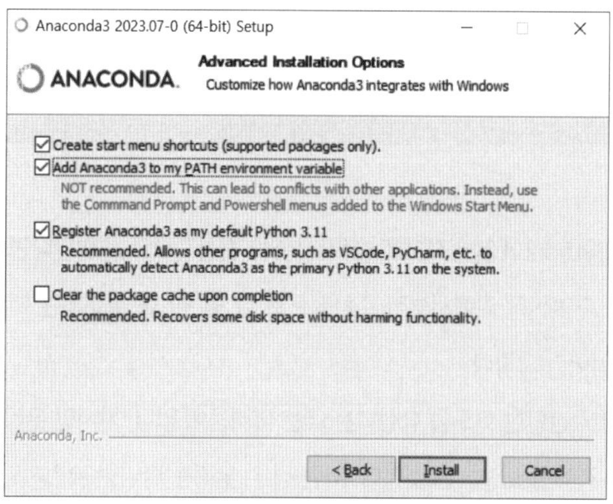

그림 1.8 설치 옵션 선택

Install 버튼을 클릭한 후 몇 분의 시간이 지나면 설치가 완료된다!

호기심이 많은 독자 여러분이라면 파이썬 공식 홈페이지에서 다운로드 후 설치했을 것 같은데, 설치 후 파이썬이 어떻게 작동되는지 간단히 그림 1.9를 통해 살펴보자. 그림 1.9는 명령 프롬프트 창에서 파이썬을 실행한 화면이다. 명령 프롬프트는 [윈도우키 → 실행 → cmd 입력 → 엔터]를 통해 실행할 수 있다. 명령 프롬프트 창이 떴을 때, 그림과 같이 'python'을 입력하고 엔터를 누르면 현재 설치된 파이썬 버전과 함께 커서가 '>>>' 모양으로 바뀐다.

그림 1.9 명령 프롬프트 내 파이썬 실행 화면

아래의 코드를 입력한 후 엔터를 눌러보자.

```
>>> print( ' Hello Python! ' )
```

코드 밑줄에 Hello Python!이 정상적으로 출력되는가? 정상적으로 출력된다면, 파이썬이 성공적으로 설치된 것이다. 이처럼 파이썬은 위에서부터 순차적으로 한 줄, 한 줄 실행되는 메커니즘을 가지고 있다. 대부분의 프로그래밍 언어가 그렇다.

물론 위 예제처럼 매우 간단한 코드를 작성하는 데는 어려움이 없다. 하지만 우리의 최종 목표는 GIS 데이터 처리를 통해 분석 결과를 도출하는 것이다. 이런 경우, 우리는 다양한 패키지와 라이브러리를 사용해야 한다. 분석 결과를 즉각적으로 시각화해서 확인할 수 있는 개발환경이 있으면 더욱 편리할 것이다.

주피터 노트북

이제 우리는 파이썬 실행을 위한 기본적인 수많은 패키지와 라이브러리를 갖게 되었다. 이전에 명령 프롬프트 창에서 Hello Python!을 실행시켰던 것을 기억하는가? 아나콘다를 설치했다면 아나콘다 프롬프트(Anaconda Prompt)를 실행시킬 수 있다. [윈도우키 → Anaconda Prompt 검색 → 실행]을 해주면 기존의 명령 프롬프트와 유사한 창이 등장한다. 아나콘다 프롬프트를 통해 이제 우리는 훨씬 편리한 개발환경을 만날 수 있다. 이를 가능하게 해주는 것이 바로 주피터 노트북(Jupyter Notebook)이다.

아나콘다 프롬프트 창에서 아래 명령어를 입력한다. 조금만 기다리면 새로운 창이 등장한다.

```
(base) C:\Users> jupyter notebook
```

그림 1.10은 주피터 노트북의 최초 실행화면이다. 해당 화면은 파이썬 코드가 실행될 경로를 지정해주는 화면이다. 바탕화면에서 코드 실행 파일을 생성하고, 실행시켜 보겠다. 바탕화면 경로는 보통 [C드라이브 → 사용자(User) → 계정(사용자 임의 설정 계정 이름) → Desktop]에 있다.

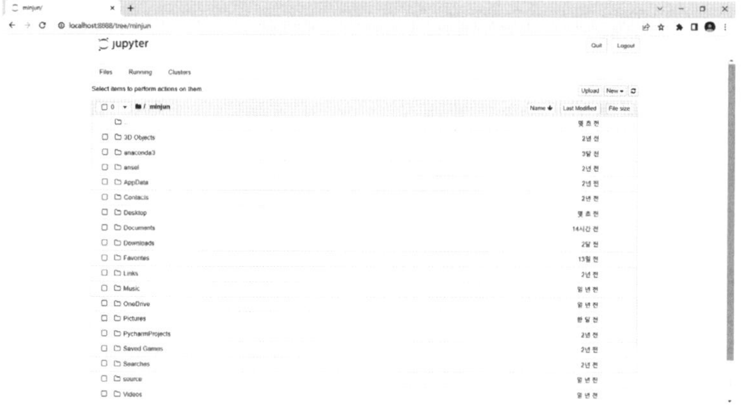

그림 1.10 주피터 노트북 시작 화면

코드를 실행시키려면 파이썬 코드 파일을 생성해야 한다. 그림 1.11과 같이 주피터 노트북 우상단의 New 버튼을 클릭한 후 Python(ipykernel)을 클릭한다.

그림 1.11 파이썬 코드 파일 생성

새로운 노트북(파이썬 코드 파일)이 생성되었다. 중앙에 보이는 코드입력 셀(cell)을 클릭한 후 아래 코드를 작성해보자. 그다음 상단의 Run 버튼을 클릭하면 코드가 실행된다.

```
>>> print( ' Hello Jupyter Notebook! ' )
```

코드가 정상적으로 실행되는가? 한 가지 더, 우리는 주피터 노트북에서 코드 실행 결과를 바로 확인할 수 있다(그림 1.12). 텍스트뿐만 아니라 나중에 실습하게 될 차트, 표, 지도 등 다양한 시각적 결과물 또한 주피터 노트북 화면에서 확인할 수 있다.

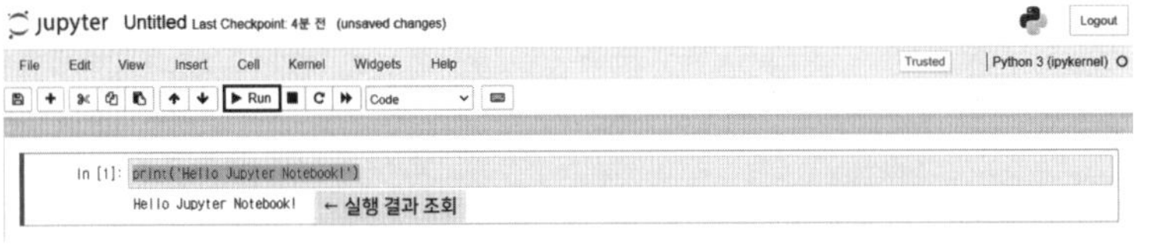

그림 1.12 코드 실행 결과

코드를 실행시킬 때마다 Run 버튼을 누르자니 너무나도 번거로울 것이다. 주피터 노트북에서는 개발 편의를 위해 많은 단축키를 제공하고 있다. 그림 1.13은 단축키 목록이다. 또한, 단축키 목록은 주피터 노트북 화면의 [Help → Keyboard Shortcut] 또는 [H] 키를 눌러서 조회할 수 있다.

그림 1.13 주피터 노트북의 단축키 목록

아나콘다 가상환경

앞선 과정을 통해 우리는 주피터 노트북을 활용해 훌륭한 개발환경을 갖출 수 있게 되었다. 여기서 아나콘다의 정말 강력한 기능을 소개하려 한다. 바로 가상환경(virtual environment)이다.

파이썬 개발은 필요에 따라 다양한 패키지와 라이브러리를 추가 설치하여 진행된다. 고유한 기능이 있는 패키지들은 때에 따라 서로 다른 패키지를 참조하며 개발된다. 이렇게 편리한 패키지들은 한 가지 상황에 직면하게 되는데, 바로 내가 작성한 코드는 설치한 패키지에 의존성이 있다는 것이다. 만약 패키지들이 업데이트됨에 따라 서로 다른 버전을 가지게 되고, 코드 문법이 바뀌게 된다면 어떻게 될까? 또한 내가 사용하고 싶은 패키지가 특정 버전의 패키지에서만 작동한다면 어떻게 해야 할까? 실행이 되지 않거나 서로 뒤엉켜버려 알 수 없는 오류가 발생하는 상황이 생긴다. 이런 상황을 방지하기 위해 우리는 독립적인 개발환경이 여러 개 필요할 것이다. 이를 가능하게 해주는 것이 바로 가상환경이다. 즉 본인의 고유 개발환경을 다양하게 구축함으로써 코드 실행의 안정성을 확보하는 것이다.

예를 들어, 그림 1.14에서처럼 A 환경에서는 벡터 데이터를 처리하는 환경을 지원하는 패키지를 설치하고, B 환경에서는 래스터 데이터를 처리하는 환경을 구축하는 등의 행위가 가능해진다.

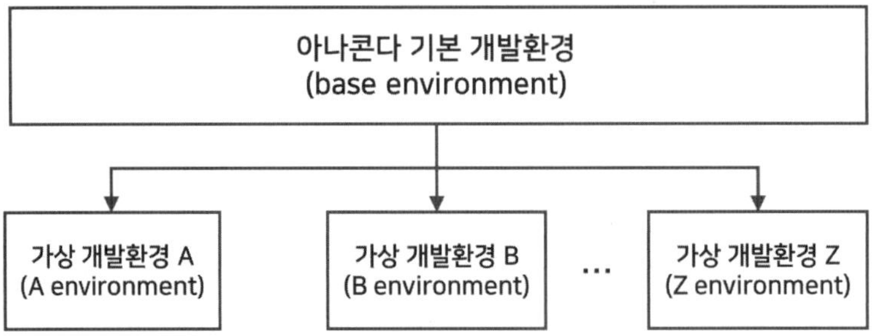

그림 1.14 아나콘다 개발환경

그럼 이제 우리만의 가상환경을 만들어보자. 아나콘다 프롬프트(Windows → Anaconda Prompt → 설정)를 실행시킨 후, 다음 코드를 작성하고 실행시켜 준다. 다음 코드는 아나콘다에 GIS라는 이름을 가지는 가상환경을 생성하는 코드다. 물론, 여러분이 원하면 이름으로도 가상환경 생성이 가능하다. 단, 한글 이름은 사용하지 말자. 영어로 된 단어 중 프로젝트가 인지할 수 있는 이름이 가장 좋다. 여러분만의 개성 있는 가상환경 이름을 만들어보자!

```
(base) C:\Users>conda create -n GIS
```

설치 중간에 'Proceed ([y]/n)?'라는 문구가 나오게 되면, y 키 입력 후 Enter 키를 눌러주면 된다.

설치가 완료되면, 이제 우리는 'GIS'라는 이름을 가진 가상환경을 갖게 된다. 이제 마지막 단계가 남았다. 방금 만든 가상환경을 주피터 노트북과 연결하여 노트북에서도 해당 가상환경을 사용할 수 있게 해주는 작업이다. 이는 가상환경별로 최초 1회만 실행시켜 주면 된다. 아래 코드를 아나콘다 프롬프트에서 입력한 후 실행시켜 줘라. 이는 내가 만든 'GIS' 이름을 가진 가상환경을 주피터 노트북에 연결시켜 준다는 의미다.

```
(base) C:\Users>python -m ipykernel install --user --name GIS
```

이제 정상적으로 주피터 노트북에서 가상환경을 사용할 수 있는지 확인해보자. 아나콘다 프롬프트에서 'jupyter notebook'을 입력하여 주피터 노트북을 실행시켜 주자.

앞에서 진행했던 과정과 동일하게, 코드 파일을 생성하고 싶은 경로로 가서 그림 1.15와 같이 우상단 'New' 버튼을 클릭해보자. 여러분이 생성한 가상환경의 이름이 보이는가? 'GIS' 가상환경을 생성했기 때문에, 아래 그림과 같이 GIS 가상환경이 잘 표출된다. 이를 클릭해주면 GIS 가상환경에서 개발할 수 있는 새로운 노트북이 생성된다.

축하한다! 이제 여러분은 자신만의 파이썬 개발환경을 사용할 수 있다!

그림 1.15 GIS 가상환경 생성

다음 장에서는 파이썬 프로그래밍 언어의 변수와 자료형에 대해서 살펴본다. 변수는 데이터(또는 자료)를 담는 그릇이고 자료형은 자료의 유형, 즉 데이터의 유형을 정의하고 설명하는 것이다. 숫자인지 문자인지 등의 데이터 유형을 지칭한다.

복습 내용

- 상용 GIS 소프트웨어의 한계를 이해하고 프로그래밍 기반의 GIS 데이터 처리의 장점에 대해 살펴보자.
- 데이터 처리에 사용하기 위한 파이썬의 장점에 대해 살펴보자.
- 파이썬을 설치할 수 있도록 아나콘다의 설치과정을 이해하자.
- 주피터 노트북을 활용해야 하는 이유에 대해 살펴보자.

연습 문제

- 상용 GIS 소프트웨어와 파이썬 기반 GIS 데이터 처리의 차이를 설명해보자.
- 데이터 처리에 사용하기 위해 다른 프로그래밍 언어와 비교하면 파이썬의 장점은 무엇인가?
- 여러분의 개인용 컴퓨터에 아나콘다를 설치해보자.
- 주피터 노트북을 설치하고 "GIS2"라는 이름의 가상환경을 설정해보자.
- 주피터 노트북에서 파이썬 코딩을 통해 "Hello, World!"를 출력해보자.

2장

변수와 자료형

우리가 프로그래밍하는 목적은 다양하지만 결국 내가 원하는 결과를 얻기 위해 값을 넣고 → 연산해서 → 결괏값을 얻는 과정으로 요약할 수 있다. 요리를 예로 들어볼까? 카레를 만든다고 가정해보자. 먼저 다양한 재료를 준비해야 할 것이다. 재료를 손질해서 순서에 맞게 재료를 볶고 끓이면 카레가 완성된다. 프로그래밍 과정도 이와 같다.

이 장에서는 변수와 변숫값의 유형에 대해 살펴본다. 변수 유형은 서로 변환할 수 있다. 여기서는 복수의 변수를 담는 네 가지 자료형인 리스트, 튜플, 집합, 사전의 특징과 생성방법을 살펴본다. 이 중 리스트, 튜플, 집합은 서로 변환이 가능하다. 그렇다면 이제부터 파이썬 언어의 가장 기초인 자료형부터 알아보자.

변수(variable)와 값(value)

자료형은 파이썬에서 값(value)을 저장하고 있는 가장 기본적인 형태다. 예를 들어 하나의 박스에 여러 개의 값을 넣을 수도 있고, 문자와 숫자를 동시에 담을 수도 있다. 그렇다면 먼저, 자료형을 구성하는 값과 변수에 대해서 알아보자.

변수란 값을 담고 있는 공간으로, 하나의 값을 저장하며 컴퓨터에 할당된 메모리다(표 2.1). 우리가 카레를 만들 때 양파를 담은 그릇, 당근을 담은 그릇과 같이 재료를 담고 있는 개별적인 재료 그릇에 비유할 수 있다. 즉, 1개의 변수에는 1개의 값만을 할당할 수 있다. 변수에 들어가 있는 값의 유형은 서로 다를 수 있다.

표 2.1 변수의 정의

```
* 변수
  • 데이터를 담기 위해 할당된 메모리(memory)
  • 문자, 숫자와 같은 데이터를 담고 있는 그릇과 같은 역할
  • 파이썬에서는 변수형 선언이 불필요(변수 할당이 선언을 포함하여 진행)
```

변수가 가질 수 있는 값의 유형은 네 가지로 구분되어 있다. ① 정수(Integer), ② 실수(Float), ③ 문자열(String), ④ 부울(Boolean)이다(표 2.2). 정수는 소수점을 포함하지 않는 숫자를 의미한다. 실수는 소수점을 포함하는 숫자다. 문자열은 한글, 영어 등을 포함하는 문자의 집합을 의미한다. 부울은 참과 거짓을 표출하는 논리형 값으로 참(True)은 1, 거짓(False)은 0으로 표현된다.

표 2.2 변숫값의 유형

```
* 값의 유형(value type)
① 정수형(Integer) : 소수점을 포함하지 않는 수
② 실수형(Float) : 소수점을 포함하는 수
③ 문자열(String) : 한글, 영어와 같은 문자의 집합
④ 부울(Boolean) : 참과 거짓을 표현하는 형식
```

주피터 노트북을 통해 변수에 값을 할당하고 조회해보겠다. 아래의 코드를 입력한 다음 실행시켜 보자.

```
A = 1
B = 10.1
C = ' Python '
D = True

print(A)
→ 1
print(B)
→ 10.1
print(C)
→ Python
print(D)
→ True
print(A, B, C, D)
→ 1 10.1 Python True
```

위와 같이 결과가 잘 나오는가? 변수 A, B, C, D에 각각 정수, 실수, 문자열, 부울 값을 할당하고 print 함수를 통해 변숫값을 표출하는 코드다. 파이썬에서는 할당연산자(=)를 기준으로 변수 이름은 좌측에, 변수에 할당할 값은 우측에 위치시켜서 변수를 생성하고 값을 할당할 수 있다. 이후에 우리는 print() 함수를 사용해서 '변수에 있는 값을 출력해줘!'라는 명령을 내린다. 참고로 print() 함수는 한 번에 한 개의 변수를 출력할 수도 있고, print(A, B, C, D)와 같이 여러 개를 동시에 출력할 수도 있다.

변수의 특징 중, 변수형 선언이 불필요하다는 것이 어떤 의미일까? 우리는 'A = 1'이라는 코드를 통해 바로 1의 값이 할당된 A라는 이름을 가진 변수를 생성했다. 하지만 다른 언어에서는 '① A라는 변수는 정수야. ② 그리고 난 A 변수에 1의 값을 넣어줄 거야.'와 같이 2단계에 걸쳐서 변수를 생성하고, 값을 할당하는 경우가 대부분이다. 그러나 파이썬에서는 단 한 줄로 변수를 생성하고, 자동으로 판단하여 값의 유형을 설정한다. 정말 편리하지 않은가? 그렇다면 정말 정수와 실수, 문자열, 부울 형식으로 변수가 생성되었는지 확인해보자. 다음 코드와 같이 type() 함수를 사용하면 변수의 유형(타입)을 확인할 수 있다. print() 함수와 type() 함수를 동시에 사용해서 변수의 유형을 확인해보자. 주피터 노트북의 코드 실행 화면을 통해 정수(int), 실수(float), 문자열(str), 부울(bool)은 각각 다음과 같이 확인할 수 있다.

```
print(type(A))
→ <class 'int'>
print(type(B))
→ <class 'float'>
print(type(C))
→ <class 'str'>
print(type(D))
→ <class 'bool'>
```

변수는 프로그래밍에서 입력 또는 출력값을 담고 있는 가장 기본이 되는 빈 그릇이다. 따라서 사용자 목적에 따라 적절한 변수 이름 짓기를 해야 한다. 변수를 의미하는 직관적인 이름 짓기는 향후 여러분이 직접 작성한 코드의 이해도를 높일 뿐만 아니라, 다른 사람과 공유할 때도 쉽게 이해시킬 수 있는 기초 작업이 될 것이다.

그러나 파이썬에서 변수명으로 사용할 수 없는 키워드가 존재한다. 이는 아래의 네 가지 경우다. 변수명에 공백을 포함할 수 없다. 또한 변수명은 반드시 문자로 시작해야 하며, '_'를 제외한 특수문자를 사용할 수 없다. 마지막으로 print 등과 같이 이미 파이썬에서 지정해서 사용하고 있는 키워드들은 변수명으로 사용할 수 없다.

```
* 파이썬에서 변수명 선언이 불가능한 경우
① 공백 불가
② 숫자로 시작할 수 없음
③ 특수문자 사용 불가: 언더바(_)는 사용 가능
④ 파이썬에서 지정한 사용 불가 키워드: print, import, try, if, return 등
```

네 번째 항목인 파이썬에서 지정한 사용 불가 키워드 목록을 살펴보겠다. 다음 코드를 입력하면 변수명

으로 사용할 수 없는 키워드 목록을 조회할 수 있다. 아래 코드를 입력한 후 실행해보자.

```
# 이처럼 맨 처음 샵(#)으로 작성된 줄은 코드에서 실행되지 않는 부분이다. 이를 주석이
라고 한다. 코드에서 메모가 필요한 부분을 작성하는 데 활용된다.

import keyword
print(keyword.kwlist)
```

```
→ ['False', 'None', 'True', '__peg_parser__', 'and', 'as', 'assert', 'async', 'await', 'break', 'class', 'continue', 'def', 'del', 'eli
f', 'else', 'except', 'finally', 'for', 'from', 'global', 'if', 'import', 'in', 'is', 'lambda', 'nonlocal', 'not', 'or', 'pass', 'rais
e', 'return', 'try', 'while', 'with', 'yield']
```

이처럼 파이썬에서 변수로 사용할 수 없는 코드를 조회할 수 있다. 참고로 'import keyword' 코드는 'keyword라는 이름을 가진 패키지(라이브러리)를 불러와'라는 의미다. keyword 패키지를 불러왔기 때문에, keyword 패키지 안에 있는 kwlist 값을 'keyword.kwlist'와 같은 형식으로 사용할 수 있게 된다. 패키지와 함수는 뒤에서 더욱 자세하게 알아볼 예정이므로, 여기서는 가볍게 이해하고 넘어가도 좋다.

변수 변환

정수와 실수, 문자열은 조건에 따라서 변수 타입의 변환이 가능하다. 이를 변수형 변환이라 한다. 다음 코드를 통해 확인해보자. a와 b 변수에 각각 1과 3.14의 정수, 실숫값을 할당했다. 다음의 'str_a = str(a)' 코드는 str_a 이름을 가지는 변수에 str() 함수를 사용하여 변수 a를 문자열로 바꾼다는 의미다. 이후 print() 함수와 type() 함수를 사용하여 새로 생성한 str_a 변수를 출력하고, 변수 타입을 조회했다. 이처럼 다음 코드와 같이 실수를 정수로, 정수를 실수로 변환하는 것도 가능하다. 다만, 실수를 정수로 변환하면 소수점 이하 자리의 데이터는 없어지므로 데이터 손실이 발생함을 잊지 말아야 한다.

```
a, b = 1, 3.14

str_a = str(a)
print(str_a)
→ 1
print(type(str_a))
→ <class 'str'>

int_b = int(b)
print(int_b)
→ 3
print(type(int_b))
→ <class 'int'>

float_a = float(a)
print(float_a)
→ 1.0
print(type(float_a))
→ <class 'float'>
```

자료형(Data type)

파이썬의 자료형에는 복수의 변수를 한 군데 담고 관리할 수 있는 다양한 형태가 있다. 변수는 당근 그릇, 양파 그릇, 소고기 그릇과 같이 하나의 값을 담는 그릇이다. 이외에도 당근과 양파를 하나로 담은 채소통, 고기류를 담은 고기통과 같은 역할을 하는 자료형도 있다. 카레를 만들 때 재료에 따라 넣는 순서가 달라 한 통에 넣어서 조리 준비를 하는 것과 비슷한 형식이다. 파이썬에서 제공하는 변수 이외의 자료형은 4가지가 있다. ① 리스트(list) ② 튜플(tuple) ③ 집합(set) ④ 사전(dictionary)이 그것이다.

리스트[list]

리스트는 여러 종류의 값이 나열된 형태다. 파이썬에서 가장 범용적으로 사용되는 자료형이다. 리스트 안에서 값들끼리의 순서를 가지고 있다는 특징이 있다.

리스트는 리스트 이름을 설정한 후, 대괄호[] 안에 연속적인 값을 쉼표(,)로 구분하여 순서대로 입력해서 생성할 수 있다. 아래 코드를 작성하고 실행시켜 보자. 아래 코드 첫 줄은 newList의 이름을 가지는 리스트를 생성하는 과정이다. 대괄호[] 안에 정수 1과 문자열 two, 실수 3.0, 리스트 [4, 5, 6]을 순서대로 입력함으로써 4개의 항목을 가지는 새로운 리스트를 생성했다. 참으로 편리한 데이터 타입이 아닐 수 없다. 한 가지 특이한 점은, 리스트 안에 개별적인 항목으로 또 다른 리스트를 삽입할 수 있다는 점이다.

```
newList = [1, ‘two’, 3., [4,5,6]]
print(newList)
→ [1, ‘two’, 3.0, [4, 5, 6]]
type(newList)
→ list
```

여러 항목을 담은 리스트는 다양한 방법으로 접근할 수 있다. 가장 기본적인 방법은 리스트[순서]로 접근하는 방법이다. 순서는 숫자로 입력하며, 0부터 시작한다. 다음 코드를 입력하고 실행해보자.

newList[0]은 리스트의 첫 번째 항목을 의미한다. 따라서 print(newList[0])은 newList에서 첫 번째 값인 1을 출력한다. -1은 가장 마지막 항목을 의미한다. 따라서 newList 리스트 안에 있는 마지막 항목인 [4, 5, 6] 리스트를 출력한다. 연속적인 대괄호[]를 사용해 리스트 안의 리스트에 접근할 수 있다. 즉 newList의 네 번째 항목인 리스트에 접근하려면 newList[3]을 사용해 리스트 [4, 5, 6]에 접근할 수 있고, 리스트 [4, 5, 6]의 두 번째 항목인 5에 접근하려면 newList[3][1]을 입력하면 된다. 정리하자면, new List[3][1]은 ‘newList의 네 번째 항목에서, 다시 그 항목의 두 번째 항목으로 접근하라’라는 의미가 된다. newList의 두 번째 항목인 two 문자열 역시 위 코드와 같이 세분화하여 접근할 수 있다.

```
# newList = [1, 'two', 3., [4,5,6]]

print(newList[0])
→ 1
print(newList[-1])
→ [4, 5, 6]

print(newList[3])
→ [4, 5, 6]
print(newList[3][1])
→ 5

print(newList[1])
→ two
print(newList[1][1])
→ w
```

리스트는 범위로도 접근할 수 있다. 콜론(:)을 사용해 접근하는 방법이 있다. 다음 코드를 입력하고 실행해보자.

콜론(:)을 사용한 리스트 접근은 콜론을 기점으로 시작과 끝의 숫자를 입력함으로써 가능하다. 콜론을 기준으로 좌측은 시작, 우측은 끝 항목의 직전(끝-1)을 의미한다. 만약 생략할 경우 조건에 따라 모든 범위로 접근한다. 예를 들어, newList2[1:]은 newList2에서 두 번째 항목을 시작으로 끝까지를 의미하며, newList2[:2]는 세 번째 항목(0부터 세 번째 항목이므로 2번 항목) 직전까지 전부를 의미한다.

```
# 아래는 ragne 함수를 사용하여 새로운 리스트인 newList2를 생성하는 줄임.
# range 함수는 range(시작, 끝, 간격)의 문법으로 사용.
# 첫 번째 줄 코드는 '0을 시작으로, 10 이전 숫자까지, 1의 간격으로 생성하라'라는 의미임.
```

```
newList2 = list(range(0,10,1))

print(newList2[0:10])
→ [0, 1, 2, 3, 4, 5, 6, 7, 8, 9]
print(newList2[0:10:2])
→ [0, 2, 4, 6, 8]

print(newList2[1:])
→ [1, 2, 3, 4, 5, 6, 7, 8, 9]
print(newList2[:2])
→ [0, 1]
print(newList2[1:4])
→ [1, 2, 3]
```

리스트에서 추가와 삭제도 가능하다. 추가는 append() 함수를, 삭제는 remove() 함수를 사용한다.

아래 코드를 실행시켜 리스트에 새로운 값을 추가해보자. 한 가지 눈여겨볼 것은, append로 삽입하는 경우 자동으로 리스트의 맨 마지막에 값이 추가되며, 괄호 안의 숫자는 순서가 아닌, 값 자체를 의미한다는 것이다. 따라서 출력 결과는 [0, 1, 2, 3, 4, 5, 6, 7, 8, 9, 13]이 된다.

```
# newList2 마지막에 값 13을 추가
newList2.append(13)

print(newList2)
→ [0, 1, 2, 3, 4, 5, 6, 7, 8, 9, 13]
```

삭제는 remove() 함수를 삭제한다. 동일하게 괄호 안의 숫자는 순서가 아닌, 값 자체를 의미한다. 따라서 newList2는 11개의 길이를 가지고 있지만, remove(13) 코드를 통해 값 13을 삭제한다는 것에 주목하자.

```
# newList2에서 값 13을 삭제
newList2.remove(13)

print(newList2)
→ [0, 1, 2, 3, 4, 5, 6, 7, 8, 9]
```

튜플(tuple)

튜플은 리스트와 비슷한 형태다. 리스트는 대괄호[]로 표현하지만, 튜플은 괄호()로 표현된다. 튜플의 특징은 다음과 같다. 리스트와는 달리 최초 생성된 후에 항목의 삭제, 추가, 변경이 불가능하다. 따라서 읽기 중 처리속도가 빠르다. 상수와 같이 지속해서 사용해야 하는 값의 목록이 있다면 리스트보다는 튜플을 사용하는 것이 좋다.

```
* 튜플(tuple)의 특징
① 읽기 전용으로 최초 생성 후 항목의 삭제, 변경이 불가능함
② 읽기, 처리 속도가 빠름
```

새로운 튜플을 생성하고 조회해보자. 아래 코드와 같이 간단하고 쉽게 접근할 수 있다. ( )를 사용하여 값을 할당했으므로 자동으로 튜플로 선언되고 값이 할당된다. 즉 아래 코드에서 newTuple은 ( )로 할당되었기 때문에 그 유형이 Data Tuple로 자동 선언된다.

```
# 새로운 튜플 생성
newTuple = (1,2,3)

print(newTuple)
→ (1, 2, 3)
print(type(newTuple))
→ <class ‘ tuple ’>
print(newTuple[0])
→ 1
```

튜플은 최초 생성 후 삭제, 변경이 불가능하다. 실제로 확인해보자. 튜플의 네 번째 항목에 '4' 값을 입력하는 코드를 작성해보자. 아래와 같이 에러가 발생하며 실행되지 않는다. "tuple' object does not support item assignment'라고 하며 '튜블 객체에는 항목 할당을 지원하지 않는다'는 오류 메시지가 출력된다.

```
newTuple[3] = 4

  TypeError                                 Traceback (most recent call last)
  ~₩AppData₩Local₩Temp/ipykernel_4056/169045105.py in <module>
→ ----> 1 newTuple[3] = 4

  TypeError: 'tuple' object does not support item assignment
```

집합{set}

집합은 데이터 모음을 표현하는 자료형으로, 중괄호{}를 사용해 표현된다. 집합의 특징은 아래와 같다. 집합은 서로 다른 집합과 함께 합집합, 교집합, 차집합 등의 연산이 가능하다. 또한, 중복 값을 허용하지 않고 순서를 고려하지 않는다는 특징이 있다.

```
* 집합{set}의 특징
① 합집합, 교집합, 차집합 등의 연산이 가능
② 중복 값을 허용하지 않음
③ 항목 입력 순서를 고려하지 않음
```

아래의 코드를 입력한 후 실행해보자. 결괏값이 어떠한가? 중복된 2가 사라진 것을 확인할 수 있다. 또한, 숫자가 자동으로 순서대로 정렬된 것을 볼 수 있다. 이를 통해 항목의 입력 순서를 고려하지 않는다는 것을 알 수 있다.

```
# 신규 집합{set} 생성
newSet = {4, 2, 2, 1, 3}

print(newSet)
→ {1, 2, 3, 4}
```

집합의 특징인 연산을 알아보자. 차집합은 -, 합집합은 |, 교집합은 & 기호를 통해 실행할 수 있다. 아래 코드를 통해 쉽게 결과를 확인할 수 있다.

```
newSet2 = {2, 3}
newSet3 = {6, 5}
newSet4 = {1, 4}

print(newSet - newSet2)
→ {1, 4}
print(newSet | newSet3)
→ {1, 2, 3, 4, 5, 6}
print(newSet & newSet4)
→ {1, 4}
```

또한, 리스트[], 튜플(), 집합{}은 서로 자유롭게 변환할 수 있다. 값 유형을 바꾸는 것과 유사하게 아래 코드와 같이 쉽게 데이터 타입을 변환할 수 있다. 리스트인 newList를 튜플로 변환하고 싶다면 tuple(newList)을 사용하여 변환하면 된다. 집합으로 변환하려면 set() 함수를, 리스트로 변환하려면 list() 함수를 사용하면 된다.

```
a = tuple(newList)
b = set(newTuple)
c = list(newSet)

print(a)
→ {1, ' two ', 3.0, [4, 5, 6]}
print(b)
→ {1, 2, 3}
print(c)
→ [1, 2, 3, 4]
```

사전{'dict':'tionary'}

사전은 키(Key)와 값(Value)으로 구성되어 있다. 우리가 실제로 사용하는 사전과 같이 키에 대응되는 값의 쌍으로 구성된 형태다. 사전은 중괄호{}와 따옴표' 또는 쌍따옴표""를 사용하여 선언한다. 사전의 특징은 다음과 같다. 사전을 구성하는 key는 절대 중복이 불가능하며, key를 사용하여 값에 접근할 수 있다. 또한 key를 사용하여 값을 추가, 변경, 삭제하는 것이 가능하다.

```
* 사전{ ' dict ' : ' tionary ' }의 특징
① Key는 절대 중복 불가
② Key를 사용하여 값에 접근 가능
③ Key를 사용하여 값을 추가, 변경, 삭제 가능
```

새로운 사전을 생성하고 조회해보자. 아래 코드를 입력한 후 실행해보자. 아래 코드에서 brand, model, year는 각각 사전의 키(key)가 되고, BMW, 520d, 2023은 값(value)에 해당된다.

```
# 사전 생성하기
newDict = { ' brand ' :  ' Bmw ' ,  ' model ' :  ' 520d ' ,  ' year ' : 2023}

print(newDict)
→ { ' brand ' :  ' Bmw ' ,  ' model ' :  ' 520d ' ,  ' year ' : 2023}
```

기존의 사전에서 새로운 키와 값을 입력하거나 기존 키를 사용하여 값에 접근한 뒤, 변경이 가능하다. 또한 사전에 포함된 키와 값을 개별적으로도 조회할 수 있다. 다음 코드를 입력한 후 실행하고 결과를 확인해보자.

```
# 신규 키 color를 생성한 후 white 값 입력
newDict[ ‘ color ’ ] = ‘ white ’

# 기존 키 year를 통해 새로운 리스트 형태의 값을 입력
newDict[ ‘ year ’ ] = list(range(2020, 2023))

# 변경된 사전 출력 조회
print(newDict)
→ { ‘ brand ’ : ‘ Bmw ’ , ‘ model ’ : ‘ 520d ’ , ‘ year ’ : [2020, 2021, 2022],
‘ color ’ : ‘ white ’ }
# 사전에 있는 키 목록 조회
print(newDict.keys())
→ dict_keys ([ ‘ brand ’ , ‘ model ’ , ‘ year ’ , ‘ color ’ ])
# 사전에 있는 값 목록 조회
print(newDict.values())
→ dict_values ([ ‘ Bmw ’ , ‘ 520d ’ , [2020, 2021, 2022], ‘ white ’ ])
```

이 장에서는 하나의 값을 저장하는 변수와 여러 개의 값을 묶어서 저장할 수 있는 자료형인 리스트[list], 튜플(tuple), 집합{set}, 사전{‘dict’:‘tionary’}을 살펴보았다.

다음 장에서는 함수의 유형과 반복문에 대해 살펴볼 것이다.

복습 내용

- 변수의 개념과 역할을 이해하자.
- 변숫값의 유형에 관해 설명할 수 있다.
- 변수의 유형을 확인하는 방법을 살펴보고 변수의 선언이 불가능한 경우에 관해 설명할 수 있다.
- 변수형의 변환에 대해 이해하고 변환 방법을 설명할 수 있다.
- 복수의 변수를 한 군데 담을 수 있는 네 가지 자료형을 설명해보자.
- 리스트의 특징과 생성 방법을 설명할 수 있다.
- 튜플의 특징과 생성 방법을 설명할 수 있다.
- 집합의 특징과 생성 방법을 설명할 수 있다.
- 사전의 특징과 생성 방법을 설명할 수 있다.
- 자료형 중 리스트, 튜플, 집합의 변환 방법을 설명할 수 있다.

연습 문제

- 변수란 무엇이며, 변숫값의 네 가지 유형은 무엇인가?
- 변수명 선언이 불가능한 경우 네 가지는 무엇인가?
- 변수의 네 가지 유형으로 할당하고 그 유형을 다른 유형으로 변경하는 코드를 작성한 후 각 코드 라인에 관해 설명해보자.
- 실수형의 변수를 정수형으로 변환하면 어떤 문제가 발생하는가?
- 자료형의 네 가지(리스트, 튜플, 집합, 사전)에 대해 그 특징을 구분하여 설명해보자.
- 자료형의 네 가지 각각에 대해 값을 할당하고, 유형을 출력하는 코드를 작성하고, 코드의 각 라인을 설명해보자.
- 리스트를 튜플로 변경하는 코드를 작성하고 코드의 각 라인을 설명해보자.
- 튜플을 집합으로 변경하는 코드를 작성하고 코드의 각 라인을 설명해보자.
- 집합을 리스트로 변경하는 코드를 작성하고 코드의 각 라인을 설명해보자.

3장

연산자와 제어문

이 장에서는 연산자를 살펴본다. 연산자에는 산술 연산자, 관계 연산자, 논리 연산자, 제자리 연산자 등이 있다. 이러한 연산자는 기존 값들을 이용해서 사칙연산 등을 통해 새로운 값을 도출하는 데 사용된다. 이러한 연산을 반복하는 데 반복문이 필요하므로, 반복문을 위해 For 문과 While 문을 살펴본다. 또한 연산을 특정 조건에서 수행하려면 조건문이 필요하다. 조건을 설정하기 위해 If 문을 사용하며 여러 조건을 적용하기 위해 다중조건문을 설정하는 방법을 살펴본다. 특히 파이썬은 리스트 컴프리헨션이라는 특이한 리스트(list) 표현식을 제공한다. 여러 줄에 걸쳐서 작성해야 하는 반복문과 조건문을 한 줄의 식으로 간단하게 표현하여 리스트를 생성하는 리스트 컴프리헨션에 대해서도 살펴본다.

연산자(Operator)

연산자는 서로 다른 값들을 조작하여 새로운 값을 생성하는 도구다. 특수기호를 사용하여 사칙연산뿐만 아니라 관계와 논리를 판별하는 기능을 수행할 수 있다. 파이썬은 크게 네 가지 분류의 연산자를 지원한다.

산술 연산자

산술 연산자는 총 7개로 구성되어 있다. 사칙연산을 포함하여 몫, 나머지, 거듭제곱 연산자가 존재한다. 연산자 기호와 기능은 표 3.1과 같다.

표 3.1 산술 연산자 기호와 기능

연산자 기호	기능
+	더하기
-	빼기
*	곱하기
/	나누기(소수 이하 포함)
//	나누기(소수 이하 버림, 몫)
%	나머지
**	거듭제곱

간단한 예제 코드를 통해 실제 산술 연산자의 기능을 확인한다. 다음 코드를 입력한 후 결과를 확인한다.

```
a, b = 1, 2

# 더하기
print(a+b)

# 빼기
print(a-b)

# 곱하기
print(a*b)

# 나누기
print(a/b)

# 몫
print(a//b)

# 나머지
print(9%2)

# 거듭제곱
print(2**3)
print(100**0.5)

→ 3
  -1
  2
  0.5
  0
  1
  8
  10.0
```

관계 연산자

관계 연산자는 '크거나, 작거나, 같거나, 같지 않다'와 같이 서로 다른 값의 관계를 비교하는 연산자이다. 예를 들어, 'a는 b보다 큰 수인가?'와 같은 질의에 참(True)과 거짓(False)으로 관계를 판별해줄 수 있다. 관계 연산자의 기호와 기능은 표 3.2와 같다. 한 가지, 등호와 부등호, 느낌표의 순서에 주의해야 한다. '작거나 같다'를 판별하는 '<=' 연산자를 '=>'와 같이 작성하지 않도록 주의한다.

표 3.2 관계 연산자의 기호와 기능

연산자 기호 및 예시	기능
a < b	a가 b보다 작다
a > b	a가 b보다 크다
a <= b	a가 b보다 작거나 같다
a >= b	a가 b보다 크거나 같다
a == b	a와 b가 같다
a != b	a와 b가 같지 않다

관계 연산자의 활용 예시를 간단한 코드와 함께 알아본다. 아래 코드를 입력하고 결과를 확인한다.

```
a, b = 10, 20

a > b
a < b
a <= b
a >= b
a == b
a != b

→ False
  True
```

```
True
False
False
True
```

논리 연산자

논리 연산자는 사용자가 제시한 조건에 부합하는지 여부를 참(True)과 거짓(False)으로 표현하는 연산자이다. 논리 연산자는 관계 연산자와 함께 사용할 수 있다. 총 네 가지 종류가 있으며 각각의 기능은 표 3.3과 같다.

표 3.3 논리 연산자 기호와 기능

연산자 기호 및 예시	기능
x in y	x가 y 안에 포함되어 있다
x and y	x, y가 모두 참(True)일 때 참(True)
x or y	x, y 중 하나만 참(True)이어도 참(True)
not x	x의 반대

먼저 in 연산자는 x가 y 안에 포함되어 있을 경우 참(True)을 반환하는 연산자이다. a는 10의 값을 갖는 단일 변수이며, b는 10, 20, 30의 값을 갖는 리스트이다. 여기서 a in b 구문을 사용하여 b 안에 a가 포함되어 있는지를 질의할 수 있다. b에 10이 포함되어 있으므로 결과는 참(True)으로 반환된다.

아래 코드를 입력하고 결과를 확인한다.

```
a = 10
b = [10, 20, 30]
print(a in b)

→ True
```

and 연산자는 and를 기준으로 좌측의 조건과 우측의 조건이 모두 참(True)일 경우 참(True)을 반환하는 연산자이다. 둘 중에 하나라도 거짓인 조건이 있을 경우 거짓(False)을 반환한다.

or 연산자는 or을 기준으로 좌측의 조건과 우측의 조건 중 하나라도 참(True)일 경우 참(True)을 반환하는 연산자이다. 즉, 좌측의 조건과 우측의 조건이 모두 거짓(False)일 경우에만 거짓(False)을 반환한다.

마지막 not 연산자는 주어진 조건의 반대 논리값을 반환한다. 예를 들어, 주어진 조건이 참(True)일 경우 거짓(False)을, 주어진 조건이 거짓(False)일 경우 참(True)을 반환한다.

아래 코드를 입력하고 결과를 확인한다.

```
print(20 > 10 and 100 < 10)
print(10 > 20 or 5 < 10)
print(not 10 > 20)

→ False
  True
  True
```

제자리 연산자(도돌이 연산자)

제자리 연산자는 특정 변수를 자기 참조하여 값을 갱신할 수 있는 연산자로, 도돌이 연산자라고도 표현한다. 예를 들어, 'a = a + 1'과 같은 코드를 'a += 1'과 같이 요약하여 표현이 가능한 방식이다. 제자리 연산자를 사용하면 코드가 간소화될 뿐만 아니라, 추가적인 메모리 할당이 이루어지지 않으므로 더 빠른 실행이 가능한 장점이 있다. 제자리 연산자는 모든 산술 연산자의 기능을 포함하여 표현할 수 있다. 더하기(+), 빼기(-), 곱하기(*), 나누기(/), 몫(//), 나머지(%), 제곱(**)을 포함한다. 제자리 연산자 목록은 표 3.4와 같으며, 띄어쓰기에 주의한다.

표 3.4 제자리 연산자 기호와 기능

연산자 기호 및 예시	기능
a += b	a = a + b
a -= b	a = a - b
a *= b	a = a * b
a /= b	a = a / b
a //= b	a = a // b
a %= b	a = a % b
a **= b	a = a ** b

아래 코드는 '+=' 제자리 연산자 사용 예시다. a는 10의 값을 가지고 있고, b는 20의 값을 가지고 있다. 이때, a에 b 값을 누적하여 값을 더해가고 싶을 때, '+=' 제자리 연산자를 사용한다. 5줄 코드와 같이 제자리 연산자를 사용하지 않아도 우리가 원하는 값을 얻을 수 있다. 하지만 이는 추가적인 메모리 할당 과정이 포함되어 있어 비효율적일 뿐 아니라 코드를 간결하게 작성할 수 없다는 단점이 있다. 9줄, 13줄 코드와 같이 제자리 연산자를 사용하면 더욱 간결한 코드로 사용자가 원하는 결괏값을 얻을 수 있다.

```
a = 10
b = 20

# 제자리 연산자 미사용
a = a + b
print(a)

→ 30

# 제자리 연산자 사용(1)
a += b
print(a)

→ 50
```

```
# 제자리 연산자 사용(2)
a += b
print(a)

→ 70
```

제자리 연산자의 기능을 확인하기 위해 다음 코드를 입력하고 결과를 확인한다.

```
c = 10
d = 3

c -= d #빼기, c= c - d
print(c)

→ 7

c *= d #곱하기, c = c * d
print(c)

→ 21

c /= d #나누기, c = c / d
print(c)

→ 7.0

c //= d #몫, c = c // d
print(c)

→ 2.0

c %= d #나머지, c = c % d
print(c)
```

```
→ 2.0

c **= d #제곱, c = c ** d
print(c)

→ 8.0
```

제어문(Control Flows)

제어문은 반복적인 작업을 쉽게 해주는 반복문(loop), 조건 충족 여부에 따라 다른 코드를 실행하게 해주는 조건문(if), 특정 조건을 만족하는 리스트를 손쉽게 생성할 수 있는 리스트 컴프리헨션(list comprehension)으로 구성되어 있다. 프로그래밍을 이용해 우리가 원하는 작업을 진행하려면 반드시 제어문을 사용해야 한다. 따라서 제어문은 프로그램이 가지고 있는 가장 큰 강점 중 하나다. 각각의 기능과 역할은 다음과 같다.

반복문(For or While)

반복문은 프로그래밍의 기본적인 구조 중 하나로, 우리가 프로그래밍 언어를 사용하는 가장 큰 이유 중 하나다. 반복문을 사용하면 동일한 작업을 반복적으로 수행해도 작업이 가능하므로, 우리의 작업에 소요되는 시간과 노력을 많이 줄일 수 있다. 예를 들어, 한 학생이 졸업논문을 쓰기 위해 10년간의 시군구별 월평균 기온이 필요하다고 가정해보자. 226개 시군구 파일, 10년간의 파일, 12개월이면 단순 산술적으로 226 * 10 * 12 = 27,120번의 월평균 기온을 산출하는 과정이 있어야 할 것이다. 하지만 월평균 기온을 계산하는 반복문을 사용한다면 한 번의 실행으로 전체 월평균 기온을 산출하는 것이 가능하다.

이처럼 강력한 기능을 가지고 있는 반복문은 For 문과 While 문으로 나뉜다. 먼저 For 문은 'for~in'의 구문으로 구성되어 있다. 사용자가 지정한 횟수(범위)까지 순차적으로 반복하여 시행되는 구조다. 표 3.5는 For 문 코드의 개념 구조도이다. 즉, sequence의 범위까지 item이 순차적으로 코드에 대입되어 반복적으로 코드가 실행되는 구조이다. 중요한 점은 반복문 안에 코드 실행 부분은 탭(tab)으로 들여쓰기를 필수적으로 해야 한다는 것이다.

표 3.5. For 문의 구조

```
for item in sequence :
        <코드 실행 부분>
        - item 값이 변수에 할당되어 코드를 실행
        - item이 순차적으로 증가(또는 다음 순서)
        - sequence의 마지막까지 반복 실행

<반복문 종료 이후 실행 부분>
```

아래 예시 코드를 통해 자세하게 살펴본다. 아래는 0부터 10까지 누적합계를 구하는 코드이다. 먼저 결괏값을 담을 sum_result 변수를 생성한다. 다음 for~in 구문에 item의 n과 sequence의 range(11)가 입력됨을 확인한다. 이는 앞에서 배운 range() 함수를 통해 0부터 10까지의 순차적인 값이 sequence에 해당하며, 반복문의 범위가 된다. 이를 item에 해당되는 n에 0부터 10까지 순차적으로 값을 입력한다는 의미가 된다. 즉, 'sum_result += n' 구문은 n에 0부터 10까지를 순서대로 넣을 것이며 제자리 연산자(sum_result = sum_result + n)를 통해 누적된 합계 값을 sum_result에 저장하고 갱신한다는 의미이다. print(sum_result) 코드를 통해 반복문이 실행될 때마다 그 단계에서의 결괏값을 출력할 수 있다.

```
sum_result = 0

for n in range(11) :          # n = 0부터 10까지 반복
        sum_result += n
        print(sum_result)

print(n, sum_result)     # for 문을 탈출하면 마지막 값 유지

→ 0
  1
  3
  6
  10
  15
```

```
21
28
36
45
55
10 55
```

수치형 변수뿐만 아니라, 문자열 역시 반복문에 사용할 수 있다. 아래는 F-String을 활용한 문자열 반복문 출력 예시이다. F-String은 문자열에 변수를 삽입하여 출력할 수 있는 기능으로 작은따옴표(‘) 맨 앞에 ‘f’를 붙여주고, 문자열 안에 변수명을 중괄호({ })로 삽입함으로써 표현할 수 있다.

```
gisFriends = [ ‘ 손흥민 ’ , ‘ 박지성 ’ , ‘ 차범근 ’ ]

for name in gisFriends:
        print(f ‘ Welcome to the GISproject, {name}! ’ )

→ Welcome to the GISproject, 손흥민!
   Welcome to the GISproject, 박지성!
   Welcome to the GISproject, 차범근!
```

다음은 두 번째 반복문 표현식인 While 문이다. 앞에서 살펴본 것처럼 For 문은 sequence가 차례로 입력되므로 sequence의 끝이 For 문의 종료 시점이 된다. 즉 종료 시점이 명시되어 있는 것이다. 종료 시점이 명확하지 않을 때는 While 문을 사용한다. While 문은 조건이 참(True)인 경우 계속 코드를 실행하는 방식이다. 표 3.6은 While 문의 구조도이다. While 문에서도 코드 실행 부분은 인식된다.

표 3.6 While 문의 구조

```
while 조건이 참(True)인 경우 :
        <코드 실행 부분>

<반복문 종료 이후 실행 부분>
```

간단한 예시를 통해 while 문을 실습해보도록 하자. 다음 코드를 입력하고 실행시킨다. n은 최초 5로 설정했으며, while 뒤의 조건은 n이 양수인 경우이다. 즉, 아래 코드는 n이 양수일 경우 지속적으로 print() 함수를 사용해 n의 값을 출력하고, 제자리 연산자를 사용하여 n 값을 1씩 줄여나가는 코드이다.

```
n = 5
while n > 0 :       # n이 양수일 경우 반복하여 실행
        print(n)
        n -= 1      # 제자리 연산자를 사용하여 n 값을 갱신

→ 5
  4
  3
  2
  1
```

조건문(If)

If 문은 조건을 충족할 때, 하위 동작을 수행하는 구문이다. For or While의 반복문과 마찬가지로 조건에 해당될 때 실행되는 코드는 들여쓰기 수준을 맞춰야 한다. 만약 여러 조건을 설정하려면 if~else 또는 If~elif~else 또는 다중 If~else 구문을 사용한다.

표 3.7은 여러 If 조건문의 개념 구조도이다.

표 3.7 조건문의 구조

If~else 구문

```
if 조건 :
        구문1
else:
        구문2
```

If~elif~else 구문

```
if 조건1 :
        구문1
elif 조건2 :
        구문2
else:
        구문3
```

다중 If~else 구문

```
if 조건1 :
        if 조건1-1:
                구문1-1
        else:
                구문1-2
else:
        if 조건2-1
                구문2-1
        else :
                구문2-2
```

맨 왼쪽의 If~else 구문을 살펴보자. If 뒤에 조건을 만족하면 구문1 부분이 실행된다. 그렇지 않으면 else 아래에 있는 구문2가 실행된다.

그렇다면 다음으로 가운데 If~elif~else 구문을 살펴보자. If 뒤에 있는 조건1을 만족하면 구문1이 실행된다. 조건1을 만족하지 않을 경우 elif 뒤에 있는 조건2로 이동한다. 여기서 조건2를 충족할 경우 구문2가 실행되며, 그렇지 않을 경우 마지막 else로 이동하여 구문3을 실행한다.

마지막으로 가장 오른쪽의 다중 If~else 구문을 살펴보도록 하자. If 뒤에 있는 조건1을 만족할 경우 두 번째 If인 조건1-1을 만족하는지 판단하게 된다. 만약 조건1-1을 만족하면 구문1-1이 실행되며, 그렇지 않을 경우 else 하위 항목인 구문1-2가 실행된다. 그 이후는 If~else 문을 탈출하여 이어지는 코드를 실행하게 된다. 만약 여기서 조건1을 만족하지 않을 경우, else 하위 항목에 있는 If 문의 조건2-1의 충족 여부를 판단하게 된다. 이를 충족할 경우 구문2-1이 실행되며, 그렇지 않을 경우 구문2-2가 실행된다.

즉, If 문은 마치 여러 단계로 구성된 그물망과 같다. 편리하지만, 사용자가 원하는 정확한 값을 얻기 위해서는 정확한 설계가 필요하다. 직접 If 구문을 펜과 종이를 사용하여 그림을 그려가며 조건 판단 여부를 그려보는 것이 많은 도움이 될 것이다.

아래 조건문을 입력하고 실행해보자. 예시 코드는 변수 x에 따라 다른 문자열이 출력되는 구조이다. 20을 기준으로 작은지, 같은지, 큰지를 판단하여 조건에 부합하는 문자열이 출력된다.

```
x = 25

if x < 20:
        print('x는 20보다 작다.')
elif x == 20:
        print('x는 20과 같다.')
else:
        print('x는 20보다 크다.')

→ x는 20보다 크다.
```

리스트 컴프리헨션(list comprehension)

리스트 컴프리헨션은 파이썬만이 가지고 있는 특이한 리스트(list) 표현식이다. 본래 여러 줄에 걸쳐서 작성해야 하는 구문을, 한 줄의 식으로 간단하게 표현하여 리스트를 생성하는 것이다. 앞에서 배운 것과 같이 리스트는 파이썬에서 가장 범용적으로 사용되는 자료형이므로, 리스트 컴프리헨션을 통해 여러분이 원하는 리스트 항목을 손쉽게 생성할 수 있다. 또한, 다른 사람의 코드를 공유받았을 때, 리스트 컴프리헨션의 작동원리를 알고 있다면 정확한 코드 이해가 가능할 것이다.

리스트 컴프리헨션은 앞에서 알아본 For 문과 If 문을 사용해서 쉽게 생성할 수 있다. 먼저 가장 간단한 구조부터 알아보자. 표 3.8은 B의 범위로부터 A를 순차적으로 추출하여 요솟값을 갖는 리스트를 생성하는 구문이다.

표 3.8 For를 이용한 리스트 컴프리헨션 개념

```
[ 〈요소〉 for A in B ]
요솟값을 갖는 리스트를 생성할 건데, B범위(시퀀스)에서 A를 순차적으로 뽑아서 만들 것이다.
```

위의 설명과 함께 다음 코드를 함께 살펴보자. 이해가 더욱 수월할 것이다. 먼저 range 함수를 사용하여 1부터 20까지 순서를 갖는 리스트 list_A를 생성한다. 만약 list_A에 포함된 값들의 제곱 값을 담고 있는 리스트를 생성하고 싶을 땐 어떻게 해야 할까? 이럴 때 한 줄의 코드로 결과를 얻을 수 있다.

코드를 살펴보자. result 변수에 리스트를 생성하려고 한다. 위의 구조와 함께 코드를 순서대로 보면, x^2 값을 갖는 리스트를 생성한다는 의미로 보인다. 그런데 뒤에 For~in 구문이 보인다. For 구문을 보아하니, list_A의 범위에 순차적으로 x를 불러온다는 의미로 해석된다. 그렇다. list_A로부터 숫자를 하나씩 꺼내서 x를 불러올 것인데, 이를 x^2의 요소로 할당하여 차례로 리스트 값을 생성한다는 것이다!

```
# 1부터 20까지의 범위를 갖는 리스트 생성
list_A = list(range(1, 21))

# 1부터 20까지의 제곱 값을 갖는 리스트 생성
result = [x**2 for x in list_A]

# 리스트 컴프리헨션으로 생성된 결과 확인
print(result)
→ [1, 4, 9, 16, 25, 36, 49, 81, 100, 121, 144, 169, 196, 225, 256,
   289, 324, 361, 400]
```

그렇다면 이번엔 For와 If 구문을 동시에 사용한 리스트 컴프리헨션을 살펴보도록 한다. 개념은 표 3.9와 같다.

표 3.9 조건부 리스트 컴프리헨션 개념

```
[ <요소> for A in B if 조건]
요솟값을 갖는 리스트를 생성할 건데, B범위(시퀀스)에서 A를 순차적으로 뽑아서 만들 것이다.
단, 조건이 있으니 이를 만족하는 값만 요소에 포함시켜라.
```

첫 번째 예시에서 조건이 추가된 구문이다. 아래 코드와 함께 살펴보도록 하자. 앞에서 살펴본 result는 제곱 값을 포함하는 리스트 컴프리헨션이다. 하지만 여기서 조건을 추가하고 싶다면? 다음과 같이 마지막에 if 조건을 추가하면 손쉽게 해결할 수 있다. 즉, 다음 코드는 10 미만인 x에 대해서, list_A로부터 순차적으로 추출하여 제곱 값을 갖는 요소를 저장하는 리스트이다.

```
result_if = [x**2 for x in list_A if x < 10]        # if 조건문 사용
print(result_if)

→ [1, 4, 9, 16, 25, 36, 49, 64, 81]
```

마지막으로 If~else를 동시에 사용하여 다중조건의 리스트 컴프리헨션 예시를 살펴보도록 하자. 개념도는 표 3.10과 같다. 조금은 복잡해 보여도, 결국 우리가 알고 있는 If~else 구문에 따라 서로 다른 요소를 포함시킨다는 큰 틀은 동일하다. 즉, 2개의 구문을 하나로 합쳐놓은 형태로 이해하면 된다.

표 3.10 다중조건 리스트 컴프리헨션

```
[ <요소1> if 조건1 else <요소2> 조건2 for A in B]
조건1을 만족하면 요소1을 포함시키고, 조건2를 만족하면 요소2를 포함시켜라. 다만, B범위에
서 A를 순차적으로 추출할 것이다.
```

아래 코드를 입력하고 실행시켜보자. 먼저 If와 else로 구분되어 있는 것을 확인한 후, 각자의 조건에 따라 어떠한 값을 생성하여 새로운 리스트로 생성되는지 확인한다. if 문의 조건은 10 미만인 수이다. 그리고 if 앞의 요소는 x^2이다. 다음 else의 요소는 x이다. 여기서 x는 list_A로부터 for 반복문을 통해 순차적으로 추출하는 값이다. 이를 종합해보면, 1부터 20 중에서 10 미만인 숫자는 제곱으로 연산하고, 그렇지 않은 숫자는 그대로 가져와서 새로운 리스트를 생성하는 것이다.

```
result_if_else = [x**2 if x < 10 else x for x in list_A]    #if~else 조건
print(result_if_else)

→ [1, 4, 9, 16, 25, 36, 49, 64, 81, 10, 11, 12, 13, 14, 15, 16, 17, 18, 19, 20]
```

이처럼 리스트 컴프리헨션은 짧지만 강력한 기능이다. 처음엔 직접 사용하는 데 어려움을 겪을 수 있지만, 반복적인 활용을 통해 꼭 익숙해지기를 추천하는 바다. 리스트 컴프리헨션은 편리성과 강력한 기능으로 인해 널리 사용되는 구문이기 때문이다.

복습 내용

- 산술 연산자에 대해 이해한다.
- 관계 연산자의 기능에 대해 살펴본다.
- 논리 연산자의 기호와 기능에 대해 살펴본다.
- 제자리 연산자의 기호와 예시에 대해 이해한다.
- 반복문에서 For 문과 While 문의 차이에 대해 이해한다.
- 조건문 If의 다양한 구조에 대해 이해한다.
- For 문을 사용한 리스트 컴프리헨션에 대해 그 구조와 기능을 살펴본다.
- For 문과 If 문을 모두 사용한 리스트 컴프리헨션에 대해 그 구조와 기능을 이해한다.
- 다중조건문을 사용한 리스트 컴프리헨션에 대해 이해한다.

연습 문제

- 개별 산술 연산자에 대해 예시 코드를 작성하고 그 기능을 설명해보자.
- 개별 관계 연산자에 대해 예시 코드를 작성하고 그 기능을 설명해보자.
- 개별 논리 연산자에 대해 예시 코드를 작성하고 그 기능을 설명해보자.
- 개별 제자리 연산자에 대해 예시 코드를 작성하고 그 기능을 설명해보자.
- For 문에 대해 예시 코드를 작성하고 그 기능을 설명해보자.
- While 문에 대해 예시 코드를 작성하고 그 기능을 설명해보자.
- 조건문 If의 세 가지 구조 각각에 대해 예시 코드를 작성하고 그 기능을 설명해보자.
- For 문을 사용한 리스트 컴프리헨션에 대해 예시 코드를 작성하고 그 기능을 설명해보자.
- For 문과 If 문을 모두 사용한 리스트 컴프리헨션에 대해 예시 코드를 작성하고 그 기능을 설명해보자.
- 다중조건문(If 조건1 else 조건2)을 사용한 리스트 컴프리헨션에 대해 예시 코드를 작성하고 그 기능을 설명해보자.

4장

판다스

이 장에서는 판다스를 이용해 공간 데이터를 처리하는 다양한 데이터 관리 방법에 대해 살펴본다. 판다스를 이용해 csv로 저장된 텍스트 파일을 불러와 데이터프레임을 이용하여 2차원 데이터로 저장하고 관리할 수 있다. 특히 데이터프레임은 2차원 행렬로 구성되어 있어 행과 열에 접근하기 위해 loc 함수와 iloc 함수 등을 사용하는 방법을 살펴본다. 마지막으로 데이터프레임을 텍스트 파일 또는 엑셀 파일로 저장하는 방법을 살펴본다.

판다스(Pandas)란?

판다스는 텍스트 파일(.txt, .csv), 엑셀 파일(.xlsx), JSON 파일, SQL 파일 등 다양한 파일들을 쉽게 조작하고 처리할 수 있는 데이터 분석 패키지이다. 강력한 기능과 범용적인 사용성으로 데이터를 다루기 위해 필수적으로 사용되는 패키지이다. 우리가 사용하는 데이터는 대부분 구조화된 1차원 또는 2차원 형식이다. 그림 4.1을 살펴보자. 좌측은 이름, 나이, 성별 정보를 담고 있는 1차원 형식의 데이터이다. 판다스에서는 이러한 1차원 데이터를 시리즈(Series)라 명하여 저장하고 사용한다. 그림 우측은 우리가 일반적으로 사용하는 표 형태의 2차원 형식 데이터이다. 판다스에서는 행과 열로 이루어진 2차원 데이터를 데이터프레임(DataFrame)이라 명하여 저장하고 사용한다.

시리즈A

이름	손흥민	김연아

시리즈B

나이	31	33

시리즈C

성별	남	여

데이터프레임

	이름	나이	성별
0	손흥민	31	남
1	김연아	33	여

그림 4.1 시리즈와 데이터프레임

판다스 패키지를 사용하려면 코드를 입력하여 불러와야 한다. 패키지는 'import 패키지명'을 통해 불러올 수 있다. 다음 코드는 판다스 패키지를 불러오는 코드이다. 패키지를 불러올 때, 7줄의 코드처럼 'import 패키지명 as __'와 같은 방법으로 패키지명을 줄여서 활용할 수 있도록 해준다. 이는 패키지를 사용자가 임의로 지정한 이름으로 코드에서 활용할 수 있도록 해주는 기능이다.

만약 패키지가 설치되지 않는 경우 'No module named 패키지명' 에러 메시지가 나타난다. 해당 패키지가 아직 설치되지 않아 활용할 수 없다는 것이다. 이럴 때는 10줄과 같이 'pip install 패키지명' 코드를 입력하여 해당 패키지를 설치하면 된다.

```
# pandas 패키지 불러오기

# 패키지에 포함된 기능을 패키지명 그대로 사용
import pandas

# 패키지에 포함된 기능을 사용자 정의명(pd)으로 사용
import pandas as pd

# 패키지 설치(GeoPandas 패키지 설치 예시)
pip install geopandas

# 설치 후 패키지 불러오기
import geopandas as gpd
```

데이터 불러오기

이제 본격적으로 판다스 패키지를 활용하여 실제 데이터를 불러오도록 하자. 제공된 파일 중에서 '산불피해현황.csv'를 불러올 것이다. 파일을 불러오려면 파일의 위치를 정확히 알아야 한다.

파이썬 코드에서 파일의 경로를 지정하는 방법은 두 가지가 있다. 절대경로와 상대경로이다. 절대경로는 시스템 내에서 파일의 저장 위치에 관하여 최상위 경로를 포함하는 고유한 경로를 의미한다. 상대경로는 파이썬 코드 파일(.py)이나 주피터 노트북 파일(.ipynb)을 기준으로 파일의 위치를 상대적으로 파악하는 경로이다. 예를 들어, 경복궁의 위치를 주소인 '서울시 종로구 사직로 161'과 같이 표현하는 방법은 절대경로와 유사하며, '경복궁역 5번 출구로 나와서 100m 직진'과 같이 표현하는 방법은 상대경로와 유사하다.

절대경로는 그림 4.2의 예시와 같이 파일이 위치한 최상위 드라이브부터 파일의 위치까지 모두 포함하여 표현한다. 상대경로는 코드가 작성되는 파이썬 파일(*.py) 또는 주피터 노트북 파일(*.ipynb)의 위치로 결정되는 경로이다. 파이썬 파일과 노트북 파일의 위치가 바로 기준이 되는 현재 경로이다. 경로 맨 앞에 './'를 붙여주면 현재 디렉토리 위치를 의미한다. 상위 디렉토리는 경로 맨 앞에 '../'를 붙여주면 접근이 가능하다. 이를 참고하여 정확한 파일의 위치를 설정해야만 불러오기를 진행할 수 있다. 현재 디렉토리에 있는 '산불피해현황.csv'를 나타내기 위해서는 './산불피해현황cvs'라 표현하고, 현재의 상위 디렉토리에 있는 'sample.txt'를 나타내려면 '../sample.txt'라고 표현해야 한다.

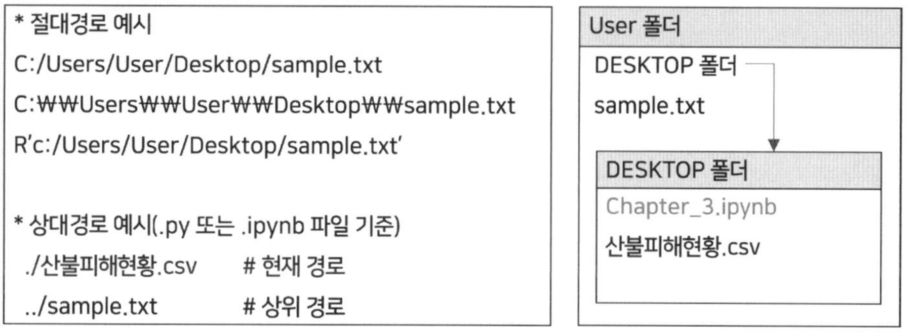

그림 4.2 절대경로와 상대경로 예시

아래 코드는 '산불피해현황.CSV' 파일을 불러오는 코드이다. 선행 코드에서 판다스 라이브러리를 'import pandas as pd'를 통해 불러왔기 때문에, 판다스에 포함된 기능을 사용하려면 pd 뒤에 점(.)을 입력하면 된다. 즉, 아래 코드에서 pd.read_csv는 '판다스 기능을 사용하기 위해 pd를 입력했으며, 판다스 기능 중 read_csv 기능을 사용하겠다'라는 의미가 된다. 패키지 다음에 '.'은 패키지에 포함되어 있는 함수나 클래스를 불러올 때 사용하는 지시자이다. 아래 코드에서는 상대경로를 사용하여 '산불피해현황.CSV' 파일을 불러왔다. 상대경로를 통해 CSV 파일과 주피터 노트북 파일이 같은 폴더에 있음을 알 수 있다. 또한 한글로 작성된 파일의 경우 파일을 불러올 때 인코딩 에러가 발생할 수 있다. 그런 경우 아래 코드와 같이 encoding='cp949' 또는 encoding='euc-kr'을 포함시켜 줌으로써 문제를 해결할 수 있다. 'index_col=0'은 첫 번째 칼럼이 인덱스 칼럼이라는 것을 지정해주는 것이다.

```
df = pd.read_csv('./산불피해현황.csv', encoding='cp949', index_col=0)
```

위 코드를 실행하여 에러가 발생하지 않았다면 df 변수 안에 '산불피해현황.CSV' 파일이 정상적으로 담긴 것이다. 데이터를 정상적으로 불러왔는지 확인하려면 다음과 같이 데이터프레임 변수명을 입력하고 실행(enter)하면 된다.

```
# 데이터프레임 조회
df
```

구분	합계	입산자실화	논밭두렁소각	쓰레기소각	담배불실화	성묘객실화	어린이불장난	건축물화재	기타	건수(건)	면적(ha)	재적(㎥)	피해액(천원)	합계.1	사망	부상
총계	349	133	22	27	34	16	3	20	94	349	765.89	5641	36124769	14	7	7
서울특별시	1	-	-	-	-	-	-	-	1	1	0.02	-	5328	-	-	-
부산광역시	6	2	-	-	1	-	-	-	3	6	0.66	-	34838	-	-	-
대구광역시	8	4	-	-	-	-	-	1	3	8	0.53	-	26375	-	-	-
인천광역시	8	4	2	2	-	-	-	-	-	8	1.40	-	65270	-	-	-
광주광역시	1	-	-	-	-	-	-	-	1	1	0.04	-	1861	-	-	-
대전광역시	2	2	-	-	-	-	-	-	-	2	0.52	-	24087	-	-	-
울산광역시	10	6	1	-	-	1	-	-	2	10	2.45	283.9	176977	-	-	-
경기도	70	15	5	8	16	5	-	8	13	70	11.66	-	538985	3	1	2
강원도	34	8	2	3	-	-	2	1	18	34	57.11	1368.05	3049335	-	-	-
충청북도	8	4	-	-	1	-	-	-	3	8	76.26	40.06	2067693	1	-	1
충청남도	22	14	-	1	2	2	-	-	3	22	40.45	21.1	2005084	2	2	-
전라북도	22	12	4	1	-	4	-	-	1	22	15.66	413	839227	1	1	-
전라남도	32	22	-	4	2	2	1	-	1	32	18.04	249.77	1163768	-	-	-
경상북도	55	14	3	5	1	2	-	4	26	55	444.97	2455.83	20821405	4	3	1
경상남도	36	8	5	2	9	-	-	5	7	36	56.09	555.41	3137646	1	-	1
북부	17	10	-	1	-	-	-	1	5	17	8.26	-	391462	1	-	1
동부	5	1	-	-	-	-	-	-	4	5	26.61	71.28	1416180	-	-	-
남부	6	2	-	-	2	-	-	-	2	6	4.07	63.09	303739	-	-	-
중부	4	4	-	-	-	-	-	-	-	4	1.01	119.35	51341	-	-	-
서부	2	1	-	-	-	-	-	-	1	2	0.08	-	4168	1	-	1

판다스는 데이터프레임의 정보를 확인할 수 있는 다양한 기능을 제공한다. 다음 코드를 실행시켜 확인해보자. 데이터프레임의 행과 열의 개수, 열 이름, 열별 데이터 속성, 데이터의 일부분 확인, 데이터의 기초 상태 확인 등이 가능하다.

```
df.shape          # 데이터프레임의 행, 열 개수를 확인할 수 있다.
→ (21, 17)
df.columns        # 데이터프레임의 열(칼럼) 이름(제목) 정보를 확인할 수 있다.
```

```
Index(['구분', '합계', '입산자실화', '논발두렁소각', '쓰레기소각', '담배불실화', '성묘객실화', '어린이불장
난',
       '건축물화재', '기타', '건수 (건)', '면적 (ha)', '재적 (㎥)', '피해액 (천원)', '합계.1', '사망',
       '부상'],
      dtype='object')
```

```
df.dtypes         # 데이터프레임의 열(칼럼)의 데이터 특성을 확인할 수 있다.
```

```
구분              object
합계               int64
입산자실화         object
논발두렁소각       object
쓰레기소각         object
담배불실화         object
성묘객실화         object
어린이불장난       object
건축물화재         object
기타              object
건수 (건)          int64
면적 (ha)        float64
재적 (㎥)          object
피해액 (천원)       int64
합계.1            object
사망              object
부상              object
dtype: object
```

```
df.head()                    # 데이터프레임의 앞쪽 데이터 일부분을 확인할 수 있다.
```

구분	합계	입산자실화	논발두렁소각	쓰레기소각	담배불실화	성묘객실화	어린이불장난	건축물화재	기타	건수 (건)	면적 (ha)	재적 (㎥)	피해액 (천원)	합계.1	사망	부상
총계	349	133	22	27	34	16	3	20	94	349	765.89	5641	36124769	14	7	7
서울특별시	1	-	-	-	-	-	-	-	1	1	0.02	-	5328	-	-	-
부산광역시	6	2	-	-	1	-	-	-	3	6	0.66	-	34838	-	-	-
대구광역시	8	4	-	-	-	-	-	1	3	8	0.53	-	26375	-	-	-
인천광역시	8	4	2	2	-	-	-	-	-	8	1.40	-	65270	-	-	-

```
df.tail()                    # 데이터프레임의 마지막 데이터 일부분을 확인할 수 있다.
```

구분	합계	입산자실화	논밭두렁소각	쓰레기소각	담배불실화	성묘객실화	어린이불장난	건축물화재	기타	건수(건)	면적(ha)	재적(㎥)	피해액(천원)	합계.1	사망	부상
북부	17	10	-	1	-	-	-	1	5	17	8.26	-	391462	1	-	1
동부	5	1	-	-	-	-	-	-	4	5	26.61	71.28	1416180	-	-	-
남부	6	2	-	-	2	-	-	-	2	6	4.07	63.09	303739	-	-	-
중부	4	4	-	-	-	-	-	-	-	4	1.01	119.35	51341	-	-	-
서부	2	1	-	-	-	-	-	-	1	2	0.08	-	4168	1	-	1

```
df.sample()        # 데이터프레임의 중간 데이터 샘플을 확인할 수 있다.
```

구분	합계	입산자실화	논밭두렁소각	쓰레기소각	담배불실화	성묘객실화	어린이불장난	건축물화재	기타	건수(건)	면적(ha)	재적(㎥)	피해액(천원)	합계.1	사망	부상
강원도	34	8	2	3	-	-	2	1	18	34	57.11	1368.05	3049335	-	-	-

```
df.describe()      # 데이터프레임의 데이터 중 숫자 데이터에 대한 기존 통계를 보여준다.
```

	합계	건수(건)	면적(ha)	피해액(천원)
count	21.000000	21.000000	21.000000	2.100000e+01
mean	33.238095	33.238095	72.941905	3.440454e+06
std	74.724096	74.724096	185.502529	8.723642e+06
min	1.000000	1.000000	0.020000	1.861000e+03
25%	5.000000	5.000000	0.660000	3.483800e+04
50%	8.000000	8.000000	8.260000	3.914620e+05
75%	32.000000	32.000000	40.450000	2.005084e+06
max	349.000000	349.000000	765.890000	3.612477e+07

데이터 조회 및 접근

열 이름을 사용하는 방법

데이터프레임을 불러왔으니 다양한 조회 및 접근 방법에 대해 알아본다. 먼저 데이터프레임의 열 이름을 사용하여 행에 접근하는 방법이다. 데이터프레임 변수명 뒤의 대괄호[] 안에 쉼표와 함께 열 이름을 지정하면 해당 열의 정보만 조회할 수 있다. 단독 행을 조회하면 1차원 형태의 시리즈(series) 타입이 되며, 변수명을 따로 할당하여 사용할 수 있고 아래 코드와 같이 개별 항목에 접근할 수 있다.

```
df['합계']      # 합계 열 조회(series)
→ 구분
  총계         349
  서울특별시      1
  부산광역시      6
  대구광역시      8
  인천광역시      8
  광주광역시      1
  대전광역시      2
  울산광역시     10
  경기도        70
  강원도        34
  충청북도        8
  충청남도       22
  전라북도       22
  전라남도       32
  경상북도       55
  경상남도       36
  북부         17
  동부          5
  남부          6
  중부          4
  서부          2
  Name: 합계, dtype: int64

df['합계'][2]  # 합계 열의 3번째 항목 조회
→ 6
```

비교 연산자를 활용하여 조건의 만족 여부를 확인할 수 있다. 다음 코드는 합계 열에서 값이 10보다 큰 행을 조회하는 코드이다. 한 가지 눈여겨볼 것은, 논리 연산자를 사용했기 때문에 결괏값은 참(True) 또는 거짓(False)으로 표출된다는 것이다. 다음 코드를 실행하면 모든 행의 조건 충족 결과가 표출된다.

```
# 합계 열에서 10보다 큰 행 조회 (10보다 크면 True, 그렇지 않으면 False)
df['합계'] > 10
```

```
구분
총계        True
서울특별시    False
부산광역시    False
대구광역시    False
인천광역시    False
광주광역시    False
대전광역시    False
울산광역시    False
경기도       True
강원도       True
충청북도      False
충청남도       True
전라북도       True
전라남도       True
경상북도       True
경상남도       True
북부        True
동부       False
남부       False
중부       False
서부       False
Name: 합계, dtype: bool
```

논리 연산자를 통해 표 형식의 데이터프레임으로 조회하려면 앞의 코드에서 아래와 같이 데이터프레임 변수명과 대괄호로 묶어주면 된다.

```
# 합계 열에서 10보다 큰 열을 데이터프레임 형태로 조회
df[df['합계'] > 10]     # 데이터프레임의 '합계'가 10보다 큰 행의 모든 정보를 출력
```

구분	합계	입산자실화	논밭두렁소각	쓰레기소각	담배불실화	성묘객실화	어린이불장난	건축물화재	기타	건수(건)	면적(ha)	재적(㎥)	피해액(천원)	합계.1	사망	부상
총계	349	133	22	27	34	16	3	20	94	349	765.89	5641	36124769	14	7	7
경기도	70	15	5	8	16	5	-	8	13	70	11.66	-	538985	3	1	2
강원도	34	8	2	3	-	-	2	1	18	34	57.11	1368.05	3049335	-	-	-
충청남도	22	14	-	1	2	2	-	-	3	22	40.45	21.1	2005084	2	2	-
전라북도	22	12	4	1	-	4	-	-	1	22	15.66	413	839227	1	1	-
전라남도	32	22	-	4	2	2	1	-	1	32	18.04	249.77	1163768	-	-	-
경상북도	55	14	3	5	1	2	-	4	26	55	444.97	2455.83	20821405	4	3	1
경상남도	36	8	5	2	9	-	-	5	7	36	56.09	555.41	3137646	1	-	1
북부	17	10	-	1	-	-	-	1	5	17	8.26	-	391462	1	-	1

iloc 함수와 loc 함수를 사용하는 방법

데이터프레임의 행과 열에 접근하기 위해 가장 널리 사용되는 방법은 loc(location) 함수와 iloc(index location) 함수를 사용하는 것이다(표 4.1). 이름에서 내포하고 있듯이 loc 함수는 행과 열의 이름을 직접 사용하여 접근하는 방법이고, iloc 함수는 행과 열의 인덱스 번호로 접근하는 방법이다. 행과 열의 인덱스 번호는 0부터 시작한다.

표 4.1 loc 함수와 iloc 함수의 정의

```
1) .loc(location) 함수 : 행과 열의 ' 이름 ' 으로 접근
- 사용방법 : DataFrame.loc[행 이름, 열 이름]

2) .iloc(index location) 함수 : 행과 열의 ' 인덱스(번호) ' 로 접근
- 사용방법 : DataFrame.iloc[행 인덱싱 값(:), 열 인덱싱 값(:)]
```

먼저 loc 함수의 사용 예제를 살펴본다. 콤마(,)를 기준으로 조회를 원하는 행과 열을 입력해주면 된다. 만약 행 이름만 입력할 경우 해당 행의 모든 열 값을 시리즈 타입으로 조회할 수 있다. 행과 열의 이름을 모두 입력할 경우 단일 값으로 조회할 수 있다. 또한 논리형으로도 조회가 가능하다. 이들은 물론 다른 이름의 변수로 할당하여 사용할 수 있다.

```
# 행 조회(series 타입)
df.loc[ ' 경기도 ' ]
```

```
합계              70
입산자실화          15
논발두렁소각          5
쓰레기소각           8
담배불실화          16
성묘객실화           5
어린이불장난          -
건축물화재           8
기타              13
건수 (건)          70
면적 (ha)      11.66
재적 (㎥)           -
피해액 (천원)    538985
합계.1             3
사망               1
부상               2
Name: 경기도, dtype: object
```

```
# 행, 열 조회(value 타입)
df.loc['경기도', '합계']

→ 70

# 행(논리형), 열 조회
df.loc[df['합계'] > 10, '합계']

→ 구분
  총계      349
  경기도     70
  강원도     34
  충청남도    22
  전라북도    22
  전라남도    32
  경상북도    55
  경상남도    36
  북부      17
  Name: 합계, dtype: int64
```

다음으로 인덱스 번호를 활용하는 iloc 함수를 사용하는 방법이다. iloc 함수의 장점은 행과 열의 인덱스 번호를 사용하므로 범위로 접근할 수 있다는 점이다. 이를 슬라이싱(slicing)이라 한다. iloc 함수의 슬라이싱 사용 방법은 표 4.2와 같다. 콜론을 사용하여 행과 열의 시작번호, 끝번호를 지정해줌으로써 범위로 접근 가능하다.

표 4.2 슬라이싱 방법

```
DataFrame.iloc[행 시작번호 : 행 끝번호, 열 시작번호 : 열 끝번호]
```

아래 코드는 iloc 함수를 사용한 슬라이싱 조회 예제 코드이다. 콜론(:)을 사용하여 행과 열의 범위를 지정해주면 된다. 만약 전체 행 또는 전체 열을 포함시키고 싶으면 행과 열 위치에 콜론만 입력해주면 된다.

```
# 전체 범위(:) + 1~2열 조회
df.iloc[:, 0:2]
```

구분	합계	입산자실화
총계	349	133
서울특별시	1	-
부산광역시	6	2
대구광역시	8	4
인천광역시	8	4
광주광역시	1	-
대전광역시	2	2
울산광역시	10	6
경기도	70	15
강원도	34	8
충청북도	8	4
충청남도	22	14
전라북도	22	12
전라남도	32	22
경상북도	55	14
경상남도	36	8
북부	17	10
동부	5	1
남부	6	2
중부	4	4
서부	2	1

```
# 2~5행 + 모든 열 조회
df.iloc[1:5, :]
```

구분	합계	입산자실화	논밭두렁소각	쓰레기소각	담배불실화	성묘객실화	어린이불장난	건축물화재	기타	건수(건)	면적(ha)	재적(㎥)	피해액(천원)	합계.1	사망	부상
서울특별시	1	-	-	-	-	-	-	-	1	1	0.02	-	5328	-	-	-
부산광역시	6	2	-	-	1	-	-	-	3	6	0.66	-	34838	-	-	-
대구광역시	8	4	-	-	-	-	-	1	3	8	0.53	-	26375	-	-	-
인천광역시	8	4	2	2	-	-	-	-	-	8	1.40	-	65270	-	-	-

```
# 지정된 행, 열 범위 조회
df.iloc[1:3, 0:5]
```

→

구분	합계	입산자실화	논밭두렁소각	쓰레기소각	담배불실화
서울특별시	1	-	-	-	-
부산광역시	6	2	-	-	1

조건부 집계 : groupby

판다스는 데이터프레임의 조건부 집계 기능도 제공한다. 이는 엑셀(Excel)의 피벗테이블 기능과 유사하다. 사용자가 지정한 조건에 따라 데이터를 집계하여 제공하는 기능이다. 그림 4.3의 예시를 통해 살펴보자. 과일가게의 일별 판매량과 항목 데이터가 있다. 여기서 고유 항목에 따라 판매량 합계를 산출하고자 한다. 이런 경우 groupby 함수를 사용하면 손쉽게 결괏값을 취득할 수 있다.

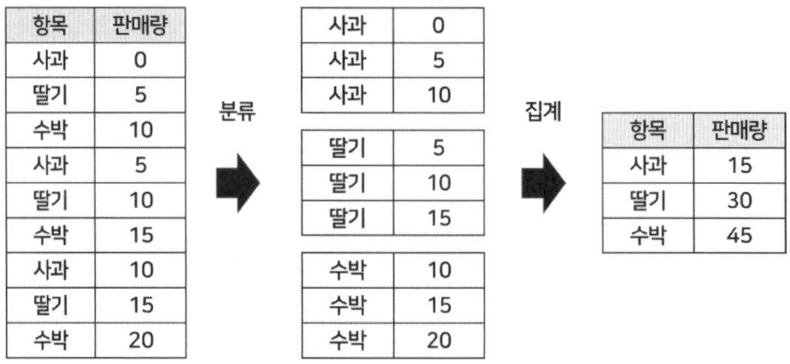

그림 4.3 조건부 집계 사례

저자가 제공한 새로운 데이터인 '카드이용정보' 엑셀 파일을 사용하여 연습해보자. 엑셀 파일을 불러오는 판다스 함수는 read_excel()이다. '카드이용정보.xlsx'가 저장되어 있는 디렉토리로 이동할 때 다음 코드를 설정한다.

```
# 카드이용정보.xlsx 엑셀파일 불러오기
df = pd.read_excel( ' ./카드이용정보.xlsx ' )
# 카드이용정보.xlsx를 저장한 데이터프레임 조회
df
```

→

	연월	업종명	이용자구분	성별	이용자수	이용건수	이용금액
0	201801	건강보조식품 소매업	기타외국	알수없음	65	78	101523250
1	201801	건강보조식품 소매업	내국인	남성	159	165	25558470
2	201801	건강보조식품 소매업	내국인	알수없음	1	1	396000
3	201801	건강보조식품 소매업	내국인	여성	200	218	32041740
4	201801	건강보조식품 소매업	동남아	알수없음	8	8	1550000
...	...	...	...	...	...	...	...
13221	202109	휴양콘도 운영업	내국인	여성	4139	4870	548884346
13222	202109	휴양콘도 운영업	법인	알수없음	1845	3838	1441503333
13223	202109	휴양콘도 운영업	제주도민	남성	741	873	49421248
13224	202109	휴양콘도 운영업	제주도민	여성	743	894	52177033
13225	202109	휴양콘도 운영업	중국	알수없음	5	7	38830000

13226 rows × 7 columns

엑셀 파일을 정상적으로 불러왔다면 groupby를 사용하기 전에 열 정보를 확인할 수 있는 몇 가지 기능을 소개한다. 바로 행에 포함되어 있는 고윳값 이름, 개수 등을 확인하는 기능이다. 고윳값 목록은 unique() 함수, 개수는 nuunique() 함수, 고윳값별 개수 확인은 value_counts() 함수를 사용한다.

```
# 고윳값 목록 : ' 카드이용정보 ' 에서 이용자는 다음과 같이 7자리로 구분됨
df[ ' 이용자구분 ' ].unique()
→ array(['기타외국', '내국인', '동남아', '법인', '일본', '제주도민', '중국'], dtype=object)

# 고윳값 개수
df[ ' 이용자구분 ' ].nunique()
→ 7
```

```
# 고윳값별 개수 확인: 고윳값별로 몇 개의 이용자가 있는지 확인
df[ ' 이용자구분 ' ].value_counts()
```

```
→ 내국인      4332
  제주도민     3555
  법인        1795
  중국        1186
  기타외국     1106
  일본         689
  동남아       563
  Name: 이용자구분, dtype: int64
```

추가로, 특정 열의 합계, 평균, 최댓값, 최솟값, 중위수(중앙값)는 아래 코드에 제시된 함수를 사용해서 손쉽게 조회할 수 있다. 이때 열(칼럼) 이름은 사용자의 해당 열의 통계정보를 조회하는 것이다.

```
# 최솟값
df[ ' 이용자수 ' ].min()
→ 1

# 최댓값
df[ ' 이용자수 ' ].max()
→ 486235

# 합계
df[ ' 이용자수 ' ].sum()
→ 174169137

# 평균
df[ ' 이용자수 ' ].mean()
→ 13168.693255708453

# 중위수(중앙값)
df[ ' 이용자수 ' ].median()
→ df[ ' 이용자수 ' ].median() 실행 시 중위수 값인 1210 반환
```

graphy('열 이름') count() 함수는 데이터프레임에서 특정 열의 고윳값별 행 개수를 확인하는 기능을 제공한다. 아래 코드는 데이터프레임 df에서 '이용자구분'을 기준으로 행 개수(count)를 조회하는 기능이다.

```
# ' 이용자구분 ' 별 행 개수 확인
df.groupby( ' 이용자구분 ' ).count()
```

	연월	업종명	성별	이용자수	이용건수	이용금액
이용자구분						
기타외국	1106	1106	1106	1106	1106	1106
내국인	4332	4332	4332	4332	4332	4332
동남아	563	563	563	563	563	563
법인	1795	1795	1795	1795	1795	1795
일본	689	689	689	689	689	689
제주도민	3555	3555	3555	3555	3555	3555
중국	1186	1186	1186	1186	1186	1186

또한, groupby 함수는 '.groupby().통계함수' 형식으로 다양한 통계량을 확인할 수 있다. 표 4.3은 사용 가능한 통계 함수들의 목록이다.

표 4.3 graphy 함수의 하위 함수 목록

함수	내용
count	데이터의 개수
sum	합계
mean	평균
median	중앙값
var	분산
std	표준편차

함수	내용
min	최솟값
max	최댓값
unique	고윳값
nunique	고윳값 개수
prod	곱
first	첫째 값
last	마지막 값

다음은 데이터프레임에서 단일 행이 아닌 다중 행을 사용하여 집계된 통계량을 확인하는 방법이다. 다중성의 조합으로 고유한 구성을 만들어서 데이터를 집계할 수 있다. 아래 코드 중 2행은 '이용자구분' 행과 '성별' 행을 기준으로 집계한 결과를 조회하는 코드이다.

```
# 행 입력 순서대로 조건 적용
df.groupby([ ' 이용자구분 ' , ' 성별 ' ]).count()
```

→

이용자구분	성별	연월	업종명	이용자수	이용건수	이용금액
기타외국	알수없음	1106	1106	1106	1106	1106
내국인	남성	1780	1780	1780	1780	1780
	알수없음	773	773	773	773	773
	여성	1779	1779	1779	1779	1779
동남아	알수없음	563	563	563	563	563
법인	알수없음	1795	1795	1795	1795	1795
일본	알수없음	689	689	689	689	689
제주도민	남성	1779	1779	1779	1779	1779
	여성	1776	1776	1776	1776	1776
중국	알수없음	1186	1186	1186	1186	1186

기타 조작 기능

판다스는 아주 많은 데이터프레임 조작 기능을 가지고 있다. 이 중에서 데이터 처리를 위한 기본적인 몇 가지 기능을 소개한다. 더 많은 내용은 판다스 공식 API 문서(https://pandas.pydata.org/docs/reference/index.html#api)를 참조하면 확인할 수 있다.

데이터프레임의 값을 정렬하는 함수는 sourt_values()이다. 오름차순이 기본값으로 설정되어 있으며, 내림차순으로 정렬할 경우 'ascending=False' 코드를 추가하면 된다. 아래는 이용금액 행의 값을 정렬하는 코드이다.

```
# 오름차순 기본 설정
df.sort_values(by = ' 이용금액 ' )
```

→

	연월	업종명	이용자구분	성별	이용자수	이용건수	이용금액
10969	202101	체인화 편의점	일본	알수없음	1	1	1800
8138	202003	수산물 소매업	일본	알수없음	1	1	1930
2732	201810	과실 및 채소 소매업	일본	알수없음	1	1	2000
11936	202105	비알콜 음료점업	일본	알수없음	1	1	2000
5624	201907	비알콜 음료점업	일본	알수없음	1	1	2000
...	...	...	...	...	...	...	...
3306	201811	한식 음식점업	법인	알수없음	159374	182262	12166999332
6733	201910	한식 음식점업	법인	알수없음	166129	188703	12208061806
7374	201912	한식 음식점업	법인	알수없음	157479	179133	12466096140
3614	201812	한식 음식점업	법인	알수없음	155812	177220	12526033550
7053	201911	한식 음식점업	법인	알수없음	165582	189222	12621939212

```
# 내림차순으로 정렬 시 ascending=False로 설정
df.sort_values(by= ' 이용금액 ' , ascending=False)
```

→

	연월	업종명	이용자구분	성별	이용자수	이용건수	이용금액
7053	201911	한식 음식점업	법인	알수없음	165582	189222	12621939212
3614	201812	한식 음식점업	법인	알수없음	155812	177220	12526033550
7374	201912	한식 음식점업	법인	알수없음	157479	179133	12466096140
6733	201910	한식 음식점업	법인	알수없음	166129	188703	12208061806
3306	201811	한식 음식점업	법인	알수없음	159374	182262	12166999332
...	...	...	...	...	...	...	...
12415	202107	관광 민예품 및 선물용품 소매업	동남아	알수없음	1	1	2000
2732	201810	과실 및 채소 소매업	일본	알수없음	1	1	2000
11936	202105	비알콜 음료점업	일본	알수없음	1	1	2000
8138	202003	수산물 소매업	일본	알수없음	1	1	1930
10969	202101	체인화 편의점	일본	알수없음	1	1	1800

13226 rows × 7 columns

데이터프레임은 직접적인 사칙연산이 가능하다. 다만, 문자열은 곱셈만이 가능하다. 아래 코드를 입력하고 결과를 조회해보자. 숫자와 문자를 보면 차이를 확인할 수 있다. 숫자는 곱셈 결과로 바뀐다. 문자는 두 배로 반복되어 저장된다.

```
# df_copy에 df 곱셈 결과 담기 및 결과 조회
df_copy = df * 2
df_copy
```

→

	연월	업종명	이용자구분	성별	이용자수	이용건수	이용금액
0	403602	건강보조식품 소매업건강보조식품 소매업	기타외국기타외국	알수없음알수없음	130	156	203046500
1	403602	건강보조식품 소매업건강보조식품 소매업	내국인내국인	남성남성	318	330	51116940
2	403602	건강보조식품 소매업건강보조식품 소매업	내국인내국인	알수없음알수없음	2	2	792000
3	403602	건강보조식품 소매업건강보조식품 소매업	내국인내국인	여성여성	400	436	64083480
4	403602	건강보조식품 소매업건강보조식품 소매업	동남아동남아	알수없음알수없음	16	16	3100000
...	...	...	...	...	...	...	...
13221	404218	휴양콘도 운영업휴양콘도 운영업	내국인내국인	여성여성	8278	9740	1097768692
13222	404218	휴양콘도 운영업휴양콘도 운영업	법인법인	알수없음알수없음	3690	7676	2883006666
13223	404218	휴양콘도 운영업휴양콘도 운영업	제주도민제주도민	남성남성	1482	1746	98842496
13224	404218	휴양콘도 운영업휴양콘도 운영업	제주도민제주도민	여성여성	1486	1788	104354066
13225	404218	휴양콘도 운영업휴양콘도 운영업	중국중국	알수없음알수없음	10	14	77660000

새로운 열을 생성하고 결괏값 입력 또한 가능하다. 아래는 새로운 '건별평균금액' 열을 생성하고 이용건수와 이용금액을 활용하여 값을 할당하는 코드이다.

```
# 신규 열 생성
df[ ' 건별평균금액 ' ] = df[ ' 이용금액 ' ] / df[ ' 이용건수 ' ]

# 신규 생성열 확인 및 결과 조회
df
```

	연월	업종명	이용자구분	성별	이용자수	이용건수	이용금액	건별평균금액
0	201801	건강보조식품 소매업	기타외국	알수없음	65	78	101523250	1.301580e+06
1	201801	건강보조식품 소매업	내국인	남성	159	165	25558470	1.548998e+05
2	201801	건강보조식품 소매업	내국인	알수없음	1	1	396000	3.960000e+05
3	201801	건강보조식품 소매업	내국인	여성	200	218	32041740	1.469805e+05
4	201801	건강보조식품 소매업	동남아	알수없음	8	8	1550000	1.937500e+05
...	...	...	...	...	...	...	...	...
13221	202109	휴양콘도 운영업	내국인	여성	4139	4870	548884346	1.127073e+05
13222	202109	휴양콘도 운영업	법인	알수없음	1845	3838	1441503333	3.755871e+05
13223	202109	휴양콘도 운영업	제주도민	남성	741	873	49421248	5.661082e+04
13224	202109	휴양콘도 운영업	제주도민	여성	743	894	52177033	5.836357e+04
13225	202109	휴양콘도 운영업	중국	알수없음	5	7	38830000	5.547143e+06

13226 rows × 8 columns

기존 열 이름을 변경하는 함수는 rename이다. 아래 코드와 같이 columns에 딕셔너리 형태로 '기존명' : '변경명'을 입력하면 된다. 또한 변경 결과를 새로운 데이터프레임으로 생성하고 싶을 때 새로운 변수에 할당하면 된다.

```
# 기존 칼럼 명 변경
df_rename = df.rename(columns = {'연월' : 'year_month', '업종명' : 'category'})
df_rename
```

	year_month	category	이용자구분	성별	이용자수	이용건수	이용금액	건별평균금액
0	201801	건강보조식품 소매업	기타외국	알수없음	65	78	101523250	1.301580e+06
1	201801	건강보조식품 소매업	내국인	남성	159	165	25558470	1.548998e+05
2	201801	건강보조식품 소매업	내국인	알수없음	1	1	396000	3.960000e+05
3	201801	건강보조식품 소매업	내국인	여성	200	218	32041740	1.469805e+05
4	201801	건강보조식품 소매업	동남아	알수없음	8	8	1550000	1.937500e+05
...	...	...	...	...	...	...	...	...
13221	202109	휴양콘도 운영업	내국인	여성	4139	4870	548884346	1.127073e+05
13222	202109	휴양콘도 운영업	법인	알수없음	1845	3838	1441503333	3.755871e+05
13223	202109	휴양콘도 운영업	제주도민	남성	741	873	49421248	5.661082e+04
13224	202109	휴양콘도 운영업	제주도민	여성	743	894	52177033	5.836357e+04
13225	202109	휴양콘도 운영업	중국	알수없음	5	7	38830000	5.547143e+06

13226 rows × 8 columns

열을 제거하는 함수는 drop이다. 열 이름과 함께 'axis=1' 코드를 함께 입력해주면 된다. 만약 행을 제거하고 싶다면 행 이름과 함께 'axis=0' 코드를 입력해주면 된다.

```
# df 데이터프레임에서 '연월' 열 제거
df_drop = df.drop('연월', axis = 1)
df_drop.head()
```

→

	업종명	이용자구분	성별	이용자수	이용건수	이용금액	건별평균금액
0	건강보조식품 소매업	기타외국	알수없음	65	78	101523250	1.301580e+06
1	건강보조식품 소매업	내국인	남성	159	165	25558470	1.548998e+05
2	건강보조식품 소매업	내국인	알수없음	1	1	396000	3.960000e+05
3	건강보조식품 소매업	내국인	여성	200	218	32041740	1.469805e+05
4	건강보조식품 소매업	동남아	알수없음	8	8	1550000	1.937500e+05

사용자가 원하는 조회와 조작을 거친 데이터프레임을 파일로 저장하려면 to_포맷 함수를 사용하면 된다. to_excel( )을 사용하여 엑셀 파일로 저장하고 to_csv( )를 사용하면 csv 파일로 저장된다. 아래는 데이터프레임을 CSV 파일과 엑셀 파일로 저장하는 예시 코드이다. 괄호 안에 파일명만 입력하면 주피터 노트북 파일(.ipynb)과 동일한 경로에 저장되며, 상대경로와 절대경로를 사용하여 구체적인 결과파일 저장 위치를 지정할 수 있다. 데이터프레임 값에 한글이 포함된 경우 encoding 옵션을 추가하여 코드를 작성해야 정상적인 출력파일을 얻을 수 있다.

```
# 파일명만 입력 시 현재 경로(ipynb 파일 경로)에 저장
df.to_csv('수정된 데이터프레임.csv', encoding = 'cp949')

# df_drop 데이터프레임을 엑셀 파일로 저장
df_drop.to_excel('output_excel.xlsx', encoding = 'cp949')
```

이 장에서는 데이터를 사용하기 위해 판다스를 사용하는 방법을 살펴보았다. 특히 테이블 형태의 데이터를 처리하기 위해 데이터프레임 유형을 사용할 수 있다. 또한 데이터프레임을 대상으로 다양하게 데이터를 조작하고 처리하는 방법을 확인하였다.

다음 장부터는 데이터에 좌표를 포함하고 있는 공간 데이터를 처리해보자. 다음 장에서는 공간 데이터 중 벡터 데이터를 이용하는 방법에 대해 살펴보도록 하겠다.

복습 내용

- 데이터프레임을 이용하여 2차원 데이터를 관리하는 방법을 이해한다.
- 판다스를 이용해 csv로 저장된 텍스트 파일을 불러오는 방법을 살펴본다.
- 데이터프레임의 정보를 확인할 수 있는 다양한 기능을 살펴본다.
- 데이터프레임의 열 이름을 사용하여 행에 접근하는 방법을 살펴본다.
- 데이터프레임의 행과 열에 접근하기 위한 loc 함수와 iloc 함수에 대한 사용 방법을 살펴본다.
- 데이터프레임을 오름차순 또는 내림차순으로 정렬하는 방법을 살펴본다.
- 데이터프레임의 열 사이의 연산과 열 제거 방법을 살펴본다.
- 데이터프레임을 텍스트 파일 또는 엑셀 파일로 저장하는 방법을 살펴본다.

연습 문제

- 판다스 패키지를 설치한 후 불러오기를 수행하는 코드를 작성하고 실행한 후 설명해보자.
- 실습 데이터인 '산불피해현황.csv' 데이터를 한글을 읽을 수 있도록 인코딩하여 데이터프레임으로 불러오기하는 코드를 작성하고 실행한 후 설명해보자.
- 데이터프레임의 정보를 확인할 수 있는 .shape, .columns, .dypes, .head(), .tail(), .sample(), .describe() 기능을 사용하는 코드를 작성하고 실행한 후 설명해보자.
- '산불피해현황.csv' 데이터에서 [합계] 열의 값이 10보다 큰 행을 논리형으로 확인하는 코드를 작성하고 실행한 후 설명해보자.
- '산불피해현황.csv' 데이터에서 데이터슬라이싱 조회 예제 코드를 작성하고 실행한 후 설명해보자.
- 카드이용정보.xlsx 데이터를 불러온 후 열 정보를 확인하기 위해 .unique(), .nunique(), .value_counts()를 사용하는 코드를 작성하고 실행한 후 설명해보자.
- '카드이용정보.xlsx' 데이터에서 '이용자구분'을 기준으로 데이터를 구분하고 행 개수를 확인하는 코드를 작성하고 실행한 후 설명해보자.
- '카드이용정보.xlsx' 데이터에서 '이용자구분'과 '성별'을 기준으로 데이터를 구분하고 행 개수를 확인하는 코드를 작성하고 실행한 후 설명해보자.
- '카드이용정보.xlsx' 데이터를 '이용금액' 열을 기준으로 오름차순으로 확인하는 코드를 작성하고 실행한 후 설명해보자.
- '카드이용정보.xlsx' 데이터에 대해 '건별평균금액'이라는 새로운 열을 생성하는 코드를 작성하고 실행한 후 설명해보자.
- '카드이용정보.xlsx' 데이터에 대해 기존 열(칼럼) 명을 변경하는 코드를 작성하고 실행한 후 설명해보자.
- 새로 작성된 카드이용정보 데이터프레임을 '카드이용정보_수정.xlsx'로 현재 경로에 저장하는 코드를 작성하고 실행한 후 설명해보자.

5장

벡터 데이터 처리

이 장에서는 공간 데이터를 처리하기 위해 지오판다스(Geopandas)에 대해 살펴본다. 먼저 앞 장에서 텍스트 데이터를 처리하기 위해 살펴본 판다스(Pandas)와 지오판다스의 차이를 살펴본다. 지오판다스를 이용하여 공간 데이터 중 가장 일반적인 Shapefile을 불러오는 방법을 살펴보고, 가공을 위해 잘라내기를 하는 방법을 살펴본다. 또한 공간 데이터의 중첩을 위한 5가지 기능을 살펴보고, 속성을 이용하여 지역을 융합할 수 있는 Dissolve의 기능을 살펴본다. 마지막으로 공간 객체들을 기준으로 공간 결합 기능에 대해 살펴본다.

지오판다스(GeoPandas)란?

4장에서는 판다스를 활용하여 1차원 또는 2차원 데이터를 다루는 방법을 알아보았다. 5장에서는 본격적으로 공간 데이터를 다루는 방법에 대해서 알아본다. 공간 데이터는 점, 선, 면 객체로 이루어진 벡터(Vector) 데이터와 격자(grid)를 이루는 셀(cell)들의 집합으로 표현되는 래스터(Raster) 데이터로 구분된다. 5장에서는 먼저 벡터 데이터를 파이썬에서 다루는 방법을 알아본다.

파이썬에서 벡터 데이터를 다룰 수 있도록 지원해주는 패키지는 지오판다스이다. 지오판다스는 파이썬에서 공간 데이터를 더 쉽게 처리하기 위해 제작된 오픈소스 프로젝트이다. 판다스 패키지를 기반으로 데이터 타입을 확장하여 좌표 기반의 기하학적 유형(Geometric type)에 대한 공간 연산을 가능하게 해준다. 기하학적 연산은 Shapely 패키지에 의해 수행되며, 파일 접근을 위해 Fiona 패키지를 참조하고 시각화를 위해 Matplotlib 패키지를 참조한다. 즉, 다양한 패키지에 의존적이며 이를 통합하여 쉽게 공간 데이터 처리를 가능하게 해주는 라이브러리이다. 자세한 내용은 지오판다스 공식 홈페이지(https://geopandas.org/en/stable/#)에서 확인할 수 있다.

지오판다스를 사용하기 위해서는 패키지 설치가 우선되어야 한다. 아래 코드를 통해 지오판다스 패키지를 설치해보자. 이후 패키지를 import하여 사용할 수 있다. 이 책에서는 패키지 사용 시 접근명을 지오판다스 전체 이름을 사용하지 않고 아래 코드와 같이 gpd로 명명하여 사용한다. 어떤 이름이든 사용할 수 있으나 가능하면 원래의 패키지 이름을 쉽게 연상할 수 있도록 이름을 명명하는 것이 좋다.

```
pip install geopandas

import geopandas as gpd
```

Shapefile 불러오기

먼저 기본적인 Shapefile(ESRI Shapefile, *.shp)을 불러오는 방법을 알아보자. 앞에서 설명한 것처럼 지오판다스는 판다스를 기반으로 제작되었으므로 문법이 비슷한 특징을 가지고 있다. 파일을 불러오려면

read_file() 함수를 사용한다. 또한, Shapefile의 속성 테이블에 한글 값이 포함되어 있으면 encoding 옵션('cp949' 또는 'cuc-kr')을 사용하도록 한다.

시군구 Shapefile을 불러왔으면 변수명을 입력하여 확인한다. 판다스의 DataFrame과 구조가 굉장히 유사한 것을 볼 수 있다. 한 가지 다른 점은, 맨 우측에 'geometry' 열이 추가되었다는 점이다. 이는 우리가 익히 알고 있는 공간 데이터의 기하 유형과 각 좌표 목록에 해당된다. 유형은 점(Point), 선(Polyline), 면(Polygon)으로 구분된다. 예제는 시군구 경계로, 면 유형(Polygon 또는 Multipolygon)인 것을 확인할 수 있으며 이를 구성하는 각 점들의 좌표 목록을 확인할 수 있다.

```
# 시군구 Shapefile 불러오기
gdf = gpd.read_file( ' ./sigungu.shp ' , encoding= ' cp949 ' )

# gdf 불러오기 확인

gdf
```

→

	UFID	BJCD	NAME	DIVI	SCLS	FMTA	geometry
0	ARB0200000000001F	1111000000	종로구	HJD007	NaN	NaN	POLYGON ((953683.137 1959215.322, 953668.662 1...
1	ARB0200000000002G	1114000000	중구	HJD007	NaN	NaN	POLYGON ((957917.585 1952368.982, 957917.726 1...
2	ARB0200000000003H	1117000000	용산구	HJD007	NaN	NaN	POLYGON ((953407.617 1950715.070, 953418.555 1...
3	ARB0200000000004I	1120000000	성동구	HJD007	NaN	NaN	POLYGON ((959691.320 1952644.288, 959692.317 1...
4	ARB0200000000005J	1121500000	광진구	HJD007	NaN	NaN	POLYGON ((964828.399 1952640.857, 964882.048 1...
...	...	...	...	...	...	...	...
256	ARB0200000000075Q	4413000000	천안시	HJD005	NaN	NaN	POLYGON ((965610.222 1886129.944, 965626.698 1...
257	ARB0200000000076R	4812000000	창원시	HJD005	NaN	NaN	MULTIPOLYGON (((1103733.199 1709171.390, 11038...
258	ARB0200000000077S	4511000000	전주시	HJD005	NaN	NaN	POLYGON ((966176.089 1767266.658, 966176.421 1...
259	ARB0200000000078T	4146000000	용인시	HJD005	NaN	NaN	POLYGON ((958355.869 1930442.906, 958364.516 1...
260	NaN	4117000000	안양시	HJD005	NaN	NaN	POLYGON ((949937.813 1938406.048, 949983.639 1...

gdf의 타입은 무엇일까? type(gdf) 코드를 통해 데이터 타입을 살펴보자. 화면에 나오는 것처럼 GeoDataFrame인 것을 확인할 수 있다. 이는 DataFrame과 유사하지만 본질적으로는 다른 데이터 타입이다. 따라서 데이터 가공 시, DataFrame과 GeoDataFrame을 분명히 구분하여 사용해야 할 것이다.

```
# 데이터 타입 확인
type(gdf)
→ geopandas.geodataframe.GeoDataFrame
```

불러온 Shapefile을 시각적으로 조회하려면 plot() 함수를 사용하면 된다. 시각화와 관련된 다양한 기능이 존재하지만, 이는 7장에서 자세히 다루도록 한다. (plot의 축에 관한 default 옵션이 뭔지 확인해보자)

```
# 시각화
gdf.plot()
```

→

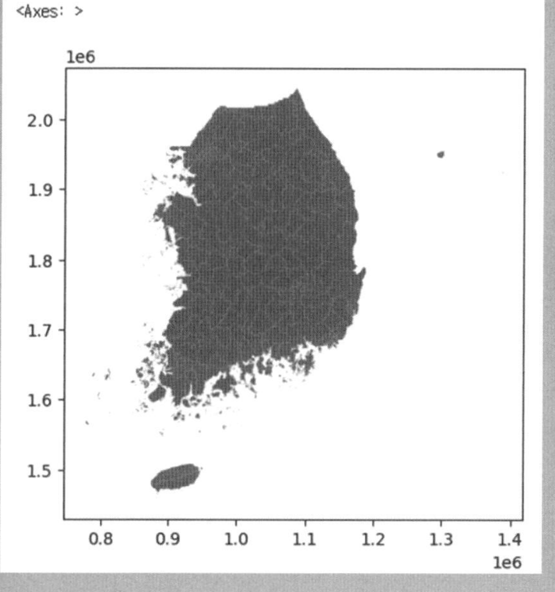

공간 데이터 가공

지오판다스는 ArcGIS나 QGIS에 존재하는 다양한 공간 데이터 가공 기능을 지원한다. 널리 사용되는 다양한 기능에 대해서 알아보자.

잘라내기(Clip)

Clip은 서로 다른 두 레이어를 사용하여 원하는 범위의 새로운 객체만을 레이어로 추출하는 기능이다. 개념도는 그림 5.1과 같다. Input Features는 잘라내기 이전의 원본 데이터에 해당한다. Clip Feature는 사용자가 원하는 모양의 거푸집과 같은 역할을 하는 객체이다. 원본 데이터와 거푸집 데이터를 지정하면 Result와 같은 Clip 결과물을 생성할 수 있다.

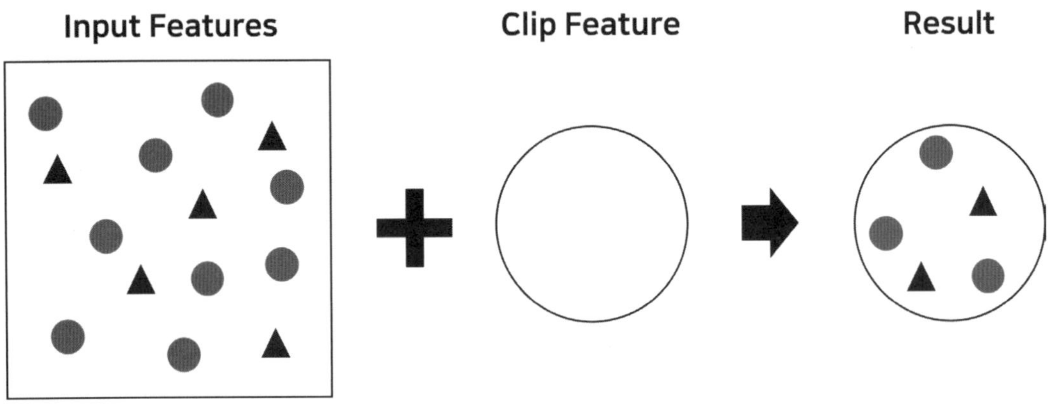

그림 5.1 Clip 모식도

예제 데이터를 사용하여 실습해보자. Input Features는 이전에 불러온 시군구 파일(gdf 변수에 저장)로 설정한다. 거푸집 역할을 하는 Clip Feature는 아래와 같이 불러오자.

```
# clipPolygon shapefile 불러오기
clipPoly = gpd.read_file('./clipPolygon.shp', encoding='cp949')
```

준비물이 다 갖춰졌으니 이제 Clip 명령문을 입력하면 된다. 지오판다스의 Clip 구문은 표 5.1과 같다.

GeoPandas.clip()에 들어가는 입력 인자는 두 가지이다. 첫 번째인 gdf는 자르기 전 원본 데이터를 의미하며, 두 번째인 Mask에는 거푸집 데이터를 넣어주면 된다.

표 5.1 clip 구문

```
geopandas.clip(gdf, mask)
  - gdf : 원본 GeoDataFrame 또는 GeoSeries
  - mask : 거푸집 GeoDataFrame, GeoSeries, 폴리곤 등
```

다음 코드를 통해 Clip을 진행해보자. 결과물은 clip_result에 저장할 것이다. Clip을 실행하기 위해 입력변수를 지정한다. 지오판다스 패키지는 앞에서 'import geopandas as gpd'로 선언했기 때문에 Clip 함수 접근을 위해 gpd.clip() 코드를 입력한다. 원본 데이터인 시군구 경계 파일의 변수명은 gpd, 거푸집 데이터는 clipPoly로 지정되어 있으므로 차례로 입력한다. 단 한 줄의 코드로 Clip을 실행할 수 있으며 결과 GeoDataFrame이 생성된다. 또한 연산 속도가 매우 빠른 것을 확인할 수 있다.

결과 GeoDataFrame은 변수명(clip_result)을 통해 조회할 수 있다. 결과 지도는 plot() 함수를 사용하여 확인할 수 있다. plot() 함수를 이용한 시각화 방법은 7장에서 자세히 다루도록 한다.

```python
# 시군구 경계 GeoDataFrame을 clipPoly 모양으로 자르기
clip_result = gpd.clip(gdf, clipPoly)

# 결과 GeoDataFrame 확인
clip_result
```

	UFID	BJCD	NAME	DIVI	SCLS	FMTA	geometry
172	ARB020000000004TB	4571000000	완주군	HJD006	NaN	NaN	POLYGON ((984570.473 1792603.770, 984604.148 1...
155	ARB020000000004CU	4423000000	논산시	HJD005	NaN	NaN	POLYGON ((965099.267 1815368.696, 965111.064 1...
156	ARB020000000004DV	4425000000	계룡시	HJD005	NaN	NaN	POLYGON ((974888.760 1817001.035, 974997.361 1...
168	ARB020000000004P7	4514000000	익산시	HJD005	NaN	NaN	POLYGON ((957067.442 1793462.487, 957077.592 1...
159	ARB020000000004GY	4476000000	부여군	HJD006	NaN	NaN	POLYGON ((957091.490 1810197.886, 957103.506 1...
161	ARB020000000004I0	4479000000	청양군	HJD006	NaN	NaN	MULTIPOLYGON (((957064.104 1825779.219, 957072...
151	ARB020000000048Q	4415000000	공주시	HJD005	NaN	NaN	POLYGON ((957134.830 1850343.036, 957143.089 1...
74	ARB020000000023J	3611000000	세종특별자치시	HJD005	NaN	NaN	POLYGON ((970194.862 1859543.998, 970224.160 1...
149	ARB020000000046O	4413100000	동남구	HJD007	NaN	NaN	POLYGON ((992276.117 1863820.288, 992280.352 1...
256	ARB020000000075Q	4413000000	천안시	HJD005	NaN	NaN	POLYGON ((992276.117 1863820.288, 992280.352 1...
153	ARB020000000004AS	4420000000	아산시	HJD005	NaN	NaN	MULTIPOLYGON (((966105.858 1863810.003, 966035...
158	ARB020000000004FX	4471000000	금산군	HJD006	NaN	NaN	POLYGON ((988698.118 1808300.623, 988776.926 1...
143	ARB02000000000040I	4374000000	영동군	HJD006	NaN	NaN	POLYGON ((1030896.843 1813185.114, 1030899.332...
66	ARB020000000001VA	3017000000	서구	HJD007	NaN	NaN	POLYGON ((990408.899 1819327.608, 990408.998 1...
65	ARB020000000001U9	3014000000	중구	HJD007	NaN	NaN	POLYGON ((991885.094 1816709.588, 991918.578 1...

```python
# 결과 GeoDataFrame 시각화, 시각화 옵션 지정
clip_result.plot(color='none', edgecolor='black')
```

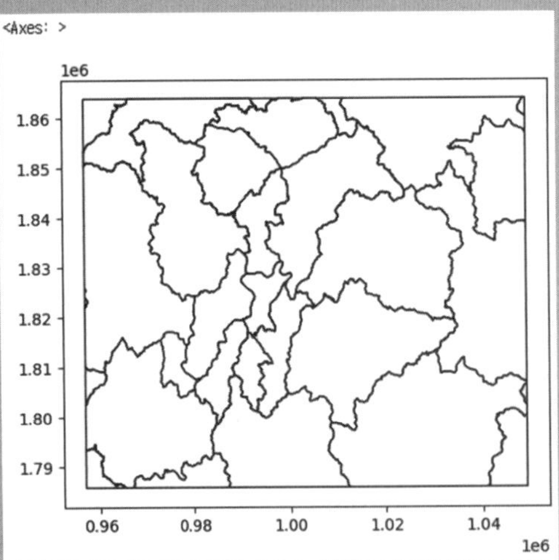

중첩(Overlay)

Overlay 기능은 서로 다른 2개의 레이어를 중첩하여 분석하는 기능이다. Overlay의 세부 기능은 다섯 가지로 구분된다. 5개 기능의 개념은 다음과 같다.

1) intersection(교집합)

- 두 레이어가 겹치는 부분만을 결과로 반환한다(그림 5.2).

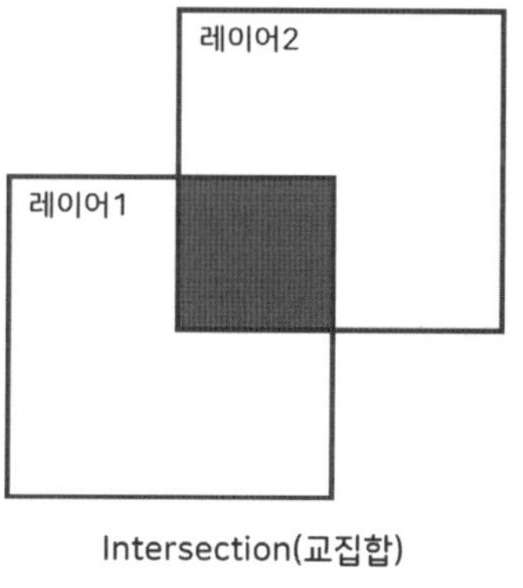

그림 5.2 교집합

2) union(합집합)

- 두 레이어를 합쳐 하나의 통합된 객체를 결과로 반환한다(그림 5.3).
- 겹치지 않는 부분도 포함하여 두 객체의 모든 부분을 결과로 반환한다.

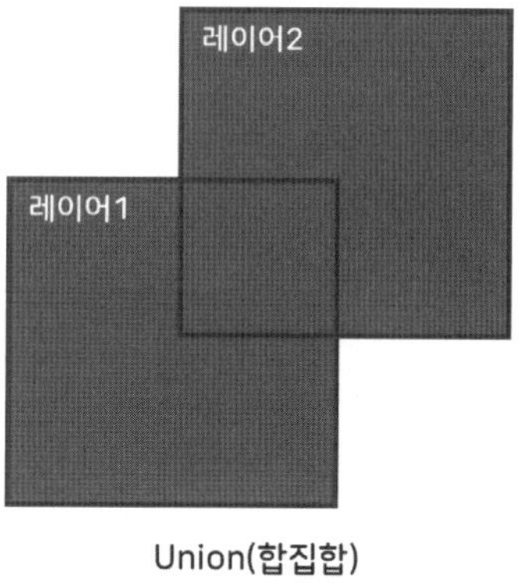

그림 5.3 합집합

3) symmetrical_difference(대칭 차집합)

- 두 레이어에서 겹치지 않는 부분만 결과로 반환한다(그림 5.4).
- 두 geometry가 겹치는 부분은 제외하고 나머지 부분을 결과로 반환한다.

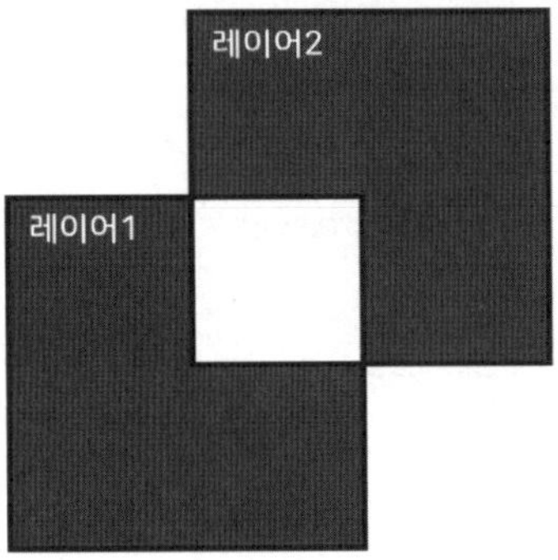

Symmetric_difference(대칭 차집합)

그림 5.4 대칭 차집합

4) difference(차집합)

- 첫 번째 레이어에서 두 번째 레이어가 차지하는 부분을 제외하고 결과로 반환한다(그림 5.5).
- 즉, 1번 레이어에서 2번 레이어를 제외한 부분을 얻으려면 1번 레이어를 첫 번째 입력 인자로, 2번 레이어를 두 번째 입력 인자로 입력하여 분석 수행한다.

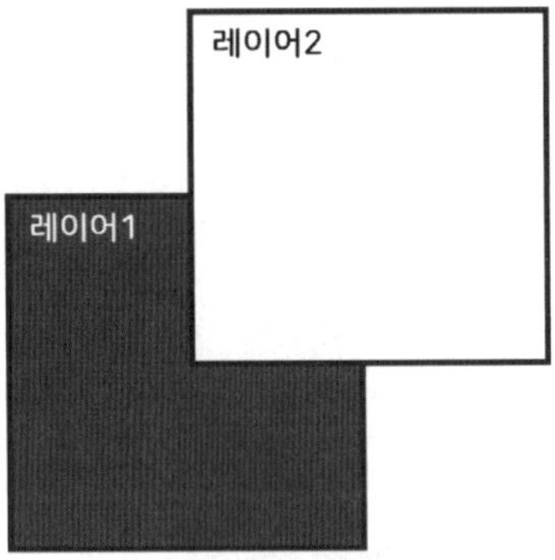

Difference(차집합)

그림 5.5 차집합

5) identity(식별)

- 첫 번째 레이어에서 두 번째 레이어와 겹치는 모든 부분을 결과로 반환한다(그림 5.6).
- intersection(교차)과의 차이점은 첫 번째 레이어의 모든 부분을 포함하고, 두 번째 레이어와 겹치는 부분의 정보도 같이 결과로 반환한다는 것이다.

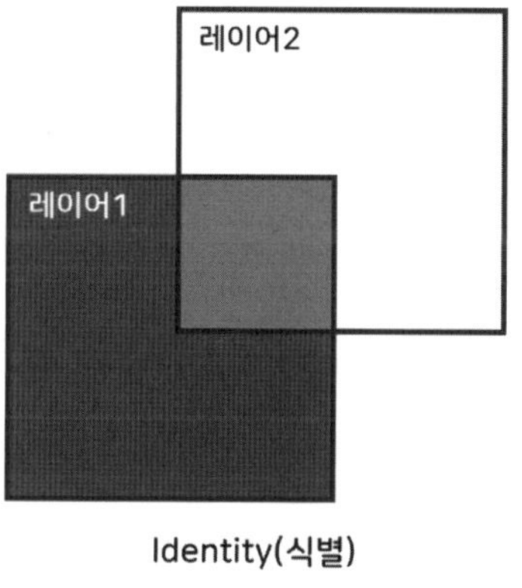

그림 5.6 식별

지오판다스의 Overlay 함수 사용 방법과 구문은 표 5.2와 같다. 2개의 레이어(데이터프레임)가 입력 인자로 들어가며, how에 사용자가 원하는 기능의 이름을 써주면 된다. 분석 목적에 맞게 두 가지 데이터프레임의 순서를 유념한다.

표 5.2 Overay 함수 사용 구문

```
geopandas.overlay(df1, df2, how = ‘ method ’ )
- df1 : 1번 데이터프레임
- df2 : 2번 데이터프레임
- how : 사용자 지정 기능(intersection, union, identity, symmetric_difference,
difference 중 택 1
```

Overlay의 기능을 실제 데이터와 함께 실습한다. 지오판다스에서 기본적으로 제공하는 세계지도 데이터를 사용할 것이다. 이제는 익숙한 read_file() 함수를 사용하여 불러올 수 있다. 다음 코드와 같이 세계지도 데이터를 불러온다. 데이터프레임을 보면 추정 인구수, 대륙명, 국가명, 국가코드, GDP 등의 정보가 있다.

```
# 세계지도 데이터 불러오기(GeoPandas 내장 지도)
world = gpd.read_file(gpd.datasets.get_path('naturalearth_lowres'))
world.head()
```

→

	pop_est	continent	name	iso_a3	gdp_md_est	geometry
0	889953.0	Oceania	Fiji	FJI	5496	MULTIPOLYGON (((180.00000 -16.06713, 180.00000...
1	58005463.0	Africa	Tanzania	TZA	63177	POLYGON ((33.90371 -0.95000, 34.07262 -1.05982...
2	603253.0	Africa	W. Sahara	ESH	907	POLYGON ((-8.66559 27.65643, -8.66512 27.58948...
3	37589262.0	North America	Canada	CAN	1736425	MULTIPOLYGON (((-122.84000 49.00000, -122.9742...
4	328239523.0	North America	United States of America	USA	21433226	MULTIPOLYGON (((-122.84000 49.00000, -120.0000...

```
world.plot()
```

→

<Axes: >

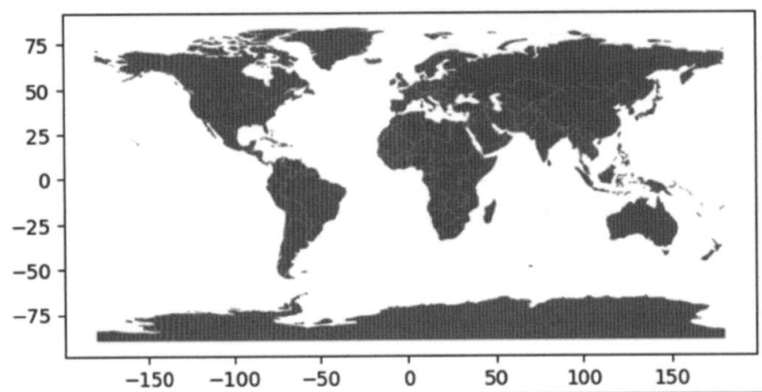

다양한 Overlay 기능을 사용하기 위해 몇 가지 데이터를 생성해보자. 먼저 위에서 불러온 세계지도 데이터를 사용하여 아시아 대륙에 포함된 국가만 추출해보도록 한다. world 데이터프레임에서 대륙명 정보를 포함하고 있는 continent 열에서 아시아(Asia) 속성을 가지고 있는 대상만을 따로 저장해보자. 다음과 같이 코드를 입력하면 world 데이터프레임에서 아시아 국가만을 추출할 수 있다.

```
# 세계지도(world)에서 대륙(continent) 열을 사용하여 아시아 국가만을 추출
asia = world[world[ ' continent ' ] == ' Asia ' ]
asia.plot()
```

→ 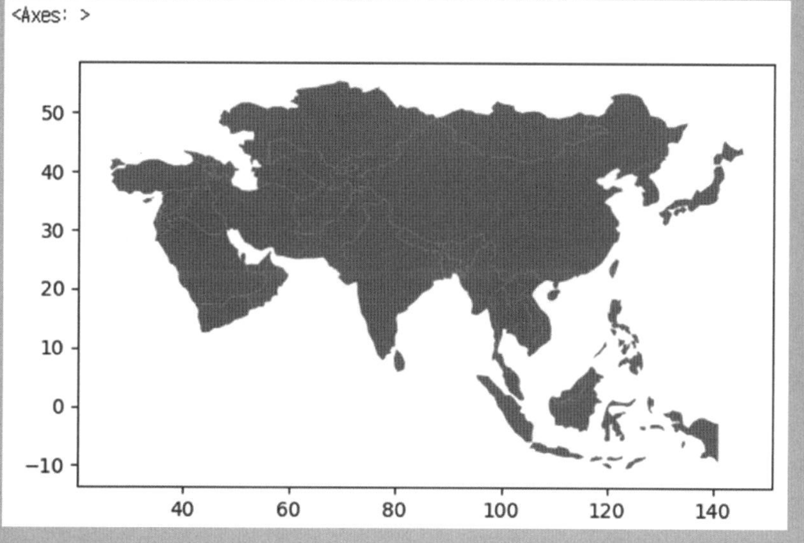

이번에는 세계 주요 도시 데이터를 불러오도록 한다. 지오판다스에서 제공하는 기본 데이터를 불러올 것이다. 아래 코드를 통해 cities 변수에 불러온 데이터프레임을 저장한다. geometry 열을 보면 도시는 점(point) 객체인 것을 확인할 수 있다. 전 세계 총 243개국의 도시 정보가 담겨 있다.

```
# 세계 주요 도시 데이터 불러오기
cities = gpd.read_file(gpd.datasets.get_path( ' naturalearth_cities ' ))
cities
```

→

	name	geometry
0	Vatican City	POINT (12.45339 41.90328)
1	San Marino	POINT (12.44177 43.93610)
2	Vaduz	POINT (9.51667 47.13372)
3	Lobamba	POINT (31.20000 -26.46667)
4	Luxembourg	POINT (6.13000 49.61166)
...	...	...
238	Rio de Janeiro	POINT (-43.21212 -22.90731)
239	São Paulo	POINT (-46.62697 -23.55673)
240	Sydney	POINT (151.21255 -33.87137)
241	Singapore	POINT (103.85387 1.29498)
242	Hong Kong	POINT (114.18306 22.30693)

243 rows × 2 columns

이제 재료가 준비되었으니 이들을 활용한 Overlay 기능을 실습해보도록 하자. 먼저 intersection 기능을 사용하여 전 세계 주요 도시에서 아시아 도시만을 추출한다. 따라서 gpd.overlay() 함수에서 첫 번째 입력 인자는 cities가 될 것이고, 두 번째 입력 인자는 asia가 될 것이다. 마지막으로 세 번째 입력 인자는 교집합 기능을 사용할 것이므로 how = 'intersection'으로 설정한다. 결과를 확인하면 61개 도시가 결과물로 나온 것을 확인할 수 있다.

```
# 세계 주요 도시 데이터 불러오기
asia_cities = gpd.overlay(cities, asia, how = ' intersection ' )

# 결과 확인
asia_cities
```

	name_1	pop_est	continent	name_2	iso_a3	gdp_md_est	geometry
0	Doha	2832067.0	Asia	Qatar	QAT	175837	POLYGON ((-7584220.927 4789561.107, -7584702.4...
1	Sri Jayawardenepura Kotte	21803000.0	Asia	Sri Lanka	LKA	84008	POLYGON ((-4862641.573 -1077859.008, -4863123....
2	Colombo	21803000.0	Asia	Sri Lanka	LKA	84008	POLYGON ((-4876861.161 -1070709.551, -4877342....
3	Baguio	108116615.0	Asia	Philippines	PHL	376795	POLYGON ((358619.232 -376589.242, 358137.705 -...
4	Manila	108116615.0	Asia	Philippines	PHL	376795	POLYGON ((396478.974 -580929.232, 395997.447 -...
...	...	...	...	...	...	...	...
56	Tehran	82913906.0	Asia	Iran	IRN	453996	POLYGON ((-5706477.263 5734662.189, -5706958.7...
57	Kabul	38041754.0	Asia	Afghanistan	AFG	19291	POLYGON ((-4449812.623 3635699.611, -4450294.1...
58	Taipei	23568378.0	Asia	Taiwan	TWN	1127000	POLYGON ((500919.605 576255.132, 500438.077 56...
59	Riyadh	34268528.0	Asia	Saudi Arabia	SAU	792966	POLYGON ((-8174953.235 5669597.002, -8175434.7...
60	Jakarta	270625568.0	Asia	Indonesia	IDN	1119190	POLYGON ((-1237483.913 -2934983.141, -1237965....

61 rows × 7 columns

결과 GeoDataFrame을 Shapefile로 저장하려면 to_file() 함수를 사용하면 된다. 괄호 안에 Shapefile이 저장될 경로를 입력하면, Shapefile을 구성하고 있는 여러 파일(shp, dbf, shx, prj 등)이 한 번에 생성된다.

```
# 결과 GeoDataFrame을 shapefile로 저장
asia_cities.to_file( ' ./asia_cities.shp ' )
```

다음으로 union(합집합) 기능을 실습해본다. 서로 다른 대륙인 아시아와 유럽 대륙을 하나로 합쳐 유라시아 대륙을 생성해보자. 먼저 유럽 대륙, 아시아 대륙을 추출하는 방법을 동일하게 적용하여 생성한다.

그다음 overlay() 함수에서 union 기능을 코드로 입력하여 결과물을 생성한다.

```
# 유럽 대륙 추출
europe = world[world[‘continent’] == ‘Europe’]

# 유럽 + 아시아
eurasia = asia.overlay(europe, how = ‘union’)
eurasia.plot()
```

→

```
<Axes: >
```

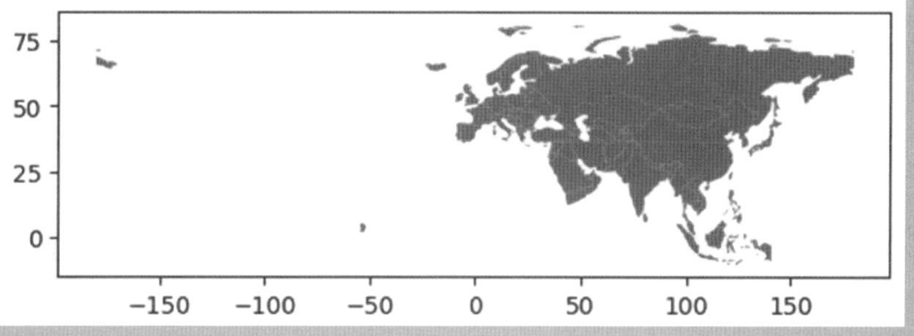

다음으로 symmetric difference(대칭 차집합) 기능을 실습해본다. 이번에는 버퍼(buffer) 기능을 함께 사용하여 아시아 대륙과 아시아 도시의 대칭 차집합 결과를 도출하고자 한다.

먼저 아시아 주요 도시의 버퍼를 생성한다. 이때, 버퍼 반경 생성의 편의성을 위하여 미터(m) 단위인 EPSG:5179 좌표계로 변환한다. 좌표계 변환은 to_crs() 함수를 사용하면 된다. 또한 원본 데이터의 손실을 막기 위해 복사본을 생성한다. 복사본은 copy() 함수를 사용하면 된다.

```
# to_crs 함수를 사용하여 좌표계 변환
asia = asia.to_crs(5179)
asia_cities = asia_cities.toa_crs(5179)

# 버퍼 GeoDataFrame 생성을 위해 복사본 생성
asia_cities_buffer = asia_cities.copy()
asia_cities_buffer
```

→

	name_1	pop_est	continent	name_2	iso_a3	gdp_md_est	geometry
0	Doha	2832067.0	Asia	Qatar	QAT	175837	POINT (-7684220.927 4789561.107)
1	Sri Jayawardenepura Kotte	21803000.0	Asia	Sri Lanka	LKA	84008	POINT (-4962641.573 -1077859.008)
2	Colombo	21803000.0	Asia	Sri Lanka	LKA	84008	POINT (-4976861.161 -1070709.551)
3	Baguio	108116615.0	Asia	Philippines	PHL	376795	POINT (258619.232 -376589.242)
4	Manila	108116615.0	Asia	Philippines	PHL	376795	POINT (296478.974 -580929.232)
...	...	...	...	...	...	...	...
56	Tehran	82913906.0	Asia	Iran	IRN	453996	POINT (-5806477.263 5734662.189)
57	Kabul	38041754.0	Asia	Afghanistan	AFG	19291	POINT (-4549812.623 3635699.611)
58	Taipei	23568378.0	Asia	Taiwan	TWN	1127000	POINT (400919.605 576255.132)
59	Riyadh	34268528.0	Asia	Saudi Arabia	SAU	792966	POINT (-8274953.235 5669597.002)
60	Jakarta	270625568.0	Asia	Indonesia	IDN	1119190	POINT (-1337483.913 -2934983.141)

61 rows × 7 columns

asia_cities_buffer의 geometry 열을 보면 점(point)으로 구성된 것을 볼 수 있다. 하지만 버퍼는 점이 아닌 면(polygon)임을 떠올리자. GeoDataFrame은 geometry 열에 입력된 값에 따라 기하 유형이 변한다. 따라서 점 사상을 면 사상으로 변환하려면 바로 이 geometry 열을 수정해야 한다.

asia_cities.geometry(100,000)라는 점 사상인 아시아 주요 도시를 버퍼 면으로 변경하려면, 직접 geometry 열에 대해 buffer 기능을 사용하여 수정하면 된다. 아래 코드를 입력하고 실행한다. 아래 코드는 asia_cities_buffer의 geometry 열을 buffer() 함수를 사용하여 변환한다는 의미이다. 버퍼 함수 괄호 안에 100,000을 입력하였는데 이는 100,000미터로 100km에 해당된다.

코드 실행 후 asia_cities_buffer의 geometry 열 정보가 점(Point)에서 면(Polygon)으로 바뀐 것을 확인할 수 있다.

```
# asia_cities_buffer의 geometry 열에 buffer 함수를 사용하여 갱신
asia_cities_buffer[ ‘ geometry ’ ] = asia_cities.buffer(100000)
asia_cities_buffer
```

→

	name_1	pop_est	continent	name_2	iso_a3	gdp_md_est	geometry
0	Doha	2832067.0	Asia	Qatar	QAT	175837	POLYGON ((-7584220.927 4789561.107, -7584702.4...
1	Sri Jayawardenepura Kotte	21803000.0	Asia	Sri Lanka	LKA	84008	POLYGON ((-4862641.573 -1077859.008, -4863123....
2	Colombo	21803000.0	Asia	Sri Lanka	LKA	84008	POLYGON ((-4876861.161 -1070709.551, -4877342....
3	Baguio	108116615.0	Asia	Philippines	PHL	376795	POLYGON ((358619.232 -376589.242, 358137.705 -...
4	Manila	108116615.0	Asia	Philippines	PHL	376795	POLYGON ((396478.974 -580929.232, 395997.447 -...
...	...	...	...	...	...	...	...
56	Tehran	82913906.0	Asia	Iran	IRN	453996	POLYGON ((-5706477.263 5734662.189, -5706958.7...
57	Kabul	38041754.0	Asia	Afghanistan	AFG	19291	POLYGON ((-4449812.623 3635699.611, -4450294.1...
58	Taipei	23568378.0	Asia	Taiwan	TWN	1127000	POLYGON ((500919.605 576255.132, 500438.077 56...
59	Riyadh	34268528.0	Asia	Saudi Arabia	SAU	792966	POLYGON ((-8174953.235 5669597.002, -8175434.7...
60	Jakarta	270625568.0	Asia	Indonesia	IDN	1119190	POLYGON ((-1237483.913 -2934983.141, -1237965....

61 rows × 7 columns

이제 아시아 도시 버퍼와 아시아 대륙의 대칭 차집합을 실행한다. 결과는 아시아 대륙에 아시아 주요 도시 위치가 마치 구멍이 뚫린 것처럼 표현될 것이다.

```
# 아시아 대륙과 아시아 주요 도시 버퍼의 대칭 차집합
sd_asia = gpd.overlay(asia, asia_cities_buffer, how = 'symmetric_difference')
sd_asia.plot()
```

→

<Axes: >

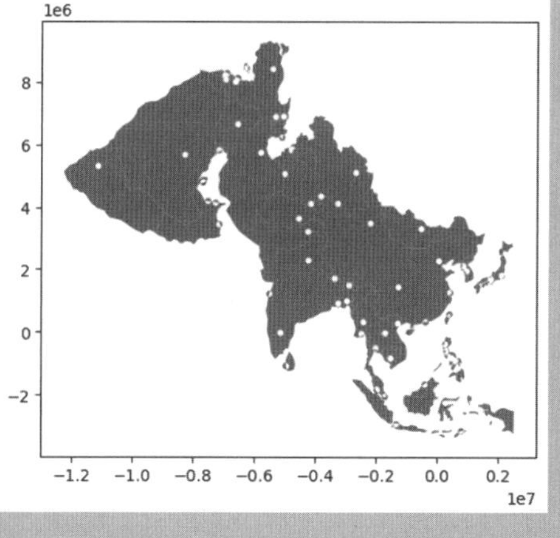

속성정보를 활용한 융해(Dissolve)

융해(Dissolve)는 속성정보의 특정 행 값을 기준으로 지역을 통합하는 기능이다. 예를 들어, 7개로 분류된 대분류 토지피복도를 바다, 육지로 변환하거나 시군구 경계를 사용하여 시도로 변환하는 과정에 사용될 수 있다.

Dissolve 기능을 사용하여 시군구 경계 파일을 시도 경계로 변환해보도록 하자. 먼저 시군구 shapefile을 불러온다. 좌표계를 EPSG:5179로 설정하고 GeoDataFrame을 조회해보자. 시군구 경계 파일은 법정동 코드(BJCD), 시군구 명(NAME) 등으로 이루어진 것을 볼 수 있다.

```
# 시군구 shp 파일 불러오기
gdf = gpd.read_file('./sigungu.shp', encoding='cp949')
# 좌표계 설정하기
gdf.set_crs(5179)
# gdf 데이터 헤드부분 출력
gdf.head()
```

→

	UFID	BJCD	NAME	DIVI	SCLS	FMTA	geometry
0	ARB0200000000001F	1111000000	종로구	HJD007	NaN	NaN	POLYGON ((953683.137 1959215.322, 953668.662 1...
1	ARB0200000000002G	1114000000	중구	HJD007	NaN	NaN	POLYGON ((957917.585 1952368.982, 957917.726 1...
2	ARB0200000000003H	1117000000	용산구	HJD007	NaN	NaN	POLYGON ((953407.617 1950715.070, 953418.555 1...
3	ARB0200000000004I	1120000000	성동구	HJD007	NaN	NaN	POLYGON ((959691.320 1952644.288, 959692.317 1...
4	ARB0200000000005J	1121500000	광진구	HJD007	NaN	NaN	POLYGON ((964828.399 1952640.857, 964882.048 1...

```
# gdf 파일 그리기
gdf.plot(edgecolor = 'black')
```

→

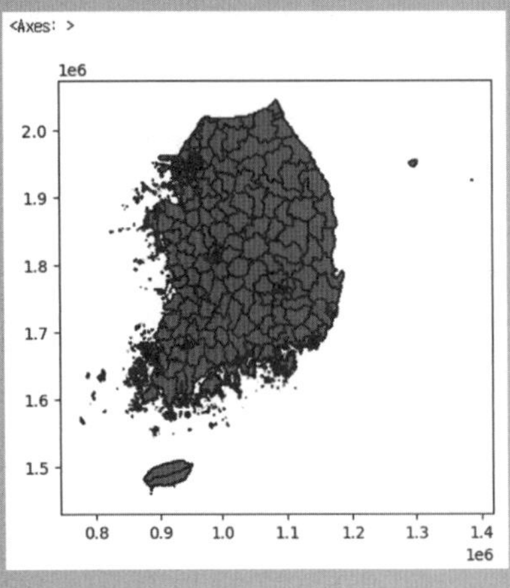

다음으로 Dissolve의 기준이 될 열을 생성하기 위해 법정동 코드(BJCD)로부터 시도 코드(.str[:2])를 추출한다. 법정동 코드의 맨 앞 2자리는 고유 시도 코드를 의미한다. 아래 코드를 통해 시도 코드(SDCD) 열을 생성하도록 하자. 생성된 SDCD를 기준으로 동일한 항목끼리 융해될 것이다.

```
# 법정동 코드(BJCD)로부터 시도 코드 추출
gdf[ ' SDCD ' ] = gdf[ ' BJCD ' ].str[:2]
gdf.head()
```

→

	UFID	BJCD	NAME	DIVI	SCLS	FMTA	geometry	SDCD
0	ARB0200000000001F	1111000000	종로구	HJD007	NaN	NaN	POLYGON ((953683.137 1959215.322, 953668.662 1...	11
1	ARB0200000000002G	1114000000	중구	HJD007	NaN	NaN	POLYGON ((957917.585 1952368.982, 957917.726 1...	11
2	ARB0200000000003H	1117000000	용산구	HJD007	NaN	NaN	POLYGON ((953407.617 1950715.070, 953418.555 1...	11
3	ARB0200000000004I	1120000000	성동구	HJD007	NaN	NaN	POLYGON ((959691.320 1952644.288, 959692.317 1...	11
4	ARB0200000000005J	1121500000	광진구	HJD007	NaN	NaN	POLYGON ((964828.399 1952640.857, 964882.048 1...	11

Dissolve는 GeoDataFrame.dissolve() 함수를 사용하여 실행할 수 있다. 괄호 안에 by = '기준열'을 설정해줌으로써 기능이 실행된다. 즉, 아래 코드에서는 SDCD(시도 코드)를 기준으로 동일한 코드를 가진 항목들이 통합될 것이다.

결과 시각화를 통해 보면 기존 시군구 경계가 시도 경계로 잘 융합된 것을 볼 수 있다.

```
# 시도 코드(SDCD)를 기준으로 dissolve 실행
dissolve_result = gdf.dissolve(by = ' SDCD ' )
dissolve_result.plot(edgecolor = " black " )     # 검정 경계선 사용 시각화
```

→

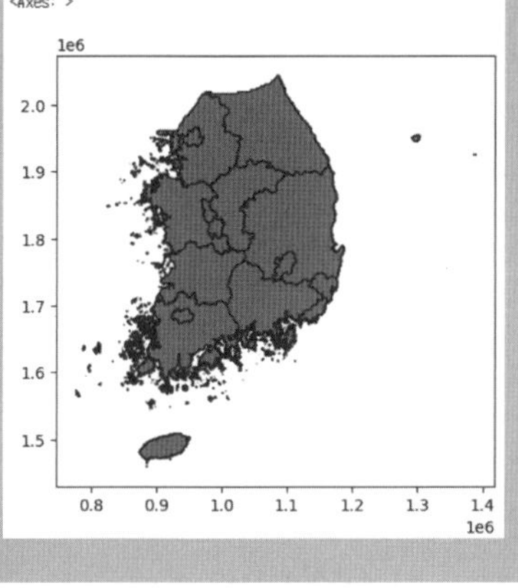

Dissolve의 장점 중 하나는, 융해 시 수치형 속성 데이터 집계 기능이 포함되어 있다는 점이다. dissolve() 함수에 aggfunc 파라미터를 통해 실행할 수 있다. 예를 들어 이전에 사용한 세계 국가 데이터에서, 대륙별로 Dissolve한 뒤 대륙별 인구와 GDP의 합계값을 얻으려고 한다. 합계값을 구해야 하니 aggfunc = 'sum' 코드를 입력하자.

코드를 실행하면 경고 문구가 나온다. 바로 우리가 사용한 aggfunc는 수치형 데이터만 가능하다는 알림이다. 본래 world 데이터는 continent 열뿐만 아니라 텍스트로 입력된 국가명, ISO 국가 코드 열도 있었음을 기억하자.

```
# 세계 국가를 dissolve하여 대륙 생성 후 인구 합계 산출
continent = world.dissolve(by = ' continent ', aggfunc = ' sum ')
continent   # 결과 가시화
```

→

continent	geometry	pop_est	gdp_md_est
Africa	MULTIPOLYGON (((-11.43878 6.78592, -11.70819 6...	1.306370e+09	2455514
Antarctica	MULTIPOLYGON (((-61.13898 -79.98137, -60.61012...	4.490000e+03	898
Asia	MULTIPOLYGON (((48.67923 14.00320, 48.23895 13...	4.550277e+09	32725478
Europe	MULTIPOLYGON (((-53.55484 2.33490, -53.77852 2...	7.454125e+08	21587850
North America	MULTIPOLYGON (((-155.22217 19.23972, -155.5421...	5.837560e+08	25075988
Oceania	MULTIPOLYGON (((147.91405 -43.21152, 147.56456...	4.120487e+07	1647113
Seven seas (open ocean)	POLYGON ((68.93500 -48.62500, 69.58000 -48.940...	1.400000e+02	16
South America	MULTIPOLYGON (((-68.63999 -55.58002, -69.23210...	4.270667e+08	3852015

aggfunc를 사용하여 합계(sum)뿐만 아니라 아래 목록과 같이 다양한 기초 통곗값을 얻을 수 있다.

```
# aggfunclist의 기초 통계 함수들
first, last, min, max, sum, mean, median
```

공간 결합(Spatial Join)

공간 결합(Spatial Join)은 객체들의 공간 관계를 기준으로 하나의 레이어 속성을 다른 레이어 속성과 결합하는 기능이다. 서로 다른 레이어들의 다양한 공간 관계를 기준으로 매칭되는 속성 데이터를 결합한다. 공간 결합 함수는 sjoin()이며 구문은 표 5.3과 같다.

표 5.3 공간 결합 함수 구문

```
GeoDataframe.sjoin(df, how, predicate)
  - GeoDataFrame : 원본 GeoDataFrame(왼쪽 GeoDataFrame)
  - df : 공간 참조 대상 GeoDataFrame(오른쪽 GeoDataFrame)
  - how : 조인 유형
    1) left : 왼쪽 GeoDataFrame의 모든 행을 반환하며, 오른쪽 GeoDataFrame의 일치하는 행만 결합
    2) right : 오른쪽 GeoDataFrame의 모든 행을 반환하며, 왼쪽 GeoDataFrame의 일치하는 행만 결합
    3) inner : 두 GeoDataFrame 모두 일치하는 행만 반환
    4) outer : 두 GeoDataFrame의 모든 행을 반환
  - predicate : 공간 관계
    1) intersect : 두 GeoDataFrame이 겹치는 경우
    2) within : 왼쪽 GeoDataFrame이 오른쪽 GeoDataFrame 내부에 있는 경우
    3) contains : 왼쪽 GeoDataFrame이 오른쪽 GeoDataFrame을 포함하는 경우
    4) touches : 두 GeoDataFrame이 서로 접촉하는 경우
```

세계 도시 데이터와 국가 데이터를 사용하여 실습해보도록 하자. world는 국가 데이터이고, cities는 도시 데이터이다. 주요 도시(point)에 국가(polygon)를 공간 참조하여 국가(polygon) 속성정보를 해당 국가에 포함되는 각 도시(point) 속성정보에 결합한다. 다음 코드를 실행시킨 공간 결합 결과는 그림 5.7과 같다.

```
# 세계 도시 데이터와 국가 데이터 불러오기
cities = gpd.read_file(gpd.datasets.get_path( ' naturalearth_cities ' ))
world = gpd.read_file(gpd.datasets.get_path( ' naturalearth_lowres ' ))

# 세계 도시(point)에 국가(polygon) 속성정보 공간 조인
cities.sjoin(world, how= ' inner ' , predicate= ' intersects ' )
```

기존 cities

	name	geometry
0	Vatican City	POINT (12.45339 41.90328)
1	San Marino	POINT (12.44177 43.93610)
2	Vaduz	POINT (9.51667 47.13372)
3	Lobamba	POINT (31.20000 -26.46667)
4	Luxembourg	POINT (6.13000 49.61166)
...	...	...
238	Rio de Janeiro	POINT (-43.21212 -22.90731)
239	São Paulo	POINT (-46.62697 -23.55673)
240	Sydney	POINT (151.21255 -33.87137)
241	Singapore	POINT (103.85387 1.29498)
242	Hong Kong	POINT (114.18306 22.30693)

243 rows × 2 columns

공간 참조 결과 cities(world 속성 결합)

	name_left	geometry	index_right	pop_est	continent	name_right	iso_a3	gdp_md_est
0	Vatican City	POINT (12.45339 41.90328)	141	60297396.0	Europe	Italy	ITA	2003576
1	San Marino	POINT (12.44177 43.93610)	141	60297396.0	Europe	Italy	ITA	2003576
226	Rome	POINT (12.48131 41.89790)	141	60297396.0	Europe	Italy	ITA	2003576
2	Vaduz	POINT (9.51667 47.13372)	114	8877067.0	Europe	Austria	AUT	445075
212	Vienna	POINT (16.36469 48.20196)	114	8877067.0	Europe	Austria	AUT	445075
...	...	...	...	...	...	...	...	...
223	Moscow	POINT (37.61358 55.75411)	18	144373535.0	Europe	Russia	RUS	1699876
228	Nairobi	POINT (36.81471 -1.28140)	13	52573973.0	Africa	Kenya	KEN	95503
229	Jakarta	POINT (106.82749 -6.17247)	8	270625568.0	Asia	Indonesia	IDN	1119190
230	Bogota	POINT (-74.08529 4.59837)	32	50339443.0	South America	Colombia	COL	323615
231	Cairo	POINT (31.24802 30.05191)	163	100388073.0	Africa	Egypt	EGY	303092

그림 5.7 공간 결합 결과

좌표로부터 포인트 생성

지오판다스는 텍스트 좌표(x, y)를 사용하여 포인트를 만들어주는 기능도 제공한다. 전체 과정을 살펴보면 첫째, x, y 좌표정보가 기록되어 있는 텍스트 파일을 데이터프레임(DataFrame)으로 불러온다. 둘째, DataFrame을 GeoDataFrame으로 변환한다. 셋째, 좌표로부터 점 정보를 담고 있는 Geometry 시리즈(series)를 생성한다. 마지막으로 GeoDataFrame의 Geometry를 위의 Geometry 시리즈로 정의한다(표 5.4).

표 5.4 점 데이터 생성 과정

```
* 좌표 정보를 담고 있는 텍스트 파일로부터 점(point)을 생성하는 절차

1) 판다스로 텍스트 파일을 DataFrame으로 불러오기
```

```
2) DataFrame을 GeoDataFrame으로 변환하기
3) 좌표로부터 Geometry Series를 생성하기(points_from_xy 함수 사용)
4) GeoDataFrame의 Geometry를 위 Geometry Series로 정의하기
```

경위도 좌표가 기록되어 있는 스쿨존 CSV 파일을 사용하여 포인트 Shapefile을 생성해볼 것이다. 먼저 CSV 파일을 판다스 패키지를 사용하여 데이터프레임 형식으로 불러온다. 스쿨존 csv 파일을 보면 경도(longitude 행)와 위도(latitude 행) 정보가 수록되어 있는 것을 확인할 수 있다.

```
# 판다스 패키지 불러오기
import pandas as pd

# 스쿨존 csv 파일을 데이터프레임 형식으로 불러오기
df = pd.read_csv('스쿨존.csv', encoding='cp949')

# 데이터프레임 헤드 부분 확인
df.head()
```

→

	시설종류	대상시설명	소재지도로명주소	소재지지번주소	latitude	longitude	관리기관명	관할경찰서명	CCTV설치여부	CCTV설치대수	보호구역도로폭	데이터기준일자	제공기관코드	제공기관명
0	유치원	성송초등학교병설유치원	전라북도 고창군 성송면 백토1길 10	전라북도 고창군 성송면 판정리 725	35.356252	126.643542	전라북도 고창군	고창경찰서	Y	NaN	9	2022-12-29	4780000	전라북도 고창군
1	초등학교	성송초등학교	전라북도 고창군 성송면 백토1길 10	전라북도 고창군 성송면 판정리 725	35.356252	126.643542	전라북도 고창군	고창경찰서	Y	2.0	9	2022-12-29	4780000	전라북도 고창군
2	유치원	신림초등학교병설유치원	전라북도 고창군 신림면 동법지길 61	전라북도 고창군 신림면 법지리 산 31	35.494235	126.700198	전라북도 고창군	고창경찰서	Y	NaN	18	2022-12-29	4780000	전라북도 고창군
3	초등학교	신림초등학교	전라북도 고창군 신림면 동법지길 61	전라북도 고창군 신림면 법지리 산 31	35.494235	126.700198	전라북도 고창군	고창경찰서	Y	2.0	18	2022-12-29	4780000	전라북도 고창군
4	유치원	심원초등학교병설유치원	전라북도 고창군 심원면 심원로 229	전라북도 고창군 심원면 월산리 725	35.525712	126.552392	전라북도 고창군	고창경찰서	Y	NaN	9	2022-12-29	4780000	전라북도 고창군

이제 데이터프레임을 GeoDataFrame으로 변환한 뒤, geometry 열의 속성을 지정해주는 과정이다. 이 모든 과정은 단 한 줄의 코드로 실행할 수 있다. 직접 코드를 통해 살펴보자. 새로운 GeoDataFrame을 생성하기 위해 GeoPandas.GeoDataFrame() 함수를 사용한다. 괄호 안의 입력 인자를 순서대로 살펴보도록 하자. 첫 번째 위치한 df는 GeodataFrame으로 바꿀 데이터프레임이다. 두 번째 geometry는 GeoDataFrame에 필수적으로 존재해야 하는 geometry 열을 정의하는 부분이다. 여기서 바로 GeoPandas.

points_from_xy() 함수를 사용하는 것이다. 즉, 새로 만들 points_from_csv GeoDataFrame의 geometry 열은 gpd.points_from_xy() 함수의 결과물로 갱신하겠다는 의미이다. 다시 points_from_xy의 괄호 안의 입력 인자를 보면 첫 번째는 x축을 의미한다. x축은 지도에서 동서를 구분하는 것이므로 데이터프레임의 longitude 열에 해당되니 df['longitude']가 될 것이다. 두 번째 인자는 y축을 의미한다. y축은 지도에서 남북을 구분하는 것이므로 데이터프레임의 latitude가 될 것이다. 마지막으로 좌표계를 설정한다. 원본 데이터는 경위도 좌표이므로 EPSG:4326 코드를 적용시킨다.

```
# DataFrame을 GeoDataframe으로 변환 및 geometry 열 수정
points_from_csv = gpd.GeoDataFrame(df, geometry = gpd.points_from_xy(
        df[ ' longitude ' ], df[ ' latitude ' ], crs= ' 4326 ' ))

# 결과 시각화
points_from_csv.plot()

# 결과 Shapefile 저장
points_from_csv.to_file( ' ./school_zone_point.shp ' )
```

```
<Axes: >
```

→ 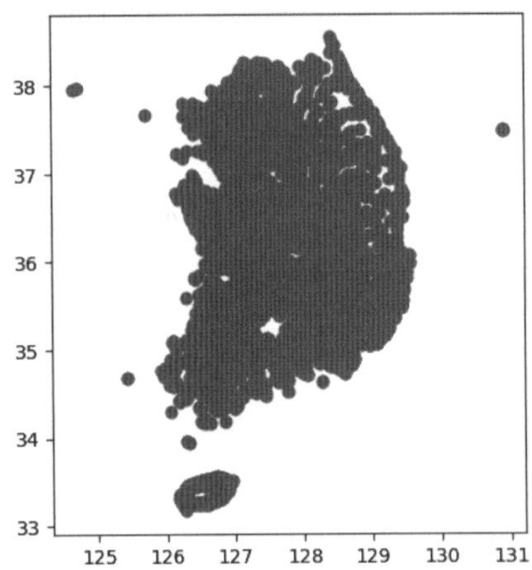

복습 내용

- 판다스와 지오판다스의 차이를 이해한다.
- Shapefile 불러오는 방법을 이해한다.
- 공간 데이터의 가공을 위해 잘라내기를 하는 방법을 이해한다.
- 공간 데이터의 중첩을 위한 5가지 기능의 개념과 내용을 이해한다.
- 공간 데이터의 속성을 기반으로 지역을 융합할 수 있는 Dissolve의 기능을 이해한다.
- 공간 객체들을 기준으로 공간 결합 기능에 대해 이해한다.
- 텍스트의 좌표 데이터로부터 점 공간 데이터를 생성하는 방법을 이해한다.

연습 문제

- 지오판다스를 설치하고 불러오는 코드를 작성하여 실행하고 설명해보자.
- 한글 데이터를 포함하고 있는 Shapefile을 파이썬 환경으로 불러오고 그 데이터를 지도화하는 코드를 작성하여 실행하고 설명해보자.
- 예제에 포함되어 있는 clipPolygon.shp 파일을 이용하여 시군구 파일을 잘라내기 하고 그 결과를 지도화하는 코드를 작성하여 실행하고 설명해보자.
- 예제에 포함되어 있는 세계지도 데이터에서 아시아 대륙을 추출하고 대도시를 추출하자. 그다음 이 두 레이어를 중첩하여 아시아 대도시를 추출하고 지도화하여 결과를 asia_city.shp로 내보내는 코드를 작성하여 실행하고 설명해보자.
- union(합집합) 기능을 이용하여 서로 다른 대륙인 아시아와 유럽 대륙을 하나로 합쳐 유라시아 대륙을 생성하는 코드를 작성하여 실행하고 설명해보자.
- symmetric difference(대칭 차집합) 기능을 이용하여 아시아 도시의 버퍼를 생성하고 아시아 대륙의 대칭 차집합을 수행하고 지도화하는 코드를 작성하여 실행하고 설명해보자.
- Dissolve 기능을 사용하여 시군구 경계 파일을 시도 경계로 변환하고 지도로 출력하는 코드를 작성하여 실행하고 설명해보자.
- Spatial Join 기능을 사용하여 주요 도시에 국가를 공간 참조하여 동일한 위치에 있는 국가 속성정보를 각 도시 속성정보에 결합하는 코드를 작성하여 실행하고 설명해보자.
- 경위도 좌표가 기록되어 있는 스쿨존 CSV 파일을 사용하여 포인트 Shapefile을 생성하고 지도로 출력하는 코드를 작성하여 실행하고 설명해보자.

6장

래스터 데이터 처리

이 장에서는 파이썬 환경에서 사용할 수 있는 공간 데이터 중 래스터 구조의 특성에 대해 살펴본다. 래스터 데이터의 종류로 토지피복도, 다분광 위성영상, DEM에 대해 살펴본다. 이러한 래스터 데이터를 파이썬 환경으로 불러오기 위해 rasterio 패키지의 기능에 대해 이해해야 한다. rasterio 패키지를 활용하여 래스터 데이터를 병합(Merge)하고 큰 범위의 래스터 데이터로부터 Mask를 이용하여 잘라내기 할 수 있다. 이러한 래스터 데이터 처리 절차에 관해 살펴본다.

래스터 데이터란?

5장에서는 벡터(Vector) 데이터를 다루는 방법에 대해서 학습했다. 6장에서는 또 다른 GIS 데이터 포맷인 래스터(Raster) 데이터를 파이썬에서 다루는 방법에 대해서 알아보자.

래스터 데이터는 지표면과 객체를 격자 형태로 표현한 데이터 모델이다. 각 격자를 구성하는 셀의 값은 공간적 현상과 대응된다. 그림 6.1을 살펴보자. 2개의 연못과 각 연못으로 향하는 도로가 있다. 벡터 데이터는 연못과 도로를 각각 폴리곤과 폴리라인을 통해 이산적인 객체로 표현한다. 이러한 객체를 래스터 데이터는 일정 범위의 격자로 표현한다. 각 격자를 이루고 있는 단일 사각형은 셀(cell)이 된다. 즉, 이 셀에 객체의 현황에 대응되는 값을 입력하여 표현하는 방식이 바로 래스터 데이터 포맷이다.

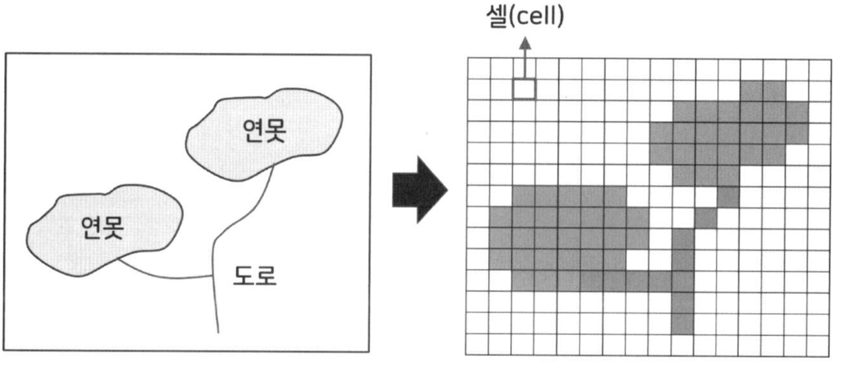

그림 6.1 현실 객체를 표현한 래스터

래스터 데이터는 상대적으로 벡터 데이터와 비교하여 용량이 크다. 왜냐하면 벡터 데이터는 연못과 도로의 위치만 좌표로 표현하면 되는데, 래스터 데이터는 연못과 도로 이외의 빈 곳에도 값을 부여해야 하기 때문이다. 하지만 1개 셀에 1개의 값만 존재하므로, 단순한 데이터 구조로 되어 있다. 이에 따라 격자의 크기만 같다면 서로 다른 시기를 비교하는 시계열 분석이 용이하다는 장점이 있다.

표 6.1은 래스터 데이터가 지니는 다양한 특성을 정리한 표이다. 셀 값은 특정 위치의 셀이 표현하는 공간적 객체 또는 현상이다. 위의 예시에서는 객체의 구분을 위해 빈 땅인 경우 셀 값이 0, 연못은 1, 도로는 2와 같이 설정할 수 있다. 셀 크기는 래스터 데이터 모델의 해상도를 결정하는 거리 단위의 크기이다. 셀 크기가 가로, 세로 30m라면 해상도는 30m가 되며, 영상을 이루고 있는 가로, 세로 셀 개수에 따라 표현

범위가 결정된다. 밴드는 목적에 따라 디지털 값이 기록되는 레이어이다. 예를 들어, 우리가 디지털카메라로 사진을 촬영할 때, 카메라는 피사체의 빛의 3요소인 적색, 녹색, 청색 정보를 디지털화하여 레이어로 저장한다. 이후 우리가 파일을 열어볼 때, 바로 이 3가지 색의 레이어 값을 조합하여 사람의 눈에 보이는 색으로 표출한다. 여기서 적색, 녹색, 청색 정보가 담겨 있는 각 레이어를 밴드라고 한다. 마지막 공간 참조는 영상의 위치정보가 담겨 있는 좌표계 정보이다. 예를 들어, 널리 사용되는 tiff 포맷 이미지에 공간 참조 정보가 있다면 GeoTiff 포맷이 되며 좌표를 저장하고 있어 정확한 공간적 위치를 확인할 수 있다.

표 6.1 래스터 구조의 특성

항목	내용	예시
셀 값 (value)	특정 위치의 셀이 표현하는 공간적 현상	0 = 빈 땅 1 = 연못 2 = 도로
셀 크기 (size)	래스터 데이터 모델의 해상도	30m × 30m
밴드 (band)	목적에 따라 디지털 값이 기록되는 레이어	R밴드 : 적색 G밴드 : 녹색 B밴드 : 청색
공간 참조 (spatial reference)	위치를 알 수 있는 좌표계 정보	UTM-K

래스터 데이터의 종류

래스터 데이터는 다양한 포맷을 가지고 있다. 이 중에서 주로 사용되는 대표적인 포맷들을 간략하게 소개한다.

먼저 그래픽 파일(Graphic File)이다. 우리가 디지털카메라나 스마트폰을 사용하여 촬영한 영상들이 이에 해당된다. 대부분 RGB 밴드를 가지고 있어 이 세 가지 색을 조합하여 우리가 실제 눈으로 보는 색상을 표현한다. 이를 트루 컬러(True Color) 이미지라고 한다(그림 6.2).

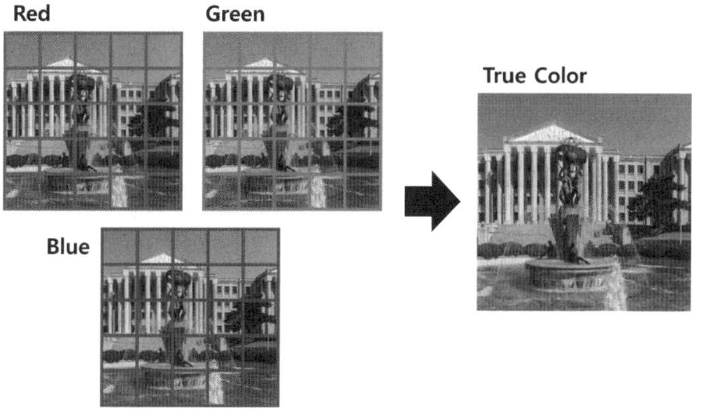

그림 6.2 컬러 이미지를 구성하는 RGB 밴드

지금, 이 순간에도 인공위성들은 지구 주변을 돌며 전 세계 곳곳을 촬영하고 있다. 인공위성들이 촬영한 영상을 위성영상(satellite imagery)이라고 한다. 영상은 운영 주체에 따라서 조회 및 다운로드가 유료·무료로 구분된다. 무료로 위성영상을 받을 수 있는 곳은 대표적으로 미국 지질조사국(United States Geological Survey, USGS)에서 운영하는 EarthExplorer(https://earthexplorer.usgs.gov)이다(그림 6.3). 위성의 종류와 지역을 선택하면 다운로드 가능하며, 위성에 따라서 구름 영역의 비율을 설정하는 등 데이터 선택을 위한 다양한 옵션을 제공한다.

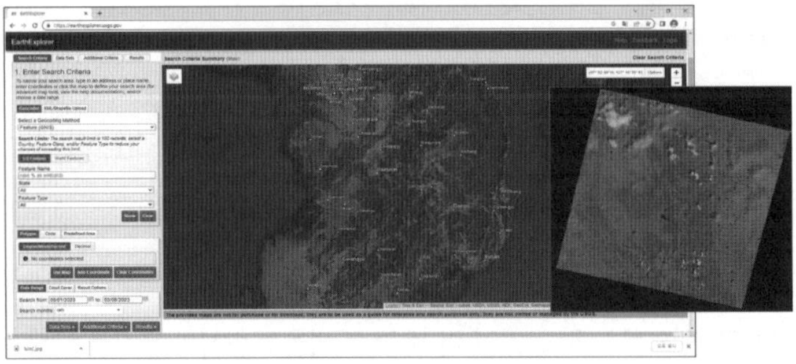

© USGS EarthExplorer

그림 6.3 USGS EarthExplorer

우리나라 인공위성 개발 기술력은 세계적인 수준이며, 1999년 다목적 실용위성인 아리랑위성 1호를 시작으로 많은 인공위성을 개발했다. 2010년에는 국내 개발 첫 정지궤도 위성이자 독자적인 기상 및 해양관측 서비스가 가능한 천리안위성 1호를 개발했다. 다양한 우리나라 인공위성 정보는 그림 6.4와 같다.

구분	아리랑위성(다목적실용위성)							차세대중형위성	
	1호	2호	3호	3A호	5호	6호	7호	1호	2호
개발목적	지구관측(광학)	지구정밀관측(광학)	지구정밀관측(광학)	지구정밀관측(광학+적외선)	전천후지구관측(영상레이더)	전천후지구관측(영상레이더)	지구정밀관측(광학+적외선)	지구관측(광학)	지구관측(광학)
위성형상									
사업기간	'94.11 –'00.1	'99.12 –'06.11	'04.8 –'12.8	'06.12 –'15.12	'05.6 –'15.6	'12–'22	'16.8 –'23.3	'15~'21	'18~'20
중량	470kg	800kg	980kg	1,100Kg 내외	1,400Kg 내외	1,750kg	2000kg	500kg급	500kg급
임무수명	3년	3년	4년	4년	5년	5년	5년	4년	4년
주요성능(해상도)	흑백 6.6m	흑백 1m 칼라 4m	흑백 0.7m 칼라 2.8m	흑백 0.55m 칼라 2.2m	레이더 영상 1m/3m/20m	레이더 영상 0.5m/3m/20m	흑백 0.3m 칼라 1.12m	흑백 0.5m 칼라 2m	흑백 0.5m 칼라 2m
발사체	Taurus(미)	Rockot(러)	H2-A(일)	Dnepr(러)	Dnepr(러)	Vega-C	Vega-C	Soyuz-2(러)	Soyuz-2(러)
발사장	반덴버그(미)	Plesetsk(러)	다네가시마(일)	Yasny(러)	Yasny(러)	Guiana(프랑스령)	Guiana(프랑스령)	Baikonur(카자흐스탄)	Baikonur(카자흐스탄)
발사일	'99.12.21	'06.7.28	'12.5.18	'15.3.26	'13.8.22	'24.12(예정)	'22.하(예정)	'21.3.22	'22(예정)
운용현황	임무종료(07.12) 운용종료('08.2)	임무종료('15.10)	임무수행중	임무수행중	임무수행중	개발중	개발중	임무수행중	개발중

구분	공공 정지궤도위성		
	천리안1호	천리안2호	천리안2B호
목적	공공통신/해양/기상관측	기상/우주관측	해양/환경관측
형상			
개발기간	'03.9–'10.12	'11.7–'20.10	
발사일	'10.6.27	'18.12.5	'20.2.19
중량	2,460kg	3,507kg	3,386kg
수명	7년	10년	10년
위성체개발	Astrium사 (프랑스)/항우연 공동개발	항우연	항우연
발사체	Ariane5(프랑스)	Ariane5(프랑스)	Ariane5(프랑스)
발사장	남미 기아나(프랑스)	남미 기아나(프랑스)	남미 기아나(프랑스)
특이사항	국내 최초 개발 정지궤도위성	국내 독자개발 정지궤도위성	
운용현황	임무수행중	임무수행중	임무수행중

© 한국 항공우주연구원

그림 6.4 한국형 인공위성의 종류

다음으로, 수치표고모델(Digital Elevation Models, DEM)은 지표면의 높낮이 기복을 표현한 모델이다. 일정한 간격의 격자에 해당 위치의 높이 값을 정량적 수치로 기록함으로써 표현하는 모델로 지형공간 분석, 토목 공사 등 다양한 분야에서 사용된다. 수치표고모델은 국토지리정보원 홈페이지에서 신청하여 해상도별 데이터를 무료로 제공받을 수 있다. 그림 6.5는 해상도별 DEM 데이터의 예시이다. 고해상도일수록(셀 사이즈가 작을수록) 지형의 높낮이를 세밀하게 표현하는 것을 볼 수 있다.

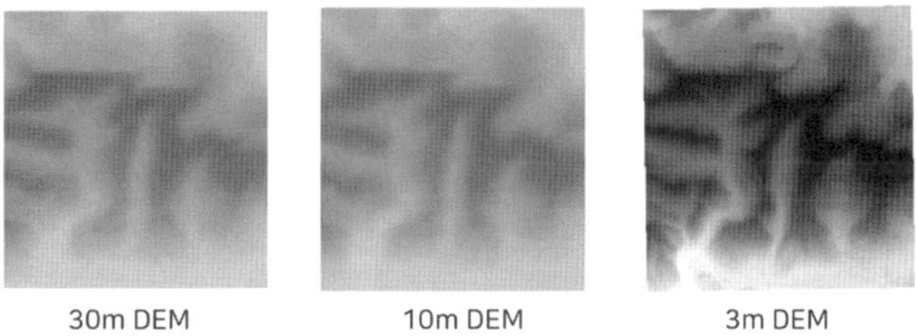

© 국토지리정보원

그림 6.5 해상도별 수치표고모델

다음으로, 토지피복지도는 지구 표면 지형지물의 유형을 일정한 기준에 따라 분류하여 구역(셀)에 값을 입력해 표현한 래스터 포맷의 공간정보이다. 토지피복지도는 환경부 환경공간정보서비스(https://egis.me.go.kr)에서 제공하고 있으며 누구나 간단한 신청 절차를 통해 다운로드받을 수 있다.

토지피복지도는 해상도에 따라 대분류(해상도 30m), 중분류(해상도 5m), 세분류(해상도 1m)로 구분된다(그림 6.6). 각각의 토지피복지도는 대분류 7개 항목, 중분류 22개 항목, 세분류 41개 항목으로 구성되어 있다.

© 환경부 환경공간정보서비스

그림 6.6 토지피복도의 종류

rasterio 패키지를 활용한 데이터 처리

파이썬에서 래스터 데이터를 용이하게 다룰 수 있도록 해주는 패키지는 rasterio이다. rasterio는 다양한 래스터 데이터 관련 함수와 기능을 제공해 데이터 처리를 가능하게 해준다. 먼저 패키지 사용을 위해 설치한다.

```
# Rasterio 패키지 설치하기
pip install rasterio
```

병합(Merge)

가장 먼저 알아볼 기능은 병합(merge)이다. 서로 다른 두 래스터 데이터를 하나로 합치는 기능이다. rasterio 패키지와 시각화를 위한 라이브러리를 아래와 같이 불러온다.

```
# 패키지 불러오기
import rasterio as rio
import matplotlib.pyplot as plt
from rasterio.plot import show
from rasterio.merge import merge
```

다음으로 각종 경로를 지정한다. 먼저 입력 파일의 경로를 지정한다. 새만금 간척지 일대 토지피복도를 예시 파일로 진행해보자. 이전에 사용했던 것처럼 서로 다른 변수명에 각각 다른 파일명을 지정할 수 있지만, 코드의 효율화를 위해 이번에는 리스트를 사용하여 파일명을 할당한다. 다음 결과 파일을 담을 임시 리스트를 생성한다. 이는 최종 래스터 파일의 결과물을 내보내기 이전에 확인 및 검수를 위한 임시 공간으로 활용된다. 마지막으로 결과 파일을 저장할 이름과 경로를 지정한다. 물론 각 경로는 여러분이 원하는 대로 수정하여 지정하면 된다.

```
# 입력 파일 경로 지정
raster_files = [ ' ./토지피복도1.tif ' ,  ' ./토지피복도2.tif ' ]

# 결과 파일을 담을 임시 리스트 생성
raster_to_merge = []

# 결과 파일 이름 및 경로 지정
output_file = ' ./merge_result.tif '
```

2개의 래스터 파일을 병합하기 이전에, 파일을 불러오고 개별 영상을 확인해보자. 아래 코드와 같이 반복문을 사용하여 파일을 불러온 뒤, 하나의 리스트로 저장해보자. 아래 코드는 위에서 지정해준 2개의 파일 경로를 담고 있는 raster_files로부터 rasterio.open() 함수를 사용하여 파일을 불러온 뒤, raster_to_merge 리스트에 각각의 파일을 붙이는 코드이다. 즉, '토지피복도1.tif 파일'과 '토지피복도2.tif 파일'을 불러와서 raster_to_merge 리스트에 하나로 담는 과정에 해당한다.

```
# 반복문을 사용하여 파일 불러오기(2개 영상)
for i in raster_files:
    raster = rio.open(i)
    raster_to_merge.append(raster)
```

제대로 영상을 불러왔는지 확인하기 위해 show() 함수를 사용해 확인해보자. 여기서 눈여겨볼 것은, show() 함수는 맨 처음 패키지를 불러온 코드(from rasterio.plot import show)를 보면 rasterio 패키지의 plot 라이브러리에서 왔다는 것이다. 다음 코드를 입력하여 2개의 래스터 파일을 확인해보자.

```
# 1번 영상 확인
show(raster_to_merge[0])
```

→

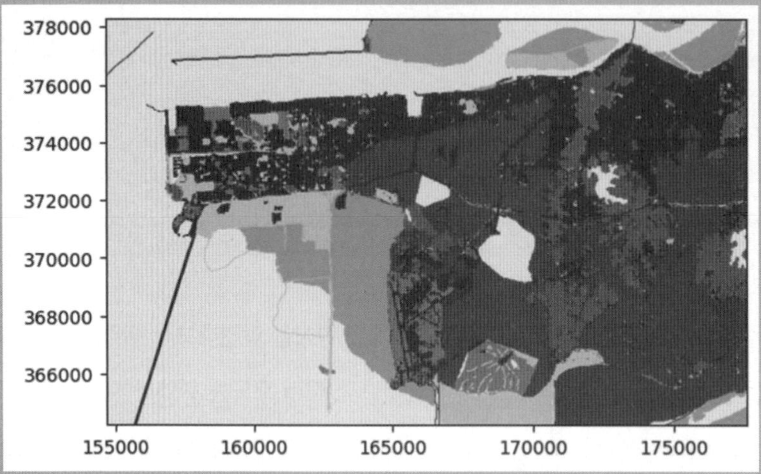


```
# 2번 영상 확인
show(raster_to_merge[1])
```

→

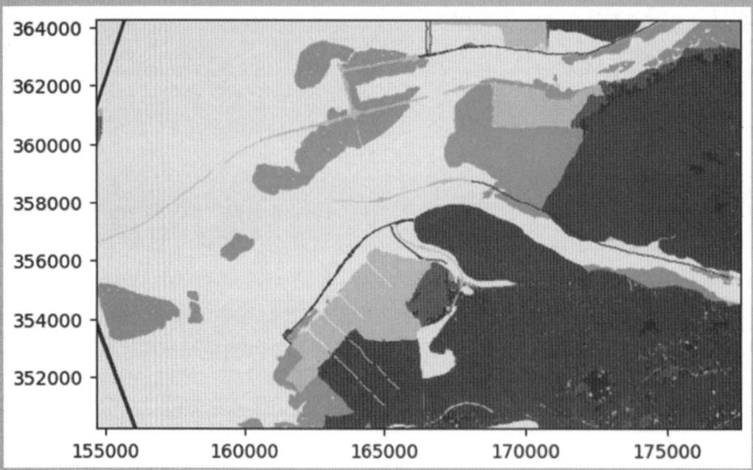

병합 대상인 2개의 영상을 확인했으니 이제 다음 코드를 통해 병합을 실시한다. rasterio.merge() 함수를 사용하면 된다. 한 가지, merge 함수의 입력 인자는 리스트 형식이다. 즉, 리스트에 병합을 원하는 래스터 데이터 정보가 담겨 있어야 한다. 우리는 앞선 과정을 통해 raster_to_merge 리스트에 2개의 영상을 담았다. 또한, merge 실행 결과로 2개의 결과물을 반환한다. 첫 번째는 병합된 이미지 데이터로, 배열 형식이다. 아래 코드에서 merge 변수에 해당된다. 두 번째는 래스터 데이터의 공간 참조 정보이다. 이는 병합된 영상이 지구 표면의 어디에 위치하고 있는지에 대한 정보를 담고 있다. 아래 코드에서 output 변수에 해당된다.

```
# 래스터 파일 합치기(merge)
merge, output = merge(raster_to_merge)

# 결과 확인
merge
```

→
```
array([[[7, 7, 7, ..., 7, 7, 5],
        [7, 7, 7, ..., 7, 5, 5],
        [7, 7, 7, ..., 7, 7, 5],
        ...,
        [7, 7, 7, ..., 1, 1, 2],
        [7, 7, 7, ..., 2, 6, 2],
        [7, 7, 7, ..., 2, 2, 2]]], dtype=uint8)
```

```
# 결과 확인
output
```

→
```
Affine(30.0, 0.0, 154658.2205497106,
       0.0, -30.0, 378274.0188778294)
```

```
# 결과 시각화
show(merge)
```

→

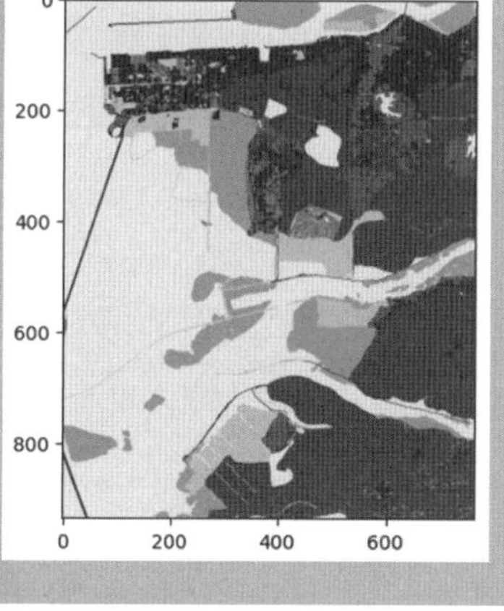

마지막으로 결과물을 파일로 저장해보자. 파일로 저장하기 이전에 메타데이터(metadata)를 설정해야

한다. 메타데이터란 특정 데이터를 정의하고 기술하는 데이터이다. 즉, 데이터에 대한 데이터이다. 메타데이터를 통해 우리는 데이터에 대한 정보를 확인할 수 있다.

아래 코드를 통해 파일 저장을 위한 메타데이터를 설정해보자. 저장 포맷과 높이, 너비, 변환 옵션을 설정하는 예시이다.

```
# 메타데이터를 복사하여 신규 변수에 할당
output_meta = raster.meta.copy()

# 복사된 메타데이터 정보를 갱신
output_meta.update(
    {"driver": "GTiff",                  # 저장 포맷 설정
        "height": mosaic.shape[1],  # 높이 설정(shape 함수 사용)
        "width": mosaic.shape[2],   # 너비 설정(shape 함수 사용)
        "transform": output}        # 변환 옵션 지정
)
```

이제 마지막으로 결과 파일을 저장해보자. with ~ as 구문을 사용해서 결과 파일을 저장한다. with ~ as는 쉽게 말해 클래스를 열고 닫는 과정을 오류 없이 간략화된 코드로 사용할 수 있게 해주는 구문이다. 우리는 셀 값의 집합인 배열정보와 앞서 정의한 메타데이터 정보를 함께 읽고 써야 하므로 with ~ as 구문을 사용하면 쉽게 할 수 있다.

아래 코드를 해석해보자. rio.open() 함수를 사용하여 지정된 경로에(output_file) 파일을 쓰기 모드(w)로 열고, 메타데이터 정보를 입력(**output_meta)하여 m으로 저장한다. 다음으로 결과물 m은 write() 함수를 사용하여 merge 변수에 입력된 정보를 입력하겠다는 것이다.

```
# 파일 내보내기(저장하기)
# (이전 코드) output_file = ./merge_result.tif

with rio.open(output_file, "w", **output_meta) as m:
    m.write(merge)
```

잘라내기(Mask)

잘라내기(Mask) 기능은 5장에서 다루었던 Clip과 동일한 기능이다. 원본 래스터 데이터로부터 사용자 설정 임의의 범위로 잘라내는 기능이다. 직접 상하좌우 범위의 좌표를 지정하여 자르기를 할 수도 있지만, 정확한 좌표를 하나하나 입력해야 하므로 보통 거푸집 역할을 하는 Shapefile을 불러와서 사용한다.

앞선 병합 과정을 통해 생성된 데이터를 불러와 임의의 범위로 잘라내는 실습을 해본다. 먼저 Mask 기능을 사용하기 위해 아래 코드와 같이 패키지와 라이브러리를 추가로 불러온다. 또한 입력(원본) 데이터를 불러온다.

```
# mask(clip) 기능 사용을 위한 패키지 불러오기
from rasterio.mask import mask
import fiona

# 입력 데이터 불러오기(이전 과정 생성물)
input_image = " ./merge_result.tif "
```

다음으로 우리가 자르길 원하는 영역인 거푸집 역할을 하는 Shapefile을 불러와서 위치, 범위 정보를 추출한다. 아래 코드를 보면 불러온 Shapefile에서 geometry 속성을 features 변수에 저장하는 것을 볼 수 있다.

```
# 거푸집 Shapefile로부터 자를 영역의 정보 추출
with fiona.open(" ./mask_rec.shp ", " r ") as shapefile:
            features = [feature[ " geometry " ] for feature in shapefile]
```

이제 모든 준비물이 갖춰졌으니 앞선 Merge 과정과 유사하게 기능을 실행시키고, 메타데이터를 생성하면 된다. Mask 기능은 3개의 입력 인자를 갖는다. 다음 코드를 보면 유추할 수 있듯, 첫 번째 입력 인자는 자르기 이전 원본 데이터다. 두 번째 입력 인자는 자를 영역의 범위 정보다. 마지막으로, 자르고 난 후 나머지 영역을 삭제하는 crop 옵션은 True로 설정한다.

```
# mask 작업 실행 및 메타데이터 복사본 생성
with rio.open(input_image) as ori_image:
    out_image, out_transform = mask(ori_image, features, crop = True)
    out_meta = ori_image.meta.copy()

# 결과 배열 확인
out_image
```

→
```
array([[[  5,   5,   5, ...,   2,   2, 255],
        [  5,   5,   5, ...,   2,   2, 255],
        [  5,   5,   5, ...,   2,   2, 255],
        ...,
        [  5,   5,   5, ...,   2,   2, 255],
        [  5,   5,   5, ...,   2,   2, 255],
        [255, 255, 255, ..., 255, 255, 255]]], dtype=uint8)
```

다음으로 메타데이터 정보를 갱신한다. 저장 포맷, 너비(가로 셀 개수), 높이(세로 셀 개수) 등 저장 옵션을 설정한다. 이후 경로와 파일 이름을 설정하여 결과 파일을 저장한다. 코드 아래 그림은 원본 래스터 이미지와 잘라내기 결과 파일이다.

```
# 메타데이터 정보 갱신
out_meta.update({
    "driver": "GTiff",
    "height": out_image.shape[1],
    "width": out_image.shape[2],
    "transform": out_transform
})

# 결과 파일 저장
with rio.open('./result_mask.tif', "w", **out_meta) as dest:
    dest.write(out_image)

# 결과 시각화
show(out_image)
```

재분류하기(Reclassify)

래스터 데이터의 각 셀에는 해당 위치의 공간적 객체 또는 현상을 표현하는 코드가 입력되어 있다. 우리가 지금까지 실습 데이터로 사용한 대분류 토지피복도는 7가지 분류 값으로 구성되어 있다. 만약 이를 육지와 수역의 두 가지로 표현하고 싶을 때 바로 재분류하기 기능을 사용하면 된다. 말 그대로 셀 값을 재분류한다는 의미이다.

지금까지 살펴본 것처럼 파이썬에서 래스터 데이터는 배열 형태로 다뤘기 때문에, 배열에 접근하여 셀 값을 치환하는 방식으로 진행된다. 우리가 사용 중인 토지피복도 분류, 해당되는 셀 값과 재분류를 결과로 만들 목표 피복, 셀 값은 표 6.2와 같다.

표 6.2 토지피복 재분류

변경 전 피복	변경 전 셀 값	변경 후 피복	변경 후 셀 값
건조지역	1	육지	1
농업지역	2	육지	1
산림지역	3	육지	1
초지	4	육지	1
습지	5	바다	2
나지	6	육지	1
수역	7	바다	2

이제 7개 피복을 2개 피복으로 재분류해보자. 다음 코드를 이용해 패키지와 입력 데이터를 불러온다.

```
# 패키지 불러오기
import rasterio as rio
import numpy as np

# 입력 데이터 경로 지정
input_image = “ ./merge_result.tif ”
```

이제는 익숙한 with ~ as 구문과 read 함수를 사용하여 입력 데이터를 불러오자. 이후 코드를 보면 직관적으로 이해할 수 있을 것이다. 입력 데이터 배열 정보를 image 배열로 불러와서, 직접 배열 값에 접근하여 바꿔주는 방식이다. 한 가지 눈여겨볼 것은, 비교 연산자를 통해 범위로 값을 치환할 수 있다는 것이다. 아래 코드에서는 셀 값이 1 이상, 4 이하는 1로 치환하고 5, 6, 7 값은 2, 1, 2로 치환하는 과정이다. 위의 피복값과 목표 값을 다시 확인하여 살펴보도록 하자. 7개의 피복 분류를 2개의 피복 분류로 재분류하는 과정이다.

```
# 입력 데이터 불러오기
with rio.open(input_image) as ori_image:
    image = ori_image.read(1)

# 입력 데이터 셀 값을 재분류하여 변환하기
image[(image >= 1) & (image <=4)] = 1
image[(image == 5)] = 2
image[(image == 6)] = 1
image[(image == 7)] = 2

out_meta = ori_image.meta.copy()
```

정상적으로 재분류가 되었는지 확인해보자. rasterio.plot의 show() 함수를 사용하여 주피터 노트북에서 즉시 확인할 수 있다. 정상적으로 육지 지역과 바다 지역으로 재분류된 것을 확인할 수 있다.

```
# 결과 시각화
show(image)
```

→ 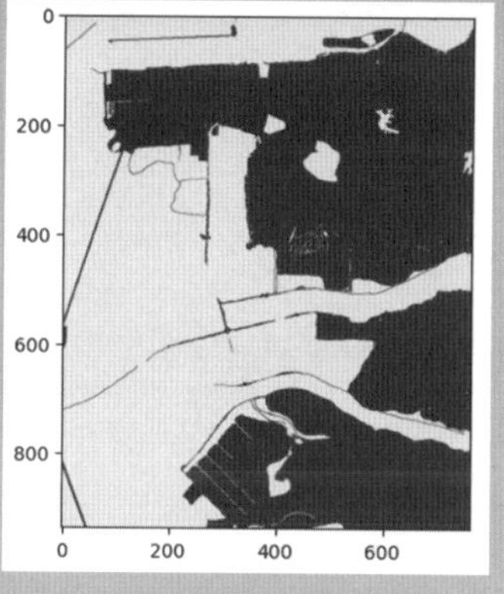

복습 내용

- 래스터 구조의 특성에 대해 이해한다.
- 래스터 데이터의 종류 중 토지피복도, 다분광 위성영상, DEM에 대해 설명할 수 있다.
- rasterio 패키지의 기능에 대해 이해한다.
- 2개의 래스터 데이터를 병합(Merge)하는 절차에 관해 설명할 수 있다.
- 큰 범위의 래스터 데이터로부터 Mask를 이용하여 잘라내기 하는 절차에 관해 설명할 수 있다.
- 래스터 데이터의 속성값을 재분류하는 절차에 관해 설명할 수 있다.

연습 문제

- rasterio 패키지를 설치하고 불러오는 코드를 작성하여 실행하고 설명해보자.
- 2개의 래스터 데이터를 병합(Merge)하는 코드를 작성하여 실행하고 설명해보자.
- 큰 범위의 래스터 데이터로부터 Mask를 이용하여 잘라내기 하는 코드를 작성하여 실행하고 설명해보자.
- 래스터 데이터의 속성값을 재분류하는 코드를 작성하여 실행하고 설명해보자.

7장

데이터 시각화

이 장에서는 파이썬에서 사용하는 데이터 시각화 패키지의 종류와 내용에 관해 살펴본다. 가장 먼저 시각화를 위해 Matplotlib 라이브러리의 기본 구조와 방식을 살펴본다. Matplotlib 라이브러리를 이용하면 액자와 도화지를 생성하고 도화지에 여러 개의 그래프를 그릴 수 있다. 그래프의 선 모양을 설정하는 데 linestyle (ls) 파라미터와 linewidth (lw) 파라미터를 사용할 수 있다. 또한 그래프의 점 모양을 설정하는 데 marker 파라미터와 size 파라미터를 사용할 수 있다. Matplotlib의 그래프에서 설정 가능한 요소별 이름과 접근 함수에 관해 살펴보고, Matplotlib를 사용하여 공간 데이터에 대해 단계구분도를 그리는 방법에 관해 살펴본다. 단계구분도의 범례를 설정하기 위해 legend_kwds 파라미터를 사용할 수 있다. 마지막으로 작성한 단계구분도를 지도로 제작하기 위해 사용하는 Folium 라이브러리에 관해 살펴본다. Folium의 MarkerCluster 기능과 히트맵 작성 방법에 관해서도 살펴본다.

파이썬 시각화 라이브러리·패키지의 종류

데이터 처리와 분석을 마친 후, 마지막 단계는 시각화이다. 우리가 열심히 데이터를 처리하고 분석한 뒤 실제 사용자들에게 보여주는 가장 중요한 단계이다. 특히, GIS 데이터의 시각화는 공간정보의 꽃이라 할 수 있다. 예쁘고, 알기 쉽고, 직관적인 시각화를 위해 이 장에서는 수치형 데이터와 GIS 데이터의 시각화 기법과 라이브러리, 패키지에 대해서 알아보자.

파이썬은 다양한 시각화 라이브러리를 사용할 수 있다(표 7.1). 그중에서 대표적인 시각화 패키지를 소개한다. 수치형 데이터를 표현하기 위한 차트, 표 등은 Matplotlib 패키지와 Plotly 패키지가 주로 활용되며, GIS 데이터 및 지도 시각화는 Folium 패키지가 주로 활용된다. 단계구분도의 세부 설정 및 시각화는 Mapclassify 패키지가 사용될 수 있다.

표 7.1 시각화 라이브러리별 내용 구분

라이브러리명	내용
Matplotlib	numPy 라이브러리를 활용한 플로팅(plotting) 라이브러리
Plotly	산점도, 차트, 히스토그램, 히트맵 등 다양한 그래프를 제작할 수 있는 라이브러리
Folium	leaflet.js 라이브러리 기반의 공간정보 시각화 모듈
Mapclassify	단계구분도 지원 모듈

Matplotlib를 활용한 시각화

Matplotlib는 데이터를 다양한 방법으로 시각화할 수 있도록 도와주는 파이썬 라이브러리이다. Matplotlib를 사용하면 numpy나 판다스에서 지원하는 데이터프레임 형태의 데이터를 쉽게 시각화할 수 있다. 사용을 위해 패키지를 import한다. Matplotlib 라이브러리는 아나콘다를 설치할 때 자동으로 함께 설치되어 따로 pip 문을 사용하여 설치할 필요가 없다. 혹시 설치되어 있지 않다면 'pip install matplotlib'를 사용하여 인스톨한 후에 import하면 된다. 샘플 데이터 시각화를 위해 numpy 패키지도 함께 불러오자.

```
# matplotlib와 matplotlib.pyplot 불러오기
import matplotlib

# matplotlib의 sub module인 pyplot을 plt라는 약어로 불러옴
import matplotlib.pyplot as plt

# numpy 불러오기
import numpy
```

Matplotlib 라이브러리를 사용하기 전에, 기본 구조와 방식을 이해할 필요가 있다. Matplotlib의 기본 구조와 방식은 복잡하지 않다. 그림 7.1을 보자. 크게 두 가지 개념으로 생각하면 된다. figure와 fig는 그래프를 담는 프레임으로 액자와 같은 역할을 하게 된다. 하나의 액자에 하나의 그림만 담을 수 있는가? 그렇지 않다. 큰 액자 하나에 여러 개의 그림을 넣을 수 있다. 이때, 그림이 그려지는 도화지 역할을 하는 것이 axes, ax이다. 즉, 하나의 액자(figure, fig)에 여러 그림(axes, ax)을 그릴 수 있는 구조라고 생각하면 된다.

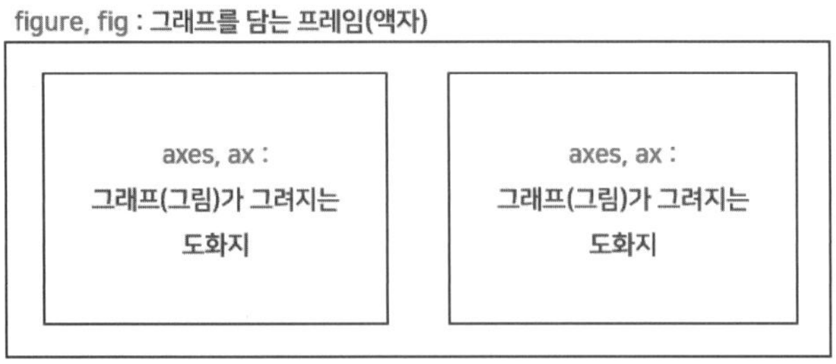

그림 7.1 그래프의 프레임(액자)**과 캔버스**(도화지)

이제 간단한 샘플 데이터를 생성하고 그래프를 그려보자. 아래 코드를 통해 2차 함수 그래프의 재료를 만들어보자.

```
# 샘플 데이터 생성
x = list(range(10))
y = [i**2 for i in x]

# 생성한 데이터 출력하기
print(x)
print(y)
```

→
```
[0, 1, 2, 3, 4, 5, 6, 7, 8, 9]
[0, 1, 4, 9, 16, 25, 36, 49, 64, 81]
```

아래는 1) 프레임과 도화지를 생성하고, 2) 그래프의 가로축에 x 변숫값을 할당하고 세로축에 y 변숫값을 할당하여 3) 시각화하는 과정이다. 아래 코드가 가장 기본적인 시각화 프로세스이다.

```
# 1개 액자(프레임), 1개 도화지 생성
fig, ax = plt.subplots()

# x축에 x 변숫값 할당, y축에 y 변숫값 할당
ax.plot(x, y)

# 제작한 그래프 시각화
plt.show()
```

→

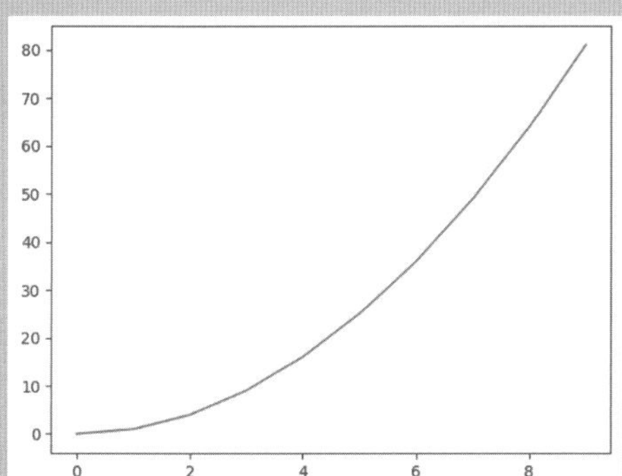

점묘도 형태로도 그래프를 그릴 수 있다. 도화지에 해당하는 ax에 scatter 함수를 사용하면 가능하다. 새로운 액자와 도화지를 재정의하고, 도화지(ax)에 scatter 형식으로 그리는데, 가로축과 세로축에 x 변숫값과 y 변숫값을 넣어주면 된다.

```
# 액자, 도화지 재정의
fig, ax = plt.subplots()

# 점묘도 형태로 변환
ax.scatter(x, y)

# 제작한 그래프 시각화
plt.show()
```

→ 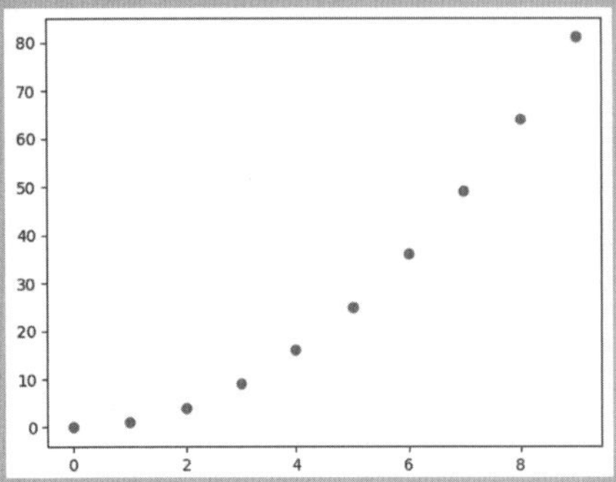

그렇다면 하나의 도화지에 여러 그래프를 그릴 수는 없을까? 물론 가능하다. 액자를 정의하고, 여러 도화지(axes, ax)를 넣어주면 된다. 아래 코드는 1차 함수, 2차 함수, 3차 함수 그래프를 하나의 도화지에 그리는 예제이다.

액자 크기는 figsize() 파라미터를 통해 정의할 수 있다. 또한 그래프별로 색상을 다르게 지정할 수 있다. 색상은 헥사코드, 미리 정의된 색상명을 사용하여 설정할 수 있다.

```
# y=x, y=x², y=x³ 그래프를 한 도화지에 동시에 그리기
# 3차 함수의 세로축 값 생성
z = [i**3 for i in x]
```

```
# 가로 10, 세로 5의 크기를 갖는 액자 생성
fig, ax = plt.subplots(figsize=(10,5))

# 1차 함수 그래프(색상 코드 사용)
ax.plot(x, x, c = ‘ #0000FF ’ )

# 2차 함수 그래프(정의된 색상명 사용)
ax.scatter(x, y, color = ‘ black ’ )

# 3차 함수 그래프(색상 파라미터는 color 또는 c로 사용 가능)
ax.plot(x, z, c = ‘ r ’ )
plt.show()
```

→

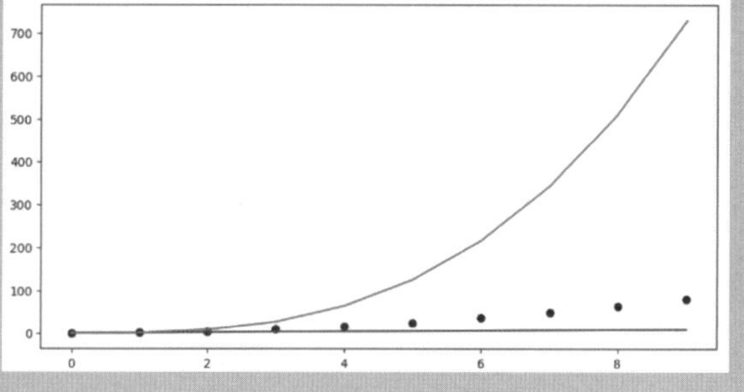

미리 정의된 색상 이름과 약자는 그림 7.2와 같다.

character	color
'b'	blue
'g'	green
'r'	red
'c'	cyan
'm'	magenta
'y'	yellow
'k'	black
'w'	white

© Matplotlib api 문서

그림 7.2 Mapplotlib에 정의된 색상명과 약자

그래프의 선 모양이나 마커의 모양, 크기 등도 물론 변경할 수 있다. 간단한 선 유형 변경 예제 코드는 아래와 같다. 선 모양은 linestyle 또는 linestyle의 약자인 ls 파라미터를 사용하여 바꿀 수 있다. 유사한 방식으로 선의 굵기는 linewidth 또는 lw 파라미터를 사용하여 바꿀 수 있다.

```
# 선 유형 변경 예제 코드
fig, ax = plt.subplots(figsize = (10,5))

# linestyle을 사용하여 변경
ax.plot(x, x, linestyle = '--')

# ls, lw을 사용하여 변경
ax.plot(x, y, ls = 'dotted', lw = 5)

# 파라미터명을 지정하지 않고 변경 가능
ax.plot(x, z, '-.', linewidth = 10)

# 그래프 그리기
plt.show()
```

→

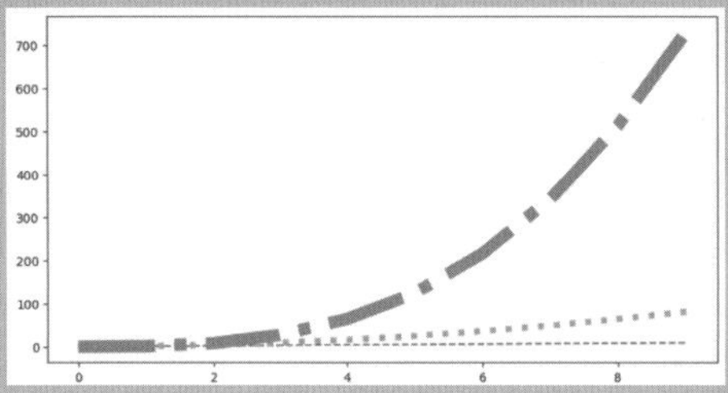

유사한 방법으로 점묘도 형식의 그래프도 변경할 수 있다. 도화지에서 모양 변경은 marker 파라미터를 통해 바꿀 수 있다. 또한 크기는 size 또는 s 파라미터를 통해 변경 가능하다.

```
# 마커 유형 변경 예제 코드
fig, ax = plt.subplots(figsize = (10,5))
# 마커 모양 변경
ax.scatter(x, x, marker = 'o')
```

```
# 마커 크기 변경 가능
ax.scatter(x, y, marker = ‘ s ’, s = 100)

# 크기 변경은 리스트로도 가능
ax.scatter(x, z, marker = ‘ ^ ’, s = [v*3 for v in z])

# 제작한 그래프 그리기
plt.show()
```

→ 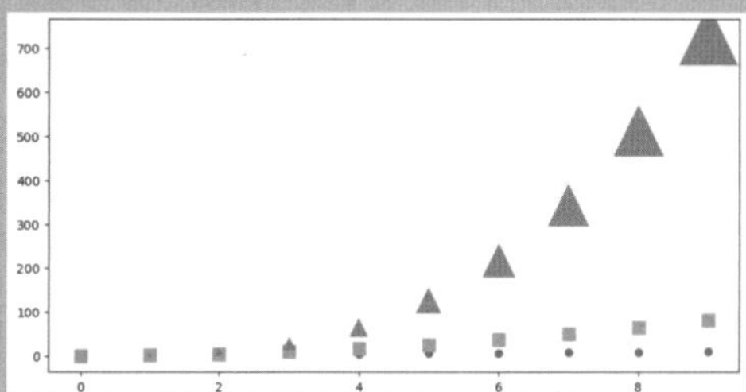

지금까지 알아본 내용은 Matplotlib가 지원하는 기능의 맛보기 수준이다. 모든 내용을 하나하나 다루고 싶지만, 내용이 너무나도 방대하므로 다음의 Matplotlib의 API 문서(https://matplotlib.org/stable/api/pyplot_summary.html)를 참고하기 바란다. 사용 방법은 위에서 다룬 코드 유형과 매우 유사하므로, 여러분이 쉽게 파라미터에 접근하여 수정할 수 있다.

그림 7.3은 그래프에서 설정 및 변경이 가능한 요소별 이름과 접근 함수명이다.

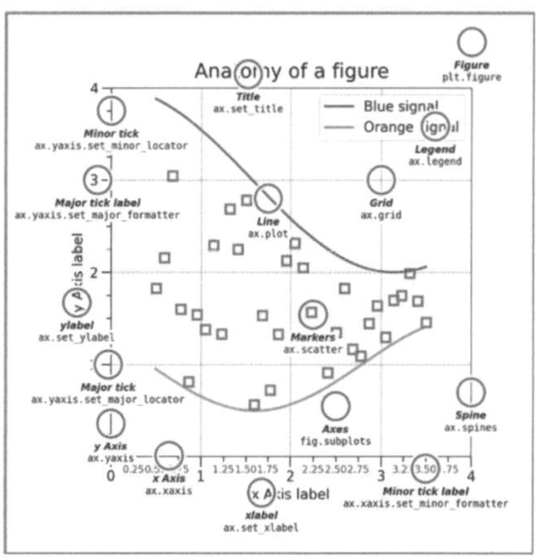

그림 7.3 Matplotlib의 그래프에서 설정 가능한 요소별 이름과 접근 함수

지오판다스를 사용한 공간 데이터 시각화

앞에서 알아본 지오판다스는 벡터 데이터를 다룰 수 있을 뿐만 아니라 시각화 함수도 제공한다. 지오판다스를 사용한 시각화는 앞에서 알아본 Matplotlib와 많은 구문을 공유한다. 이전 장에서 알아본 것처럼, 지오판다스는 판다스를 토대로 위치(좌표)정보가 포함되어 있는 데이터프레임이다. 즉, 지오판다스의 시각화는 좌표 정보를 차트, 그래프를 그린다는 개념으로 생각하면 된다.

아래 코드와 같이 시각화 관련 라이브러리를 불러오자. 실습 데이터는 시군구별 어린이 보호구역 개수 정보를 담고 있는 Shapefile이다. 속성 테이블 중에서 NUMPOINTS가 어린이 보호구역 개수이다. 이를 사용하여 단계구분도를 작성하고, 각종 커스터마이징을 실습할 것이다.

```
# 관련 라이브러리 불러오기
import matplotlib.pyplot as plt
import numpy as np
import pandas as pd
import geopandas as gpd

# 어린이 보호구역 데이터를 불러오고 저장하기
gdf = gpd.read_file('./numChild.shp', encoding = 'utf-8')

# GeoDataFrame 확인
gdf
```

→

	UFID	BJCD	NAME	DIVI	SCLS	FMTA	NUMPOINTS	geometry
0	ARB0200000000001F	1111000000	종로구	HJD007	NaN	NaN	37.0	POLYGON ((953683.137 1959215.322, 953668.662 1...
1	ARB0200000000002G	1114000000	중구	HJD007	NaN	NaN	36.0	POLYGON ((957917.585 1952368.982, 957917.726 1...
2	ARB0200000000003H	1117000000	용산구	HJD007	NaN	NaN	33.0	POLYGON ((953407.617 1950715.070, 953418.555 1...
3	ARB0200000000004I	1120000000	성동구	HJD007	NaN	NaN	51.0	POLYGON ((959691.320 1952644.288, 959692.317 1...
4	ARB0200000000005J	1121500000	광진구	HJD007	NaN	NaN	75.0	POLYGON ((964828.399 1952640.857, 964882.048 1...
...	...	...	...	...	...	...	...	...
247	ARB0200000000075Q	4413000000	천안시	HJD005	NaN	NaN	216.0	POLYGON ((965610.222 1886129.944, 965626.698 1...
248	ARB0200000000076R	4812000000	창원시	HJD005	NaN	NaN	405.0	MULTIPOLYGON (((1103733.199 1709171.390, 11038...
249	ARB0200000000077S	4511000000	전주시	HJD005	NaN	NaN	223.0	POLYGON ((966176.089 1767266.658, 966176.421 1...
250	ARB0200000000078T	4146000000	용인시	HJD005	NaN	NaN	234.0	POLYGON ((958355.869 1930442.906, 958364.516 1...
251	NaN	4117000000	안양시	HJD005	NaN	NaN	68.0	POLYGON ((949937.813 1938406.048, 949983.639 1...

어린이 보호구역 개수를 시군구별 단계구분도로 표현해보자. 먼저 비어 있는 액자와 캔버스를 생성한다. 그다음 GeoDataFrame.plot() 함수를 사용한다. 아래 코드를 보면 입력 인자로 2개를 넣어줬다. column은 단계구분도로 표현될 속성값의 열 이름이 되며, ax 파라미터는 그림을 어느 캔버스에 그릴 것인지 지정해주는 의미가 된다. 마지막으로 matplotlib.pyplot의 show 함수를 사용하여 시각화한다.

```
# 비어 있는 액자, 캔버스를 생성하고 그래프 크기 설정
fig, axs = plt.subplots(figsize=(25,15))

# 단계구분도로 표현할 속싱 테이블의 열 지징, 캔버스 지징
gdf.plot(column = ' NUMPOINTS ', ax = axs)

# 시각화
plt.show()
```

→

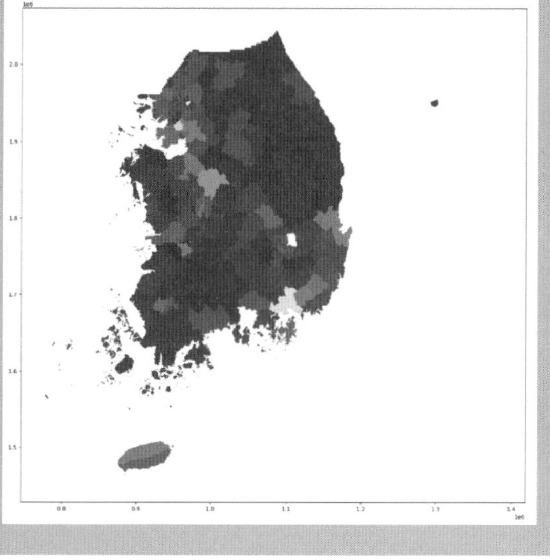

주피터 노트북은 이처럼 코드를 실행하면 표뿐만 아니라 그림, 지도도 한 화면에서 조회해볼 수 있는 장점이 있다. 이제 세부적인 지도 디자인을 해볼 것이다. 단계구분도의 세부 옵션을 설정하기 위해서는 Mapclassify 패키지 설치가 필요하다. pip 명령문을 사용하여 설치해주도록 하자.

아래 코드를 보면 파라미터를 통해 짐작할 수 있을 것이다. edgecolor는 Shapefile의 객체 경계를 지정하는 옵션이고, cmap은 단계구분도의 색상 팔레트를 지정하는 옵션이다. scheme은 등간격, Natural

Breaks 등 단계 구분 방식을 지정하는 옵션이며, 클래스 개수는 k 파라미터로 설정한다. 범례는 legend 옵션을 True로 지정해주면 표출된다.

```
# Mapclassify 패키지 설치
pip install mapclassify

# 빈 프레임 및 캔버스 생성
fig, axs= plt.subplots(figsize=(25, 13))

# 각종 단계구분도 디자인 옵션
gdf.plot(column = ‘NUMPOINTS’,        # 그리기에 사용할 칼럼
    ax = axs,                         # 캔버스 지정
    edgecolor= ‘black’,               # 객체 경계 색상
    cmap= ‘OrRd’,                     # 색상 지정
    scheme = ‘quantiles’,             # 단계 구분 방식 설정
    k = 6,                            # 단계 구분 클래스 수
    legend = True)                    # 범례

# 단계구분도 그리기
plt.show()
```

→

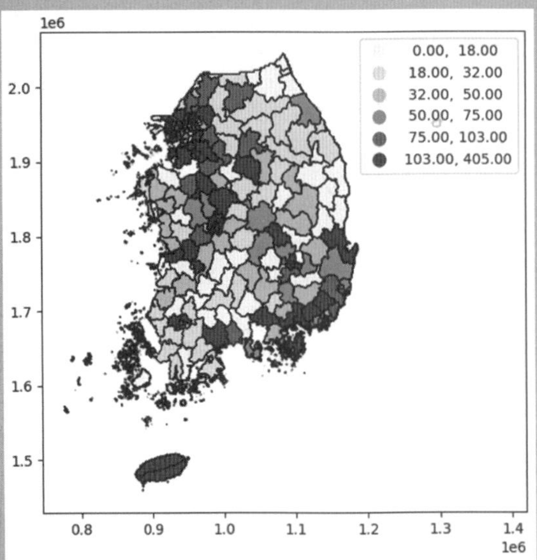

색상 팔레트를 지정할 수 있는 cmap 목록은 그림 7.4와 같다. 또한 다음의 홈페이지(https://matplotlib.org/stable/tutorials/colors/colormaps.html)에서도 확인할 수 있다.

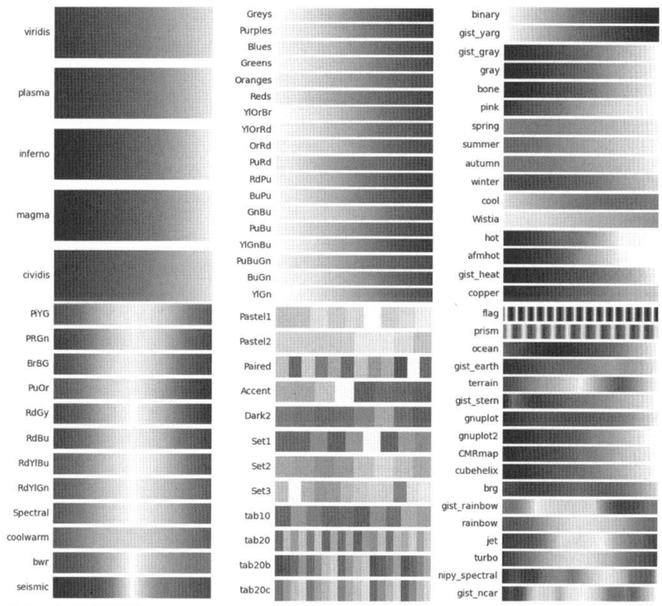

© Matplotlib 홈페이지

그림 7.4. Matplotlib의 색상 라이브러리

단계 구분 방식은 아래 목록과 같이 다양한 구분 방식을 지원한다. 자세한 내용은 다음 홈페이지(https://pysal.org/notebooks/viz/mapclassify/intro.html)를 참고하도록 하자.

```
'BoxPlot', 'EqualInterval', 'FisherJenks', 'FisherJenksSampled',
'HeadTailBreaks', 'JenksCaspall', 'JenksCaspallForced',
'JenksCaspallSampled', 'MaxP', 'MaximumBreaks', 'NaturalBreaks',
'Quantiles', 'Percentiles', 'StdMean', 'UserDefined'
```

지도의 중요한 구성요소 중 하나인 범례 역시 세부적인 커스터마이징이 가능하다. 범례의 세부 수정은 legend_kwds 파라미터로 설정할 수 있다. 범례의 위치, 테두리, 제목, 제목 크기, 범례 형식(소수점 이하 자릿수), 라벨 크기 등을 설정할 수 있다. 만약 범례에 한글이 표출되지 않는다면, 아래 코드의 상단 코드를 추가해주도록 한다. 컴퓨터에 설치된 글꼴의 경로와 이름은 서로 다르므로 글꼴이 포함되어 있는 경로를 참조하도록 한다.

```
# 한글이 나오지 않을 경우 아래 4줄 코드 추가
from matplotlib import font_manager, rc        # font_maneger 불러오기

# 경로의 글꼴 속성 참조(컴퓨터의 로컬 Fonts 폴더 참조)
font_path = "C:/Windows/Fonts/NGULIM.TTF"
font = font_manager.FontProperties(fname=font_path).get_name()

# font 설정
rc('font', family=font)

# 액자, 캔버스를 만들고 그래프 크기 설정
fig, axs= plt.subplots(figsize=(12, 6))

# 데이터 그리기
gdf.plot(column = 'NUMPOINTS',        # 그리기를 위한 속성 칼럼 설정
    ax = axs,                         # 캔버스 지정
    edgecolor= 'black',               # 가장자리 색상 지정
    cmap= 'OrRd',                     # 단계별 색상
    scheme = 'quantiles',             # 단계 구분 방법 지정
    k = 6,                            # 클래스 수 지정
    legend = True,                    # 아래 legend_kwds로 범례 상세 설정
    legend_kwds = {'loc' : 'upper left',       # anchor 위치
                  'bbox_to_anchor':(1, 0.5),   # anchor 상세 위치
                  'frameon' : True,            # 테두리
                  'title':'어린이 보호구역',   # 제목
                  'title_fontsize':'20',       # 제목 크기
                  'fmt':"{:.0f}",              # 범례 형식(소수점 이하 자리 설정)
                  'fontsize':'20'})            # 라벨 크기

# 단계구분도 그리기
plt.show()
```

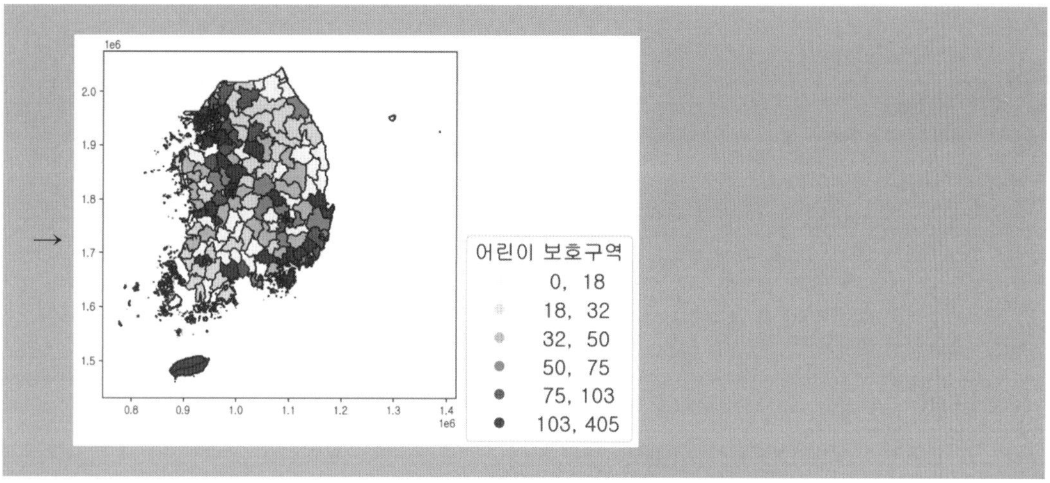

파이썬에서는 contextily 패키지를 통해 배경이 되는 기본도(basemap)도 추가가 가능하다! 먼저 contextily 패키지를 추가로 설치하자. 이후 contextily.add_basemap() 함수를 사용하여 다양한 기본도를 추가할 수 있다.

plt.show() 직전에 한 줄만 작성해주면 된다. 입력 파라미터로 캔버스와 좌표계(crs)를 지정해주고, source에 다양한 기본도 이름을 지정해주면 된다. 좌표계는 GeoDataFrame의 좌표계를 그대로 사용하면 되는데, GeoDataFrame.crs 함수를 쓰면 쉽게 지정할 수 있다. 지원하는 기본도는 OpenStreetMap, MapBox 등 종류가 너무나도 많으므로, 다음 홈페이지(https://contextily.readthedocs.io/en/latest/intro_guide.html)를 참고하도록 하자.

```
# 배경지도(Stamen.TonerLite 예시) 코드를 추가하는 방법
import contextily as cx

# 그래프 크기 설정
fig, axs= plt.subplots(figsize=(8, 4))

# 데이터 그리기
gdf.plot(column = 'NUMPOINTS',
   ax = axs,
   edgecolor= 'black',
   cmap= 'OrRd',
   scheme = 'quantiles',
   k = 6,
   legend = True,     # 아래 legend_kwds로 범례 상세 설정
   legend_kwds = {'loc' : 'upper left',        # anchor 위치
                  'bbox_to_anchor': (1, 0.5),  # anchor 상세 위치
                  'frameon' : True,            # 테두리
                  'title':'어린이 보호구역',   # 제목
                  'title_fontsize':'10',       # 제목 크기
                  'fmt':"{:.0f}",              # 범례 형식(소수점 이하 자리 설정)
                  'fontsize':'10'})            # 라벨 크기

# cx.providers.가 제공하는 배경지도(OpenStreetMap.Mapnik 예시 코드 추가)
cx.add_basemap(axs, crs = gdf.crs, source = cx.providers.OpenStreetMap.Mapnik)


# 단계구분도 그리기
plt.show()
```

→

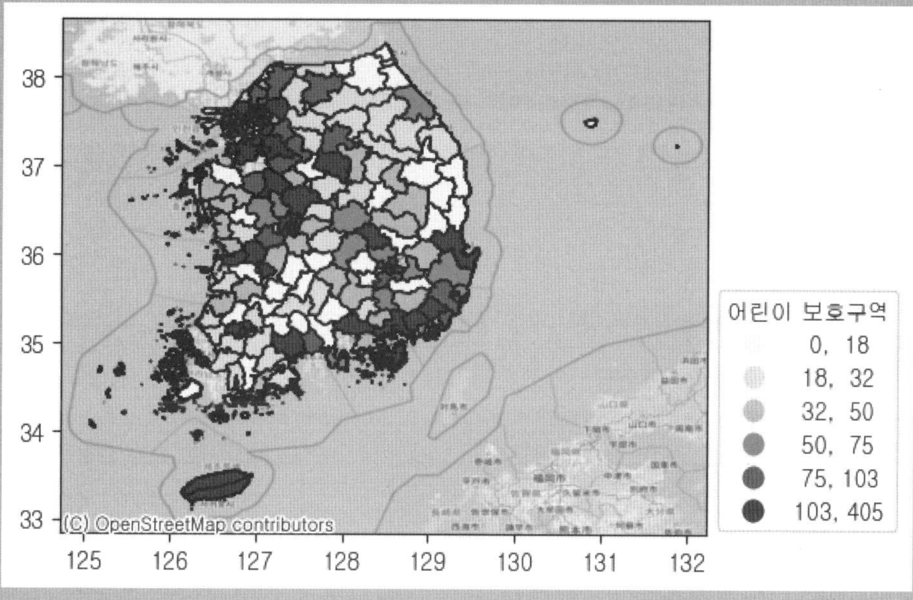

38
37
36
35
34
33
(C) OpenStreetMap contributors
125
126
127
128
129
130
131
132
어린이 보호구역
0, 18
18, 32
32, 50
50, 75
75, 103
103, 405

Folium을 사용한 공간 데이터 시각화

Folium은 지도 시각화를 위한 대표적인 라이브러리로 강력한 기능을 가지고 있다. 특히, 사용자 대화형 지도 제작에 매우 적합하다. 간단한 코드를 통해 여러분이 원하는 사용자 대화형 인터랙티브 맵(interactive map)을 쉽게 제작할 수 있다.

Folium을 사용하여 지도를 제작하는 개념은 그림 7.5와 같다. 먼저 가장 기본이 되는 지도를 생성하고, 각각의 지도 요소를 하나씩 추가하는 방식이다. Matplotlib에서 캔버스를 생성하고, 그 위에 하나씩 그림을 그려나가는 개념으로 이해하면 된다.

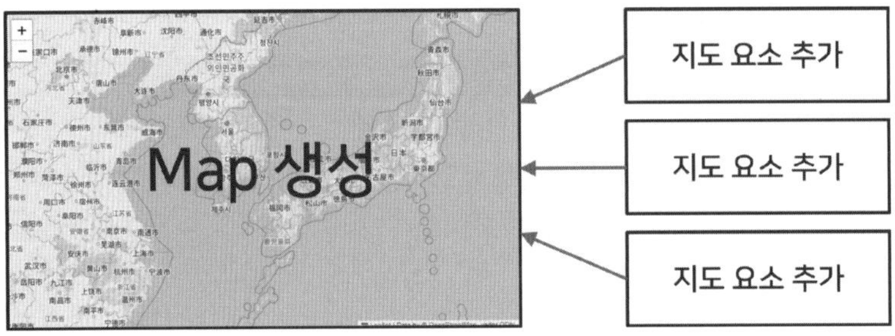

그림 7.5 Folium 기반의 지도 생성 개념

먼저 pip insetall folium 코드를 통해 패키지를 설치하자. 그다음에 Folium 패키지를 불러온다. 가장 기본이 되는 지도를 생성해야 하는데, 다음 코드에서는 m이라는 변수에 지도 정보를 할당할 것이다. folium.Map() 함수를 통해 선언 가능하다. 지도가 표출되는 중심점의 좌표를 location 파라미터를 통해 지정해주고, 배경지도를 지정해준다. 마지막으로 지도가 표현되는 범위 수준을 zoom_start로 설정해준다.

지표 좌표계 정의

Folium 지도는 기본적으로 경위도 좌표체계를 사용한다. 우리가 실습하고 있는 Shapefile의 좌표계는 UTM-K(EPSG:5179) 좌표계이다. 좌표 변환 방법은 먼저 원본 좌표계를 정의한 후, 좌표계를 변환하면 된다. 따라서 가장 먼저 GeoDataFrame에서 제공하는 set_crs() 함수를 통해 원본 좌표계를 정의한다. 괄호 안에 EPSG 코드를 넣어주면 된다. 원본 좌표계가 정의되었다면, to_crs() 함수를 사용하여 좌표계를 변환한다. 설정이 끝났으면 지도를 확인하자.

```
# Folium 패키지 불러오기
import folium

# 지도 생성, 표출 지점, basemap 설정
# 배경(tiles) 옵션 : OpenStreetMap, cartodbpositron, cartodbdark_matter
m = folium.Map(location = [37.57, 126.98], tiles=“ OpenStreetMap ” , zoom_start=10)

# 좌표계 변환
gdf = gdf.set_crs(5179)    # 원본 좌표계 (UTM-K) 정의
gdf = gdf.to_crs(4326)     # 좌표계 변환 (WGS84 경위도)

# 지도 확인
m
```

→

마커 사용하기

기본 지도 세팅이 끝났으니 이제 우리가 원하는 다양한 지도 요소를 추가하면 된다. 처음 알아볼 기능은 마커 생성 기능이다. 2차원 좌표를 통해 원하는 지점에 마커를 추가하여 시각화하는 기능이다.

마커를 추가하기 위해 다음 코드와 같이 폴리곤의 중심점을 살펴볼 수 있으며, 각 행의 중심점을 추출할 수 있고, 해당 행의 정보를 확인할 수 있다.

```
# polygon 중심점 추출
gdf.centroid
→ 0      POINT (126.97735 37.59491)
  1      POINT (126.99597 37.56014)
  2      POINT (126.97993 37.53139)
  3      POINT (127.04107 37.55104)
  4      POINT (127.08578 37.54674)
                 ...
  247    POINT (127.20256 36.80419)
  248    POINT (128.59971 35.20226)
  249    POINT (127.11599 35.82809)
  250    POINT (127.22178 37.22152)
  251    POINT (126.92795 37.40272)
  Length: 252, dtype: geometry

# 첫 번째 행의 중심점 추출
print(gdf.centroid[0].x, gdf.centroid[0].y)
→  37.594912909528304 126.97734962070939

# 첫 번째 행의 정보 확인
gdf. iloc[0]
→ UFID                              ARB0200000000001F
  BJCD                                     1111000000
  NAME                                         종로구
  DIVI                                         HJD007
  SCLS                                           None
  FMTA                                           None
  NUMPOINTS                                      37.0
```

다음 코드는 시군구 중심점에 마커를 추가하는 예제 코드이다. folium.Marker 함수를 사용하여 추가할 수 있다. 첫 번째 입력 인자는 location으로, 위도와 경도 순서로 리스트 형태로 입력한다. 코드에서는 GeoDateaFrame의 첫 번째 행인 종로구를 추가하는 예시다. gdf.centroid 함수를 사용했는데, centroid 함수는 객체의 중심점의 좌표를 반환하는 함수다. 즉, 다음 코드에서 gdf.centroid[0].y는 'GeoDataFrame의 중심점을 추출할 것인데, 첫 번째[0] 객체에서, y좌표(위도)를 반환해줘'라는 의미가 된다. 같은

방식으로 경도 좌표를 gdf.centroid[0].x로 얻을 수 있다. 두 번째, popup 인자는 마커를 클릭할 때 팝업 창에 등장하는 내용을 지정한다. 시군구 명에 해당하는 gdf의 NAME 열을 지정한다. 세 번째, Icon은 마커의 아이콘 디자인을 설정하는 부분이다. folium.icon으로 하면 오류가 발생하기 때문에 첫 글자 i는 대문자임을 유의한다. 마커의 색상과 모양을 지정해준 뒤, folium.Marker() 구문을 완성한다. 그 이후에 add_to() 함수를 사용하여 지도에 추가하는 방식이다. 즉, 우리가 만드는 마커를 지도를 담고 있는 변수(m)에 추가한다는 의미가 된다. 이와 같은 방식으로 add_to() 함수를 통해 다양한 지도 요소를 하나씩 추가하면 된다. 결과지도가 주피터 노트북에 바로 표출되며, 줌인, 줌아웃, 마커 클릭을 통한 정보조회가 모두 가능하다.

```
# 마커(marker) 추가
folium.Marker(location = [gdf.centroid[0].y, gdf.centroid[0].x],
            popup = gdf[ ‘NAME ’ ][0],
            icon = folium.Icon(color= ‘ blue ’, icon= ‘ star ’ )).add_to(m)

# 마커 추가 결과 확인
m
```

→

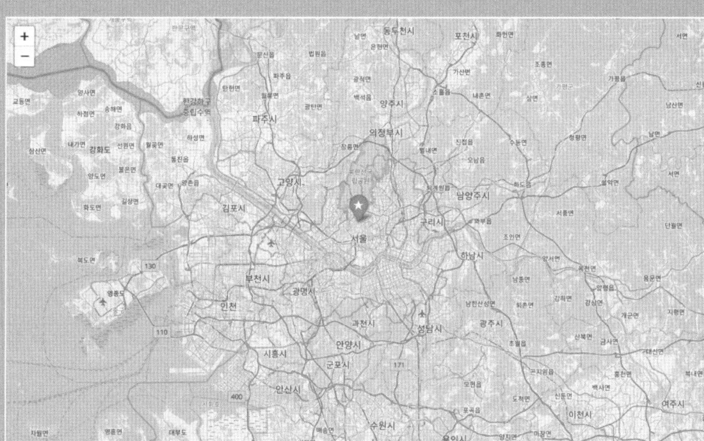

Folium은 지도 요소를 하나씩 추가한다고 했다. 그렇다면 100개의 마커를 추가하고 싶다면 100개의 코드를 작성해야 할까? 그렇지 않다. 바로 이전에 배운 반복문을 사용하면 된다. 다음 코드는 전국 시군구 중심점 마커를 생성하는 예제 코드이다. GeoDataFrame의 개수만큼 반복실행하는 반복문을 사용하여 지도에 추가하면 된다.

```
# 전국 시군구 중심점(centroid) 마커 생성
for i in range(len(gdf)):
    folium.Marker([gdf.centroid[i].y, gdf.centroid[i].x],
                  popup = gdf[ ‘ NAME ’ ][i]).add_to(m)

m
```

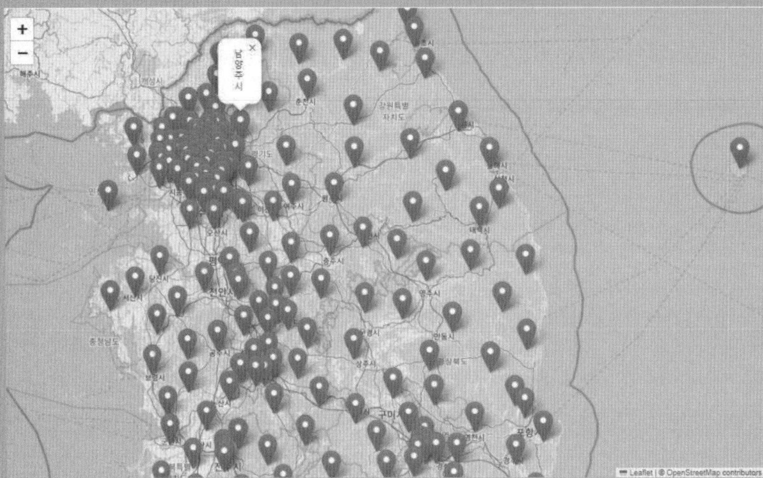

마커 클래스터 사용하기

다음으로 알아볼 시각화 기법은 MarkerCluster이다. 위 그림처럼 마커가 여러 개일 경우, 지도 레벨을 축소했을 때 가독성이 떨어진다. 이때 자동으로 지도 줌 레벨에 따라 마커의 숫자를 자동으로 합산하고 위치를 표시해주는 시각화 기법이 MarkerCluster이다.

다음 코드를 살펴보자. 코드 작성 순서는 간단하다. 먼저 Folium 플러그인으로부터 MarkerCluster를 불러온다. 그리고 기본 지도에 MarkerCluster() 함수를 사용하여 기능을 추가한다. 그다음 MarkerCluster에 마커를 추가한다. 그러고 나서 결과를 실행해보자. 그리고 지도를 줌인, 줌아웃을 해보자. 간단한 몇 줄의 코드로 훌륭한 인터랙티브 맵이 생성되었다!

```
# MarkerCluster 플러그인 추가
from folium.plugins import MarkerCluster

m = folium.Map(location = [37.57, 126.98], tiles = “ OpenStreetMap ”,
               zoom_start = 6)

# 지도에 MarkerCluster 기능 추가
marker_cluster = MarkerCluster().add_to(m)

# 전국 시군구 centroid 마커 생성
for I in range(len(gdf)):
    folium.Marker([gdf.centroid[i].y, gdf.centroid[i].x],
                  popup = gdf[ ‘ NAME ’ ][i]).add_to(marker_cluster)

# 마커 결과 확인하기
m
```

→

히트맵 사용하기

마지막으로 히트맵(Heat Map)이다. 히트맵은 여러 공간상의 객체들을 열분포 형태의 그래픽으로 출력하는 지도이다. 객체의 밀도가 높은 곳은 빨간색으로, 밀도가 낮은 곳은 파란색으로 표현된다. 이 역시 Folium을 사용하면 간단한 코드로 구현이 가능하다.

아래 코드를 살펴보자. 히트맵의 입력자료 형태는 좌표 리스트를 담고 있는 리스트이다. 먼저, 좌표 리스트를 생성하기 위해 앞에서 알아본 리스트 컴프리헨션 구문을 사용하여 GeoDataFrame에 있는 모든 좌표의 목록을 리스트로 추출한다. 그다음 중심점과 배경지도를 지정하여 기본 지도를 생성한다. 마지막으로 plugins.HeatMap() 함수를 사용하여 좌표 리스트를 입력 인자로 넣고, 기본 지도(m)에 추가한다. 결과 화면을 줌인, 줌아웃하며 살펴보자. 정말 간단한 코드로 쉽게 구현되었다!

```
# Heat map 작성
from folium import plugins

# GeoDataFrame의 중심점 좌표를 통합 리스트로 생성
heat_data = [[cent.y, cent.x] for cent in gdf.centroid]

# 기본 지도 생성
m = folium.Map(location= [37.57, 126.98],
            tiles = “ Cartodb dark_matter ” )

# 중심점 좌표 리스트를 입력 데이터로 사용하여 히트맵 작성
plugins.HeatMap(heat_data).add_to(m)

# 지도 결과 확인
m
```

→

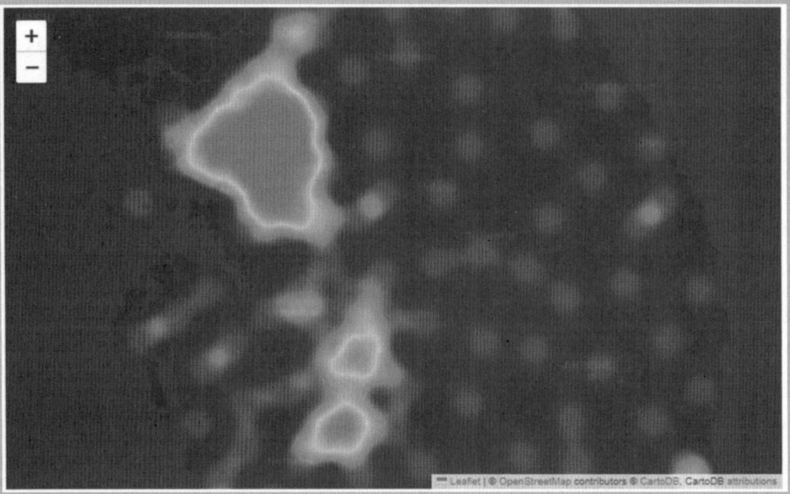

다양한 플러그인(Plugins) 사용하기

Folium은 기본적인 내장 함수 이외에, 추가 기능 구현을 위해 다양한 플러그인을 제공하고 있다. 가장 최신 버전(v0.16.1)에서 제공하는 플러그인은 총 35종에 이른다. 다양한 아이콘, 마커 레이어의 스타일 변경 및 시계열 데이터의 표현까지 가능하다. 다음 코드는 주로 활용하는 플러그인을 보여주고 있다.

```
# 2개의 지도를 한번에 띄울 수 있는 기능
# sbs = folium.plugins.SideBySideLayers(layer_left=left,
#                                    layer_right=right)
m = folium.Map(location=(30, 20), zoom_start=4)
layer_right = folium.TileLayer('openstreetmap')
layer_left = folium.TileLayer('cartodbpositron')
sbs = folium.plugins.SideBySideLayers(layer_left=layer_left,
                                    layer_right=layer_right)
layer_left.add_to(m)
layer_right.add_to(m)
sbs.add_to(m)

# 결과 보기
m
```

→ 

```
# 레이어를 그룹화하여 관리(껐다-켜기 등)할 수 있는 기능
# g1 = folium.plugins.FeatureGroupSubGroup(fg, "group1")
m = folium.Map(location=[0, 0], zoom_start=6)
fg = folium.FeatureGroup(name="groups")
```

```
m.add_child(fg)
g1 = folium.plugins.FeatureGroupSubGroup(fg, “group1”)
m.add_child(g1)
g2 = folium.plugins.FeatureGroupSubGroup(fg, “group2”)
m.add_child(g2)
folium.Marker([-1, -1]).add_to(g1)
folium.Marker([1, 1]).add_to(g1)
folium.Marker([-1, 1]).add_to(g2)
folium.Marker([1, -1]).add_to(g2)

# LayerControl과 함께 사용하면 활용도가 향상됨
folium.LayerControl(collapsed=False).add_to(m)

# 결과 보기
m
```

→

```
# 지도 위에 고정된 위치로 그림을 올리는 기능; 방위표 그리기
# FloatImage(url, bottom=65, left=80).add_to(m)
import folium
from folium.plugins import FloatImage
url = (
“https://raw.githubusercontent.com/ocefpaf/secoora_assets_map/”
“a250729bbcf2ddd12f46912d36c33f7539131bec/secoora_icons/rose.png”
)m = folium.Map([37.57, 126.98], zoom_start=10)
FloatImage(url, bottom=65, left=80).add_to(m)
```

```
# 결과 보기
m
```

→ 

```
# 지도의 위치를 한눈에 파악할 수 있도록, inset map 넣기
# MiniMap().add_to(m)
from folium.plugins import MiniMap
m = folium.Map(location=[37.57, 126.98], zoom_start=4)
MiniMap().add_to(m)

# 결과 그리기
m
```

→ 

HTML 파일로 저장하기

마지막으로 앞에서 생성한 모든 지도는 folium.Map.save() 함수를 사용하여 HTML 파일로 저장할 수 있다. HTML 파일로 export할 수 있어서 친구에게 나만의 지도를 쉽게 공유할 수 있고 웹, 모바일 페이지로도 업로드할 수 있으므로 사용성이 매우 뛰어나다.

```
# 결과지도를 HTML 파일로 저장
m.save( ' ./heatmap_result.html ' )
```

이외에도 Folium은 매우 많은 지도 시각화 기능을 지원하므로 Folium API 문서(https://python-visualization.github.io/folium)를 꼭 읽어보길 강력하게 추천한다.

복습 내용

- 파이썬 시각화 패키지의 종류와 내용을 설명할 수 있다.
- Matplotlib 라이브러리의 기본 구조와 방식에 관해 설명할 수 있다.
- Matplotlib 라이브러리를 이용하여 1개의 액자와 1개의 도화지를 생성하는 과정에 관해 설명할 수 있다.
- 하나의 도화지에 여러 그래프를 그리는 방법에 관해 설명할 수 있다.
- 그래프의 선 모양을 설정하는 데 사용하는 linestyle (ls) 파라미터와 linewidth (lw) 파라미터의 사용 방법에 관해 설명할 수 있다.
- 그래프의 점 모양을 설정하는 데 사용하는 marker 파라미터와 size 파라미터의 사용 방법에 관해 설명할 수 있다.
- Matplotlib의 그래프에서 설정 가능한 요소별 이름과 접근 함수에 관해 설명할 수 있다(그림 7.3 참조).
- Matplotlib를 사용하여 지오판다스로 불러온 어린이 보호구역 데이터를 이용해 단계구분도를 그리는 방법을 설명할 수 있다.
- 단계구분도의 세부 설정을 위해 사용하는 Mapclassify 패키지의 옵션에 관해 설명할 수 있다.
- 단계구분도에 적용할 수 있는 다양한 단계구분 방식에 관해 설명할 수 있다.
- 지도의 범례를 설정하는 legend_kwds 파라미터의 다양한 옵션에 관해 설명할 수 있다.
- 지도 제작을 위한 Folium 라이브러리의 기능에 관해 설명할 수 있다.
- Folium의 MarkerCluster의 기능에 관해 설명할 수 있다.
- Folium을 이용하여 히트맵 작성 방법에 관해 설명할 수 있다.

연습 문제

- Matplotlib와 matplotlib.pyplot 라이브러리를 불러오는 코드를 작성하여 실행하고 설명해보자.
- Matplotlib 라이브러리를 이용하여 1개의 액자와 1개의 도화지를 생성하는 코드를 작성하여 실행하고 설명해보자. 여기에 사용할 2차 함수 그래프의 재료인 샘플 데이터를 생성하는 코드도 포함하여 작성하고 실행해보자.
- 앞에서 작성한 2차 함수 그래프에 대해 곡선이 아니라 점묘도의 형태로 그리는 코드를 작성하여 실행하고 설명해보자.
- 하나의 도화지에 1차 함수, 2차 함수, 3차 함수를 동시에 그리는 코드를 작성하여 실행하고 설명해보자.
- 앞선 3개의 함수에 대해 그래프의 선 모양을 설정하기 위해 ls 파라미터와 lw 파라미터를 사용하는 코드를 작성하여 실행하고 설명해보자.
- 앞선 3개의 함수에 대해 그래프의 점 모양을 설정하기 위해 marker 파라미터와 size 파라미터를 사용하는 코드를 작성하여 실행하고 설명해보자.
- Matplotlib를 사용하여 지오판다스로 불러온 어린이 보호구역 데이터를 이용해 단계구분도를 그리는 코드를 작성하여 실행하고 설명해보자.
- 어린이 보호구역 데이터의 단계구분도에 대해 Mapclassify 패키지의 옵션을 사용하여 단계구분도를 그리는 코드를 작성하여 실행하고 설명해보자.
- 어린이 보호구역 단계구분도에 대해 지도의 범례를 설정하는 legend_kwds 파라미터를 적용하고 배경지도를 포함하는 단계구분도를 그리는 코드를 작성하여 실행하고 설명해보자.
- Folium을 사용하여 대한민국 시군구에 대해 OpenStreetMap의 원본 좌표계(EPSG 5179; UTM-K)를 수정 좌표계(EPSG 4326; WGS84 경위도)로 변환하고 시군구 중심점에 마커를 생성하는 코드를 작성하여 실행하고 설명해보자.
- 앞에서 작성한 시군구 중심점 마커 지도에 MarkerCluster를 사용하여 지도의 줌 레벨에 따라 마커의 숫자를 자동으로 합산하고 위치를 표시해주는 코드를 추가 작성하여 실행하고 설명해보자.
- 시군구 중심점 좌표 리스트를 입력 데이터로 사용하여 히트맵을 작성해 결과를 가시화하고 최종 지도를 HTML 파일로 저장하는 코드를 작성하여 실행하고 설명해보자.

8장

과거 태풍 검색 및 비교

8장부터는 본격적인 주제별 도구 개발이 구성되어 있다. 1장부터 7장까지 배운 내용을 바탕으로 GIS 데이터를 활용한 공간분석 및 기능 구현을 목표로 한다.

이 장에서는 공간 인접성을 이용하여 현재 발생하고 있는 태풍에 대해 유사한 과거 태풍을 검색하고 가시화하는 방법을 살펴본다. 이를 위해 지오판다스, 판다스, Folium을 이용하여 현 태풍과 과거 태풍 데이터를 불러오기, 가시화, 좌표를 정의하는 과정을 수행하게 된다. 버퍼와 Clip을 이용하여 기준이 되는 현 태풍과 과거 태풍을 비교해 검색하게 되며, 검색 결과를 Folium 패키지를 활용해 시각화하는 방법을 살펴본다.

분석 목표 및 내용

8장에서는 태풍 경로의 공간적 인접성을 기반으로 유사한 과거 태풍을 검색하는 기능을 구현해볼 것이다. '현재 북상 중인 태풍의 경로를 대상으로 과거에 발생한 태풍 중에서 어느 태풍 경로와 유사한가?'에 답을 줄 수 있는 기능이다. 즉, 검색의 기준이 되는 태풍과 공간 인접성을 기준으로 검색할 것이다.

분석과정은 다음과 같다. 1단계, 검색 기준 태풍 경로와 과거 한반도 영향권 태풍 경로를 불러온다. 2단계, 검색 기준 태풍 경로의 버퍼 폴리곤을 생성한다. 3단계, 생성된 폴리곤과 과거 태풍을 잘라내기(Clip)한다. 4단계, Clip 결과에서 Polyline의 길이가 가장 긴 태풍을 오름차순으로 정렬한다. 5단계, 검색된 상위 3개 태풍을 기준 경로와 함께 Web map으로 시각화한다.

데이터

실습에 사용되는 데이터는 표 8.1과 같다. 검색 기준 태풍 경로는 검색의 기준이 되는 태풍의 경로로, 이 태풍 경로와 비슷한 경로로 과거에 발생한 태풍들을 찾을 것이다. 과거 한반도 영향권 태풍 경로는 2001년부터 발생한 태풍 중에서 한반도 영향권에 들어온 태풍들의 전체 경로이다. 2개 유형의 태풍 경로 데이터는 기상청에서 제공하는 데이터를 가공하여 제작했다.

표 8.1 현 태풍과 과거 태풍 비교를 위한 기본 데이터

데이터	포맷	출처
검색 기준 태풍 경로	Shapefile(Polyline)	기상청 데이터 가공
과거 한반도 영향권 태풍 경로	Shapefile(Polyline)	기상청 데이터 가공

데이터 불러오기

먼저 개발에 사용할 패키지를 불러온다. 공간 데이터를 다루기 위해 지오판다스와 판다스를 사용할 것이고 Web map 시각화를 위해 Folium 패키지를 사용할 것이다.

```
# 패키지 불러오기

import geopandas as gpd      # 공간 데이터 패키지
import pandas as pd          # 데이터 패키지
import folium                # 시각화 패키지
```

분석에 사용할 2개의 Shapefile을 불러오자. input_route.shp 파일은 검색의 기준이 되는 태풍 경로로, 2019년에 발생한 태풍 미탁(MITAG)이다. 태풍 미탁은 당시 한반도 남부지방을 관통하여 큰 피해를 입힌 태풍이다. total_route.shp 파일은 과거 한반도 영향권에 진입한 전체 태풍 경로이다. 두 파일을 GeoPandas.read_file 함수를 사용하여 불러오자. 변수 input_route는 태풍 미탁의 경로, total_route는 전체 과거 태풍이다.

```
# Shapefile 불러오기
input_route = gpd.read_file(‘./input_data/input_route.shp’)
total_route = gpd.read_file(‘./input_data/total_route.shp’)
```

각각의 데이터를 잘 불러왔는지 간단하게 plot() 함수를 통해 확인해보자. 지금 단계에서는 정확한 위치를 확인하기는 어렵지만, 정상적으로 Polyline 형태로 데이터를 잘 불러온 것으로 보인다. 한 가지 더, plot에서 x축과 y축을 보면 경위도가 아님을 추정할 수 있다. 그렇다, 이 두 Shapefile은 UTM-K 좌표계를 사용 중이다.

```
# 파일 확인
input_route.plot()
```

→ 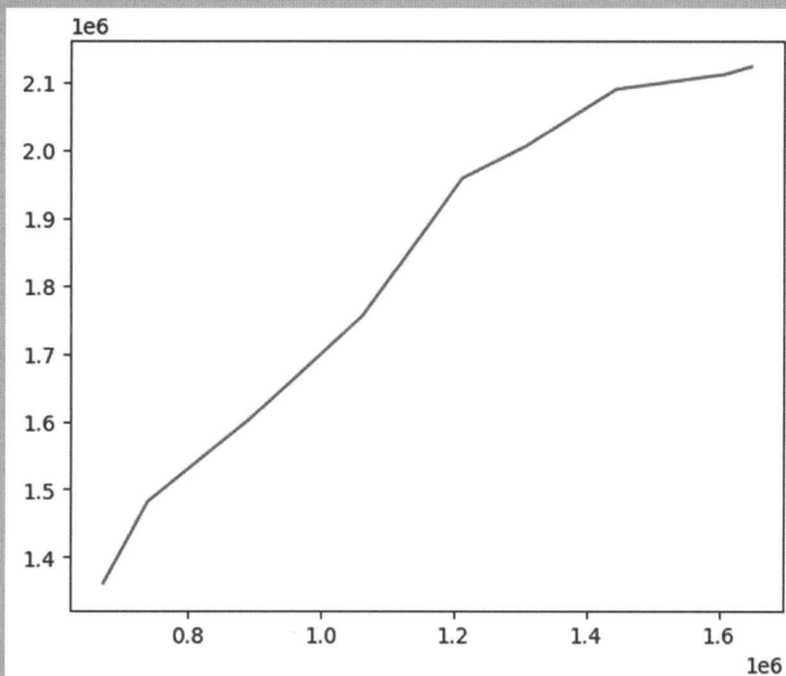

```
total_route.plot()
```

→ 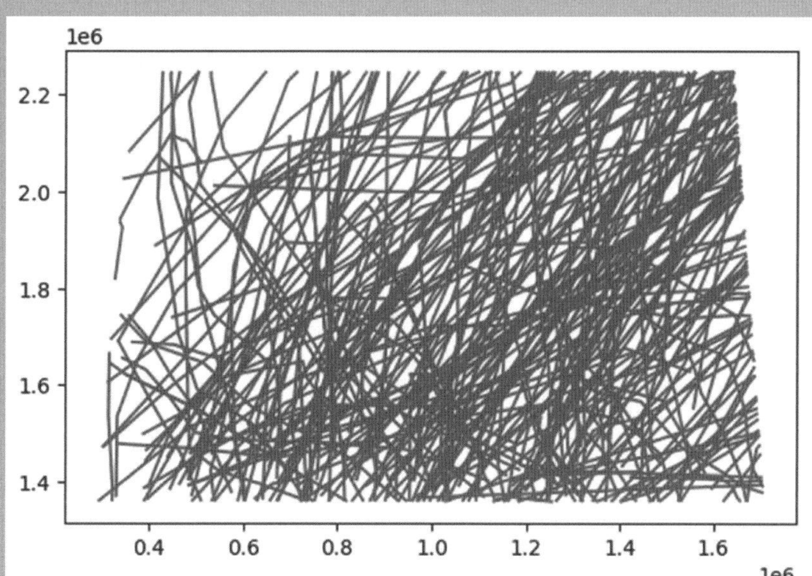

Shapefile을 불러왔으니, 공간분석을 위해 좌표계를 설정해야 한다. 두 데이터는 UTM-K 좌표계로 구성된 데이터로, set_crs() 함수를 사용하여 좌표계를 다음 코드와 같이 정의한다. 만약 Shapefile의 좌표계 파일(.prj)이 포함되어 있다면 생략할 수 있다.

```
# 좌표계 정의(UTM-K)
input_route = input_route.set_crs(5179)
total_route = total_route.set_crs(5179)

input_route
```

→

	OBJECTID	NAME	max_grade	max_pressu	max_wind	number	Length	geometry
0	5	MITAG	6	1012	75	1918	1292744.319	LINESTRING (670504.603 1359308.545, 739282.918...

```
total_route.head()
```

→

	OBJECTID	NAME	max_grade	max_pressu	max_wind	number	Length	geometry
0	1	HAISHEN	6	1008	105	2010	893971.914	LINESTRING (1154370.278 1359308.545, 1140288.2...
1	2	MAYSAK	6	1012	95	2009	921741.371	LINESTRING (994987.178 1359308.545, 1018767.03...
2	3	BAVI	6	1012	85	2008	905845.183	LINESTRING (723200.896 1359308.545, 717815.754...
3	4	JANGMI	6	1006	45	2005	978019.478	LINESTRING (1022644.204 1359308.545, 1055859.4...
4	5	MITAG	6	1012	75	1918	1292744.319	LINESTRING (670504.603 1359308.545, 739282.918...

```
input_route.crs
```

→

```
<Projected CRS: EPSG:5179>
Name: Korea 2000 / Unified CS
Axis Info [cartesian]:
- X[north]: Northing (metre)
- Y[east]: Easting (metre)
Area of Use:
- name: Republic of Korea (South Korea) - onshore and offshore.
- bounds: (122.71, 28.6, 134.28, 40.27)
Coordinate Operation:
- name: Korea Unified Belt
- method: Transverse Mercator
Datum: Geocentric datum of Korea
- Ellipsoid: GRS 1980
- Prime Meridian: Greenwich
```

두 파일을 조회하여 속성정보와 geometry 정보가 제대로 구축되어 있는지 확인한다. 태풍의 이름(NAME), 최대등급(max_grade), 최대기압(max_pressu), 최대풍속(max_wind), 태풍 번호(number), 경로 길이(Length)가 포함되어 있으며 기하정보와 좌표도 함께 확인할 수 있다.

기준 태풍의 버퍼 생성

다음으로 검색의 기준이 되는 태풍의 버퍼를 생성한다. 버퍼는 GeoDataFrame.buffer() 함수를 사용하여 간단하게 실행할 수 있다. 우리가 사용하고 있는 Shapefile의 좌표계는 UTM-K이므로 미터(m) 단위이다. buffer() 함수 괄호 안에 숫자를 기입함으로써 실행할 수 있는데, 좌표계를 기준으로 버퍼 반경이 설정된다. 즉, 아래 코드는 500,000m로 설정했으므로 반경 50km의 버퍼가 생성될 것이다. 반경 50km 버퍼 실행 결과를 buffer 변수에 저장하고, 시각화해서 올바른 결과물이 생성되었는지 확인해보자.

```
# 버퍼 실행(500,000m = 50km)
buffer = input_route.buffer(50000)

# 버퍼 확인
buffer.plot()
```

→

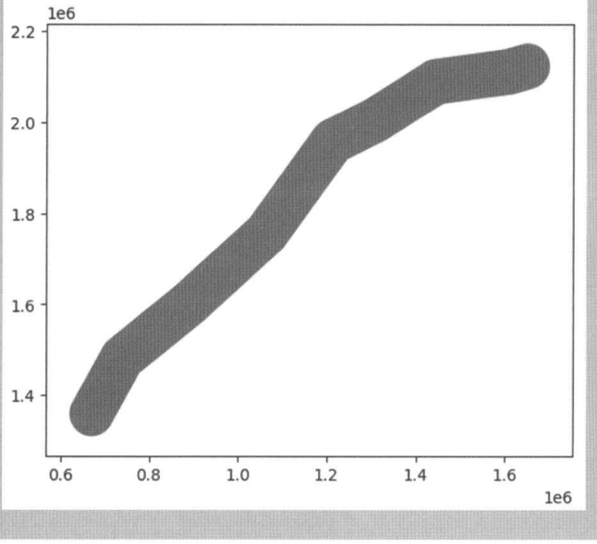

기준 태풍과 과거 태풍 비교

이제 태풍 미탁과 경로가 비슷한(인접한) 과거 태풍을 검색할 차례이다. 위 과정에서 생성된 버퍼를 사용하여 과거 전체 태풍을 Clip한 다음, Clip의 결과물 중 가장 길이가 긴 경로가 태풍 미탁과 경로가 비슷한(=공간적으로 인접한) 태풍일 것이다. Clip 기능은 지오판다스 패키지에서 제공한다. GeoPandas.clip() 함수를 사용하면 된다. 첫 번째 입력 인자는 원본 데이터를, 두 번째 입력 인자는 거푸집 데이터를 넣어주면 된다. 과거 전체 태풍 경로가 원본 데이터에 해당되며, 거푸집 데이터는 미탁의 버퍼 폴리곤에 해당될 것이다. 아래와 같이 코드를 작성하여 Clip 결과를 clip_result 변수에 담아주도록 하자. 그리고 plot 함수를 사용하여 결과를 확인해보자.

```
# 잘라내기(Clip) 실행
clip_result = gpd.clip(total_route, buffer)

# Clip 결과 확인
clip_result.plot()
```

→

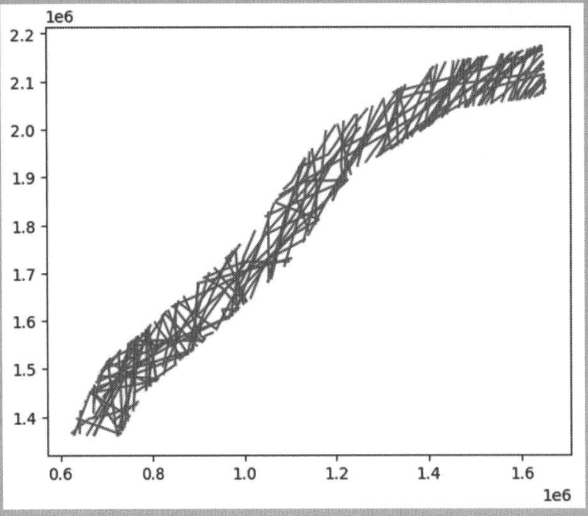

이제 Clip 결과물에서 각 Polyline의 길이를 확인해야 한다. 길이가 길수록 버퍼 영역에 중첩된 부분이 많다는 의미이므로 태풍 미탁과 공간적으로 인접한 태풍이라 할 수 있을 것이다. Clip 결과물의 각 Polyine의 길이는 length 함수를 사용하면 확인할 수 있다.

```
# Clip 결과물 확인
clip_result.length
```

→

```
200    235606.949614
32     100046.432446
66      42614.301594
217     41183.770113
216    131785.114509
           ...
110    251757.339412
199    143888.055989
79     103926.062010
106    215949.013902
178    245229.358369
Length: 131, dtype: float64
```

위 그림과 같이 주피터 노트북에서 출력된 화면을 보면 2열로 값이 출력된다. 1열은 index 번호이며, 2열이 바로 polyline의 길이다. 이제 우리는 length 값을 사용하여 버퍼에 중첩된 길이가 긴 순서대로 태풍을 검색하고 시각화해야 한다.

Clip 결과인 clip_result에 잘린 polyline의 길이 정보를 담고 있는 새로운 열을 생성하도록 하자. 아래 코드와 같이 입력하면 clip_result에 길이 정보를 담고 있는 신규 'clip_length' 열을 생성할 수 있다. 여기서 주의할 점은, 속성 테이블 중 'Length'와 'clip_length'의 차이점을 알아야 한다는 것이다. 'Length'는 원본 데이터가 가지고 있는 각 태풍 경로의 전체 길이이며, 'clip_length'는 위에서 우리가 새로 만든 것처럼, Clip 결과물로 산출된 잘린 태풍 경로의 길이다.

```
# 각 객체의 길이를 'clip_length' 열에 할당
clip_result['clip_length'] = clip_result.length

# clip_length 열 확인
clip_result.head()
```

→

	OBJECTID	NAME	max_grade	max_pressu	max_wind	number	Length	geometry	clip_length
200	209	DOUG	3	998	45	9413	734141.712	MULTILINESTRING ((653483.494 1429366.316, 6548...	235606.949614
32	36	DAMREY	5	1008	70	1210	585869.652	LINESTRING (750362.563 1399633.827, 700331.881...	100046.432446
66	70	DAMREY	5	970	70	1210	404774.112	LINESTRING (700331.881 1427836.318, 664151.550...	42614.301594
217	227	ANN	6	1006	35	9917	523871.646	LINESTRING (774302.743 1573741.015, 805826.039...	41183.770113
216	226	PAUL	3	1000	35	9908	863586.317	LINESTRING (814761.096 1478222.004, 776537.658...	131785.114509

이제 어느 과거 태풍이 기준 태풍 미탁과 비슷한 경로로 진행되었는지 확인해보자. 우리가 산출한 clip_length를 기준으로 내림차순으로 정렬하면 쉽게 확인할 수 있을 것이다. 내림차순 정렬은 GeoDataFrame.sort_values() 함수를 사용하면 된다. 첫 번째 입력 인자인 by는 정렬의 기준이 되는 열을 입력하면 된다. 또한, 내림차순으로 정렬할 것이므로 두 번째 입력 인자를 ascending = False로 설정해준다. 만약 오름차순으로 정렬하길 원한다면 ascending의 옵션을 True로 바꿔주면 된다.

```
# clip_length를 기준으로 내림차순 정렬
sorted_clip_result = clip_result.sort_values(by='clip_length', ascending = False)

# 결과 확인
sorted_clip_result.head()
```

	OBJECTID	NAME	max_grade	max_pressu	max_wind	number	Length	geometry	clip_length
4	5	MITAG	6	1012	75	1918	1292744.319	LINESTRING (670504.603 1359308.545, 739282.918...	1.292744e+06
67	71	TEMBIN	6	1012	55	1214	1059526.849	LINESTRING (940429.049 1579596.441, 1045063.99...	7.673570e+05
→ 58	62	NARI	6	1014	75	0711	1113386.261	MULTILINESTRING ((1013471.780 1644761.826, 104...	7.411079e+05
151	159	CARMEN	6	1005	45	7811	743492.430	LINESTRING (884886.964 1533754.456, 907976.358...	6.016938e+05
193	202	TED	6	1006	45	9219	1534266.602	LINESTRING (1077692.796 1860235.149, 1212435.1...	5.373184e+05

정렬 결과를 보면 태풍 MITAG, TEMBIN, NARI, CARMENT, TED 순임을 확인할 수 있다. 우리는 태풍 미탁(MITAG)을 기준으로 검색했으니 당연히 1순위는 미탁으로 나올 것이다. 즉, 태풍 미탁과 가장 경로가 인접한 태풍은 1순위 TEMBIN, 2순위 NARI, 3순위 CARMEN임을 확인했다.

분석결과 시각화

자, 이제 이 검색된 3개의 태풍을 Folium 패키지를 활용하여 시각화해보자. 그 과정은 다음과 같다. 먼저 검색의 기준이 되었던 태풍 미탁과 태풍 TEMBIN(1순위), NARI(2순위), CARMEN(3순위)을 각각의 GeoDataFrame으로 추출한다. 그다음, Web map으로 시각화하기 위해 GeoJSON(Geographic Javascript Object Notation) 포맷으로 변환한다. 다음으로 객체요소를 추가하고 HTML 파일로 저장한다.

단계별로 차근차근 알아보자. 먼저 시각화 대상인 1순위부터 3순위까지 태풍들을 단독 GeoDataFrame으로 추출한다. 물론 전체 태풍 경로 GeoDataFrame에서 바로 GeoJSON으로 변환할 수도 있지만, 검색을 통해 특정 객체만 추출하는 방법을 알아보기 위해 한 단계 과정을 추가했다.

우리가 원하는 대상은 clip_length를 기준으로 내림차순 정렬된 GeoDataFrame인 sorted_clip_result에서 1행 미탁을 제외한 2행, 3행, 4행에 위치한 태풍이다. 하지만 sorted_clip_result의 선 사상은 버퍼에 의해 잘린 모양이므로, 모든 태풍 경로의 형상이 보존되어 있는 GeoDataFrame인 total_route의 기하정보를 표출해야 한다. 그러면 아래와 같은 개념적 조건이 필요하다.

① 중첩 길이 정보가 담겨 있는 sorted_clip_result를 활용

② 태풍의 고유 ID 역할을 할 수 있는 태풍 번호(number 열)를 추출

③ 1순위~3순위 태풍 번호를 통해 모든 경로가 보존되어 있는 전체 태풍 GeoDataFrame에서 추출 대상 검색

④ 1순위, 2순위, 3순위 태풍 정보를 서로 다른 변수에 저장

위 네 가지 조건을 확인한 후 다음 코드를 살펴보자. 먼저 추출 대상이 되는 태풍의 태풍 번호를 추출해야 한다. 1순위 태풍인 TEMBIN의 태풍 번호는 앞의 그림을 참조해보면 sorted_clip_result에서 2행에 포함되어 있다. 행의 순서에 따라 접근할 수 있는 DataFrame 명령어를 기억하는가? 그렇다. 바로 iloc (Index LOCation)이다. 앞에서 알아본 것처럼 파이썬의 숫자는 0부터 시작되므로, 2행에 접근하려면 1로 인덱싱하면 될 것이다. 그리고 태풍 번호는 6열에 위치하고 있다. 즉, 1순위 태풍인 TEMBIN의 태풍 번호는 sorted_clip_result.iloc[1, 5]와 동일하다. 이 태풍 번호를 가져와서 전체 태풍 경로 정보가 저장되어 있는 total_route에 접근해보자. total_route에도 태풍을 식별할 수 있는 태풍 번호인 number 열이 존재한

다. 그렇다면 total_route의 number 행과 TEMBIN의 태풍 번호가 일치하는 대상만 추출하면 된다. 이 과정이 바로 total_route[total_route['number'] == sorted_clip_result.iloc[1, 5]] 코드에 해당한다. 그리고 결과를 first라는 변수에 저장하는 과정으로 끝이 난다.

이제 앞에서 한 설명과 네 가지 조건을 살펴본 뒤, 다시 아래 코드를 보면 이해할 수 있을 것이다. 한 줄의 간결한 코드로 GeoDataFrame에서 원하는 대상만을 추출했다. 동일한 방식으로 2순위(second), 3순위(third) 태풍도 생성한다.

```
# 1순위~3순위 태풍 정보 추출
first = total_route[total_route[ ' number ' ] == sorted_clip_result.iloc[1, 5]]
second = total_route[total_route[ ' number ' ] == sorted_clip_result.iloc[2, 5]]
third = total_route[total_route[ ' number ' ] == sorted_clip_result.iloc[3, 5]]
```

자, 이제 Folium 패키지를 사용해서 사용자 대화형 Web Map으로 시각화해보자. 7장에서 학습한 것과 같이 Folium은 기본 지도를 생성한 다음, 표현할 요소를 하나씩 추가하는 방식으로 시각화할 수 있다. 먼저 기본 지도를 생성하자.

```
# Foium 기본 지도 생성
m = folium.Map(location = [35, 127], tiles=" OpenStreetMap " , zoom_start = 5)

# 결과지도 보기
m
```

→ 

```
## 위성영상을 배경지도로 사용하는 방법 (API 사용)
#tile = folium.TileLayer(
    #tiles = 'https://server.arcgisonline.com/ArcGIS/rest/services/World_Imagery/
            MapServer/tile/{z}/{y}/{x}',
    #attr = 'Esri',
    #name = 'Esri Satellite',
    #overlay = False,
    #control = True
#)
#my_map = folium.Map(location = [35, 127], tiles=tile, zoom_start = 5)
#my_map
```

GeoDataFrame으로 바로 시각화하는 것은 불가능하다. GeoJSON으로 포맷을 변환하는 과정을 거쳐야 한다. Folium은 GeoJSON 포맷으로 변환하는 함수를 제공하므로 GeoDataFrame의 변환과정은 매우 간단하다. folium.features.GeoJson() 함수를 사용하면 된다. 이 함수를 통해 변환된 GeoJSON 포맷은 파일로도 저장 가능하므로 지도의 온라인 배포에도 활용할 수 있다. 위 함수를 통해 변환된 GeoJSON을 기본 지도(m)에 추가하자. 그리고 결과를 확인해본다.

```
# GeoJSON 변환 후 folium map에 추가
folium.features.GeoJson(buffer).add_to(m)       # 태풍 미탁의 버퍼 폴리곤
folium.features.GeoJson(first).add_to(m)        # 1순위 태풍
folium.features.GeoJson(second).add_to(m)       # 2순위 태풍
folium.features.GeoJson(third).add_to(m)        # 3순위 태풍

# 다음 코드도 동일한 역할을 수행
# m.add_child(folium.features.GeoJson(buffer))
# m.add_child(folium.features.GeoJson(first))
# m.add_child(folium.features.GeoJson(second))
# m.add_child(folium.features.GeoJson(third))
```

```
# 결과지도 확인
m
```

1개의 버퍼 폴리곤과 3개의 경로가 지도에 나타났다. 하지만 어느 경로가 어느 태풍인지 구분도 안 되고, 지도 디자인적으로도 매우 불만족스러울 것이다. 4개 객체의 색상과 투명도를 조절해서 시인성을 높여보자.

Folium 객체의 색상, 투명도 등 스타일은 folium.features.GeoJson() 함수의 style_function 파라미터를 통해 조정할 수 있다. 다음 코드에서 스타일 정의 부분을 보도록 하자. 각 스타일을 lambda 표현식으로 정의해서 쓰면 편리하다. 먼저 버퍼 폴리곤의 스타일을 정의해보자. 다음 코드에서는 채우기 색상과 테두리 선 색상을 회색으로 정의하고, 투명도를 0.2로 설정한 예시이다. 채우기 색상은 fillColor이며, 선 색상은 color, 투명도는 fillOpacity 인자로 설정할 수 있다. 1순위~3순위 태풍 경로는 폴리곤이 아닌 Polyline이므로 선 색상만 바꿔보도록 하자. 1순위는 빨강, 2순위는 파랑, 3순위는 노란색으로 설정한다.

lambda 표현식으로 객체의 스타일을 정의했다면 이제 객체별로 적용하면 된다. 스타일 적용은 folium.features.GeoJson() 함수의 style_function 인자를 통해 가능하다. 사전 정의된 스타일을 변수로 지정하도록 하자. 마지막으로 결과를 확인한다.

```
# 객체 중복 방지를 위해 지도 초기화 & 신규 생성
m = folium.Map(location = [35, 127], tiles="OpenStreetMap", zoom_start = 5)

# 스타일 정의
style_buffer = lambda x: {‘fillColor’:‘gray’, ‘color’:‘gray’,
‘fillOpacity’:0.2}

# 버퍼 폴리곤 스타일
style_first = lambda x: {‘color’:‘red’}      # 첫 번째 스타일
style_second = lambda x: {‘color’:‘blue’}    # 두 번째 스타일
style_third = lambda x: {‘color’:‘yellow’}   # 세 번째 스타일

# 정의된 스타일을 사용하여 객체별 적용
buffer_feature = folium.features.GeoJson(buffer, style_function = style_buffer)
            .add_to(m)
first_feature = folium.features.GeoJson(first, style_function = style_first)
            .add_to(m)
second_feature = folium.features.GeoJson(second, style_function = style_second)
            .add_to(m)
third_feature = folium.features.GeoJson(third, style_function = style_third)
            .add_to(m)

# 결과지도 확인
m
```

→ 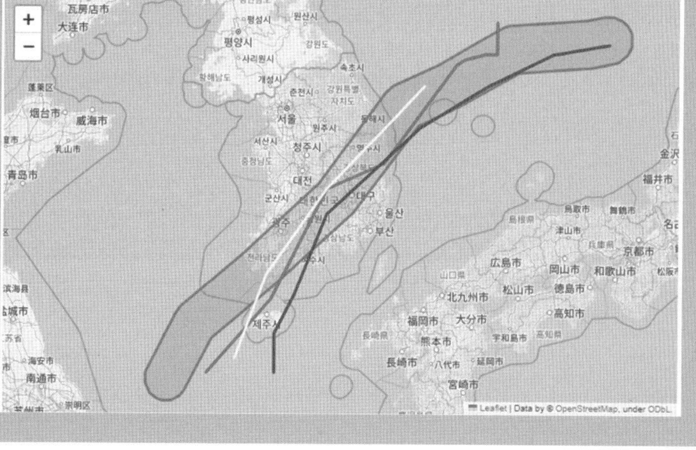

이전보다 훨씬 시각적으로 구분이 쉬워졌다! 여기에 추가로 경로 이름을 보여줄 수 있는 대화상자를 추가해보도록 하자. 그리고 객체를 클릭했을 때, 태풍 이름과 정보를 알 수 있는 팝업창을 추가해보도록 하자.

먼저 web map에서 태풍 경로를 클릭하면 태풍의 이름과 최대 등급이 표출되는 팝업창을 추가하는 과정을 실습해보자. 팝업창은 folium.features.GeoJson() 함수의 popup 파라미터를 통해 추가할 수 있다. popup 파라미터 뒤에 folium.GeoJsonPopup(fields) 형태로 지정해주면 끝이다. 태풍의 이름은 각 GeoDataFrame의 'NAME' 열에 해당하며, 최대 등급은 'max_grade' 열에 해당된다. 따라서 fields = ['NAME', 'max_gade']를 통해 내가 띄우고 싶은 정보를 지정해주면 된다.

```
# 지도 초기화
m = folium.Map(location = [35, 127], tiles="OpenStreetMap", zoom_start = 5)

# 팝업창 생성 및 표출 항목 지정 # 버퍼 지정
buffer_feature = folium.features.GeoJson(buffer, style_function = style_buffer)
                 .add_to(m)
# 첫 번째 객체 지정
first_feature = folium.features.GeoJson(first, style_function = style_first,
                popup = folium.GeoJsonPopup(fields=['NAME', 'max_grade']))
                .add_to(m)
# 두 번째 객체 지정
second_feature = folium.features.GeoJson(second, style_function = style_second,
                 popup = folium.GeoJsonPopup(fields=['NAME', 'max_grade']))
                 .add_to(m)
# 세 번째 객체 지정
third_feature = folium.features.GeoJson(third, style_function = style_third,
                popup = folium.GeoJsonPopup(fields=['NAME', 'max_grade']))
                .add_to(m)
# 결과지도 시각화
m
```

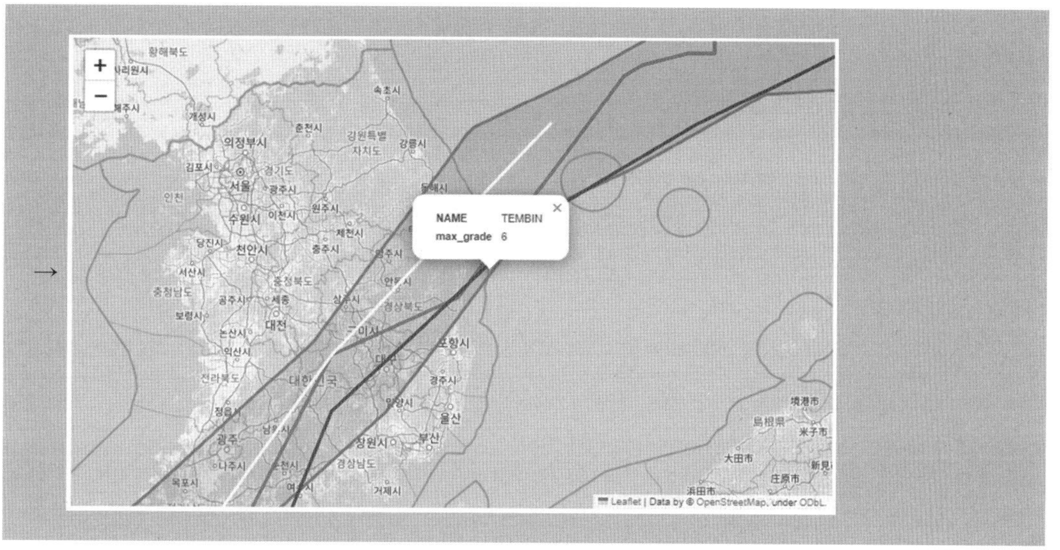

마지막으로 사용자가 더 쉽게 지도를 사용할 수 있도록 레이어를 끄고 켤 수 있는 대화상자를 추가해 보도록 하자. Folium은 레이어(객체)를 관리할 수 있는 대화상자를 한 줄의 코드로 제공한다. 이 대화상자 역시 기본 Folium 지도에 추가하는 하나의 요소로 생각하면 된다. Map.add_child(folium.map.LayerControl()) 함수를 사용하여 손쉽게 추가할 수 있다. 코드를 실행하기 전에, 대화상자에 표출될 각 태풍(레이어)의 표출 이름을 설정해줄 수 있다. 레이어 이름은 GeoJson.layer_name으로 접근하여 변경할 수 있다.

다음 코드는 레이어를 켜고 끌 수 있는 대화상자를 추가하는 코드와 대화상자에 표출되는 레이어의 이름을 정의하는 코드를 추가한 시각화 전체 코드이다.

```
# 지도 초기화
m = folium.Map(location = [35, 127], tiles="OpenStreetMap", zoom_start = 5)

# 팝업창 생성 및 표출 항목 지정
buffer_feature = folium.features.GeoJson(buffer, style_function = style_buffer)
                 .add_to(m)
first_feature = folium.features.GeoJson(first, style_function = style_first,
                popup = folium.GeoJsonPopup(fields=['NAME', 'max_grade']))
                .add_to(m)
second_feature = folium.features.GeoJson(second, style_function = style_second,
                 popup = folium.GeoJsonPopup(fields=['NAME', 'max_grade']))
                 .add_to(m)
third_feature = folium.features.GeoJson(third, style_function = style_third,
                popup = folium.GeoJsonPopup(fields=['NAME', 'max_grade']))
                .add_to(m)

# 대화상자에 표시되는 레이어 이름 정의
buffer_feature.layer_name = '현재 경로'
first_feature.layer_name = '1순위 경로'
second_feature.layer_name = '2순위 경로'
third_feature.layer_name = '3순위 경로'

# 레이어 컨트롤 대화상자 추가
m.add_child(folium.map.LayerControl())
```

→ 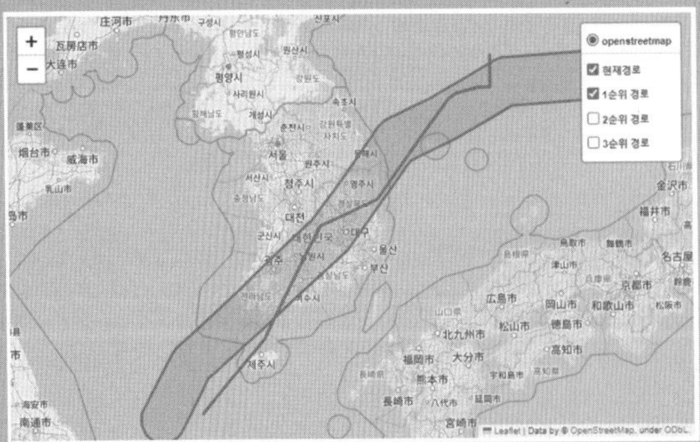

복습 내용

- 공간 인접성을 기준으로 기준 태풍과 유사한 과거 태풍을 검색하고 가시화하는 5단계 절차에 관해 설명할 수 있다.
- 태풍 경로 기반으로 유사 태풍을 검색하는 데 필요한 두 가지 데이터는 무엇일까?
- 지오판다스, 판다스, Folium을 이용하여 기준 태풍 데이터와 과거 태풍 데이터를 불러오기, 가시화하고 좌표를 정의하는 과정에 관해 설명할 수 있다.
- 버퍼와 Clip을 이용하여 기준 태풍과 과거 태풍을 비교하는 절차에 관해 설명할 수 있다.
- 앞서 검색된 태풍을 Folium 패키지를 활용해 시각화하는 방법에 관해 설명할 수 있다.
- Folium 객체의 색상, 투명도 등 스타일을 조절하는 방법에 관해 설명할 수 있다.
- Folium 객체의 이름을 확인할 수 있게 팝업창을 띄우는 방법에 관해 설명할 수 있다.
- Folium 객체를 보이거나 보이지 않게 하려고 레이어를 끄고 켤 수 있게 하는 방법에 관해 설명할 수 있다.

연습 문제

- 지오판다스, 판다스, Folium을 이용하여 기준 태풍 데이터와 과거 태풍 데이터를 불러오기, 가시화, UTM-K로 좌표를 정의하는 코드를 작성하여 실행하고 설명해보자.
- 기준 태풍을 버퍼링하고 과거 태풍을 Clip한 후 Clip된 태풍 경로의 길이를 이용해 기준 태풍과 가장 유사한 태풍을 도출하는 코드를 작성하여 실행하고 설명해보자.
- 앞서 검색된 태풍을 Folium 패키지를 활용해 시각화하는 코드를 작성하여 실행하고 설명해보자.
- 유사 태풍 경로 지도의 객체에 대해 색상과 투명도를 조절해서 시인성을 높이는 코드를 작성하여 실행하고 설명해보자.
- 유사 태풍 경로 지도의 객체에 대해 이름을 확인할 수 있도록 팝업창을 띄우는 코드를 작성하여 실행하고 설명해보자.
- 유사 태풍 경로 지도의 객체를 보이거나 보이지 않게 하도록 레이어를 끄고 켤 수 있게 하는 코드를 작성하여 실행하고 설명해보자.

9장

침수 예상 건물 탐지

이 장에서는 수치표고모형(Digital Elevation Model, DEM)을 활용하여 홍수 시 범람 위험 저수지 및 침수 건물 탐지 기능을 구현하는 방법을 살펴본다. 먼저, DEM 데이터를 이용하여 홍수가 발생할 때 범람의 대상이 되는 저수지를 선정하는 과정을 살펴본다. 다음으로 DEM 데이터를 이용해 침수지역에 포함되는 건물을 추출하고 지도화하는 과정을 살펴본다. 특히 결과지도에서 침수에 포함된 건물 등에 대해 더 많은 정보를 제공하기 위해 사용할 수 있는 툴팁 방법에 관해 살펴본다.

분석 목표 및 내용

저수지가 범람하면 저수지보다 고도가 낮은 인근 건물은 침수의 위험이 존재한다. 이를 탐지하기 위해 DEM 데이터와 저수지, 건물 벡터 데이터를 활용하여 시각화하는 과정을 살펴본다.

분석과정은 다음과 같다. 1단계, DEM 데이터를 불러오고 대상 저수지에 대해 침수 분석을 위한 버퍼를 수행한다. 2단계, 저수지 범위 내 최저 고도값을 찾고 저수지 속성으로 부여한다. 3단계, 저수지 인근 건물을 탐지한다. 4단계, 검색된 건물에 DEM의 높이 값을 결합하고 저수지 최저 높이값보다 낮은 건물을 추출한다. 5단계, 결과를 시각화한다.

데이터

실습에 사용되는 데이터는 표 9.1과 같다. DEM 데이터는 국토지리정보원으로부터 얻을 수 있으며 해상도는 30m이다. 공간적 범위는 울진군이다. 저수지는 연속수치지도의 레이어에서 획득할 수 있다. 공간적 범위는 전국이다. 건물 데이터 역시 연속수치지도에서 획득할 수 있으며 울진의 건물이 사용된다.

표 9.1 위험 저수지 주변의 침수 예상 건물 탐지를 위해 사용되는 데이터

데이터	포맷	출처
수치표고모형(DEM)	GeoTIFF	국토지리정보원
저수지	Shapefile	국토지리정보원
건물	Shapefile	국토지리정보원

범람과 침수 분석을 위한 데이터 불러오기

먼저 전국 저수지 데이터를 불러오고 정보를 확인해보자. 저수지 데이터는 Shapefile이며 폴리곤 형태이다. 지오판다스 패키지를 불러오고 head() 함수를 사용하여 데이터 구조를 확인하자.

```
# 패키지와 저수지 데이터 불러오기
import geopandas as gpd
reservoir = gpd.read_file( ' ./input_data/reservoir.shp ' )

# 정보 확인
reservoir.head()
```

→

	OBJECTID	UFID	NAME	Shape_Leng	Shape_Area	geometry
0	1	WTR0400000004F0VY	칠통골저수지	381.899222	7348.729683	POLYGON ((1034605.364 1911297.557, 1034605.354...
1	2	WTR0400000004F0WZ	손곡저수지	2384.567892	61505.022624	POLYGON ((1026361.380 1913799.062, 1026362.180...
2	3	WTR0400000004F0Z2	궁촌귀운저수지	1820.735691	151313.944034	POLYGON ((1031901.210 1914122.212, 1031901.178...
3	4	WTR0400000004F3HN	장저울저수지	832.546184	31108.644048	POLYGON ((1024864.230 1890113.211, 1024865.645...
4	5	WTR0400000004F5IQ	중구저수지	109.070200	763.048325	POLYGON ((1029300.551 1893142.978, 1029299.871...

실습에 사용할 저수지는 경북 울진군에 위치한 기양저수지이다. 물론 실제로 저수지가 범람하여 피해가 발생하는 일은 없어야겠지만, 기양저수지는 산지에 위치하고 있으며 인근에 거주지를 비롯한 많은 건물이 존재하여 사례 대상으로 선정해봤다.

저수지 GeoDataFrame에서 기양저수지를 따로 추출하여 별도의 객체로 저장하자. 저수지 이름은 'NAME' 열에 기록되어 있으므로 데이터프레임의 'NAME' 열에 접근하여 비교 연산자를 통해 기양저수지를 추출하자.

```
# 기양저수지 추출
giyang = reservoir[reservoir[ ' NAME ' ] == ' 기양저수지 ' ]

# 저수지 그리기
giyang.plot()
```

→ 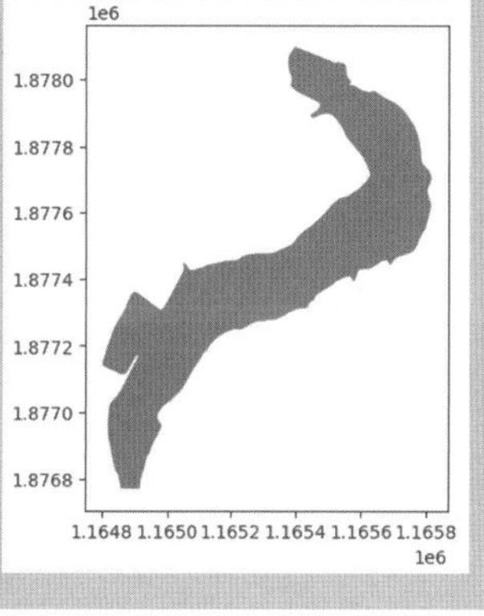

저수지 인근의 건물을 탐지하려면 저수지로부터의 범위 설정이 필요하다. 우리는 저수지 형태를 사용해 버퍼를 생성하여 진행하도록 하자. 저수지 Shapefile은 UTM-K 좌표계로 제작되어 있다. 따라서 미터(m) 단위로 반경 설정을 하면 된다. GeoDataFrame.buffer() 함수를 사용하여 기양저수지 버퍼 폴리곤을 생성하자.

```
# 기양저수지 버퍼 생성
giyang_buffer=giyang.buffer(1000)

# 버퍼 그리기
giyang_buffer.plot()
```

→ 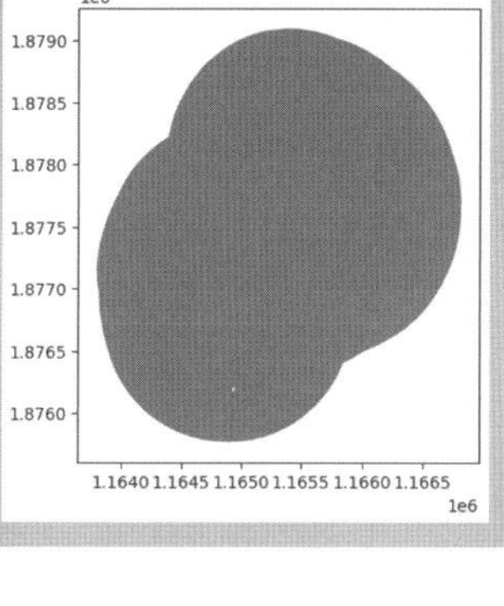

이제 DEM 데이터를 불러오자. 실습 파일로 첨부된 데이터는 경북 울진군 DEM이다. 래스터 데이터를 다룰 수 있는 rasterio 패키지를 불러오고 데이터의 이상 유무를 확인해보자. DEM은 단일 밴드로 구성되어 있어서, rasterio.read(1) 코드를 통해 셀 값을 불러오고 확인할 수 있다. 코드를 실행시켜 보면 래스터 셀 값은 numpy 기반의 다차원 배열 형태로 구성되어 있는 것을 볼 수 있다. 또한, 예시 파일의 nodata 값은 -32768임을 주피터 노트북에서 확인할 수 있다.

```
# 울진군 DEM 불러오기
import rasterio

dem = rasterio.open(' ./input_data/dem_47930.tif ')
dem_data = dem.read(1)

# 울진군 DEM 정보 보기
dem_data
```

```
→  array([[-32768, -32768, -32768, ..., -32768, -32768, -32768],
          [-32768, -32768, -32768, ..., -32768, -32768, -32768],
          [-32768, -32768, -32768, ..., -32768, -32768, -32768],
          ...,
          [-32768, -32768, -32768, ..., -32768, -32768, -32768],
          [-32768, -32768, -32768, ..., -32768, -32768, -32768],
          [-32768, -32768, -32768, ..., -32768, -32768, -32768]], dtype=int16)
```

불러온 DEM 데이터를 Matplotlib를 사용하여 간단하게 시각화해보자.

```
# 울진군 DEM 시각화
import matplotlib.pyplot as plt

plt.imshow(dem_data, cmap=' viridis ', vmin=0)   # 데이터 구분 방법 정의
plt.colorbar(label=' Elevation(m) ')              # 색상 범례
plt.title(' Uljin DEM ')                          # 제목 설정
```

```
# 그리기
plt.show()
```

→ 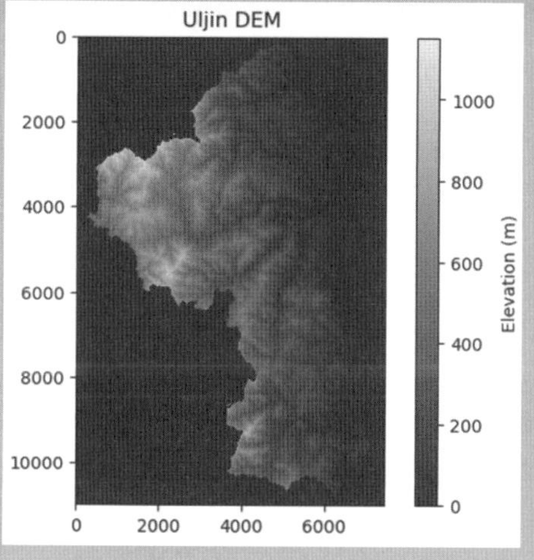

Uljin DEM
0
2000
4000
6000
8000
10000
0
2000
4000
6000
1000
800
600
400
200
0
Elevation (m)

저수지 내 최저 고도값 추출

앞에서 추출한 기양저수지 범위에서 DEM 데이터를 활용하여 높이 값을 추출해야 한다. 우리는 저수지 범위 중 최솟값을 추출할 것이다. 저수지 범위 내에서 최소 높이 값을 기준으로 그보다 더 낮은 고도에 위치한 건물을 추출할 것이기 때문이다. 이를 위해서는 기양저수지의 모양대로 울진군의 DEM을 잘라내고, 이 범위 내에서 nodata를 제외한 최솟값을 찾는 과정을 거쳐야 한다. 먼저 저수지 모양대로 DEM을 추출하기 위해 rasterio 패키지의 Mask 기능을 불러오자.

```
# rasterio.mask 기능 불러오기
from rasterio.mask import mask
```

먼저 with ~ as 구문을 사용하여 울진군 DEM 데이터를 불러온다. 그다음 rasterio.mask() 함수를 사용하여 기양저수지의 모양대로 DEM 데이터를 잘라낸다. Mask 함수의 첫 번째 인자에 원본 데이터인 DEM 데이터를 입력하고, 두 번째 인자에 잘라낼 범위를 입력하면 된다. 여기서 다음 코드 중 굵은 부분([**giyang.iloc[0].geometry**])이 기양저수지의 범위에 해당한다. 코드를 살펴보면 giyang GeoDataFrame에서 iloc 함수를 사용하여 첫 번째 대상을 선택했다. 선택된 첫 번째 대상의 geometry를 잘라낼(Mask) 범위로 입력하는 코드이다. 이처럼 객체의 geometry 좌표를 직접 가져와 범위를 설정한다면 상하좌우 범위 좌표를 입력할 필요 없이 바로 지정할 수 있다. 아래 코드에서 저수지 모양대로 잘린 범위는 result_data에 저장된다.

그다음 최소 높이 값을 찾는 과정이 필요하다. 여기서 래스터 데이터의 nodata 값은 앞에서 알아본 것과 같이 -32768이므로 nodata를 제외한 셀 값에서 최솟값을 찾아야 할 것이다. nodata 변수에 9행과 같이 nodata 함수를 사용하여 nodata 값을 자동으로 할당하도록 하자. nodata 함수를 사용하면 자동으로 -32768 값이 할당될 것이다. 다음 10행과 같이 다차원 배열로 셀 값이 입력된 result_data에서 nodata를 제외(!= nodata 부분)하고 최솟값(min() 함수 부분)을 찾는 코드를 입력하자. 마지막으로 추출된 최소 높이 값을 giyang GeoDataFrame의 'min_height' 열에 추가하자.

모든 코드를 실행시킨 후 giyang 데이터프레임을 조회하면 맨 우측에 min_height 열이 생성되었고 57 값이 입력된 것을 확인할 수 있다. 즉, 기양저수지의 최소 고도값은 57m라는 사실을 위의 코드로 자동 검색하고 값을 할당한 것이다.

```
# 기양저수지 범위에서 최소 높이 값 찾기
with rasterio.open('./input_data/dem_47930.tif') as dem:

    # 기양저수지의 geometry를 사용하여 DEM 잘라내기
    mask_image = mask(dem, [giyang.iloc[0].geometry], crop=True)
    result_data = mask_image[0]

    # 잘린 데이터에서 nodata 값을 제외하고 최솟값 찾기
    nodata = dem.nodata
    min_value = result_data[result_data != nodata].min()

giyang['min_height'] = min_value

# 값 확인하기
giyang
```

→

	OBJECTID	UFID	NAME	Shape_Leng	Shape_Area	geometry	min_height
2579	2580	WTR04000000020YEY	기양저수지	4532.350178	347337.547946	POLYGON ((1165518.649 1878050.948, 1165519.884...	57

```
# mask image 유형 확인하기
print(type(mask_image))
mask_image
→ <class 'tuple'>
   (array([[[-32768, -32768, -32768, ..., -32768, -32768, -32768],
   [-32768, -32768, -32768, ..., -32768, -32768, -32768],
   [-32768, -32768, -32768, ..., -32768, -32768, -32768],
   ...,
   [-32768, -32768, -32768, ..., -32768, -32768, -32768],
   [-32768, -32768, -32768, ..., -32768, -32768, -32768],
   [-32768, -32768, -32768, ..., -32768, -32768, -32768]]],
   dtype=int16),
 Affine(5.228256342722022, 0.0, 1164798.0441615065,
       0.0, -5.228256342722049, 1878099.8382877274))
```

저수지 인근 건물별 고도값 탐지

기양저수지의 최소 고도값을 찾았으니 이제 저수지 인근의 건물별 고도값을 찾아보도록 하자. 저수지는 기하학적 모양이 다양하므로, 중심점이 저수지 외부로 나갈 가능성이 있어서 Mask 기법을 사용하여 최솟값을 검색하는 방법을 선택했다. 이번에는 Mask 기능을 사용하지 않고 다른 방법으로 찾아볼 것이다. 앞선 과정과 동일하게 각 건물 객체별로 GeoDataFrame을 개별 생성하고, 이를 마스킹한 다음 최솟값을 찾는 방법도 있지만, 건물 객체의 중심점의 좌표를 참조하여 해당 위치의 DEM 값을 직접 추출하는 방법을 시도할 것이다. 분석과정이 간결해지므로 메모리, 실행속도 측면에서 이점이 있다.

저수지 인근에 위치한 건물만을 추출하기 위해 우선 울진군 건물 데이터를 불러오자. 그다음 앞선 과정에서 제작한 기양저수지 버퍼 폴리곤을 사용하여 Clip 과정을 진행한다. 결과로 울진군 전체 건물에서 기양저수지 반경 1km에 위치한 건물만이 추출될 것이다.

```
# 건물 Shapefile 불러오기
building = gpd.read_file('./input_data/building.shp')

# 울진군 건물을 기양저수지 버퍼 폴리곤을 사용하여 잘라내기(clip)
clip_building = gpd.clip(building, giyang_buffer)

# 결과 시각화
clip_building.plot()
```

→ 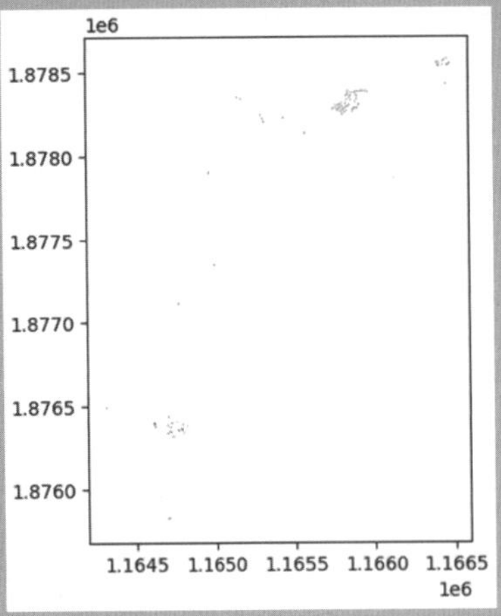

추출된 건물로부터 각 건물의 중심점 좌표를 활용하여 DEM 값을 추출해야 한다. 먼저 with ~ as 구문을 사용하여 DEM 데이터를 불러온다. 우리는 clip_building GeoDataFrame에 있는 하나의 건물이 아닌 모든 건물에 대해 중심값 추출과 DEM 고도값을 조회해야 하므로 반복문을 사용한다. 아래 코드에서는 For 문을 사용하였으며, 건물 개수만큼 반복작업을 해야 하므로 clip_building의 길이를 의미하는 len(clip_building)을 For 문의 range로 설정한다.

다음으로 건물의 geometry를 geom 변수에 저장한다. 이는 개별 건물의 geometry 유효성 검증을 위해 사용한다. 각 건물의 geometry 정보는 GeoDataFrame.geometry 함수를 사용하여 조회할 수 있다. 우리는 반복문을 사용해서 건물별로 geometry를 조회해야 하므로 iloc 함수를 사용하여 건물별 geometry를 geom 변수에 저장한다.

여기서, If 문을 사용해서 건물의 geometry 유효성을 검증한다. 코드는 간단하게 if geom: 문을 넣어주면 된다. geom이 참일 경우 If 문의 하위 코드가 작동된다. 즉, 건물 중 데이터 결손으로 인해 geometry 정보가 제대로 담겨 있지 않은 경우 다음 과정으로 넘어가게 된다.

앞선 과정을 통해 정상적인 geometry 정보가 있다면, 그 건물에 대해서 중심점 좌표를 획득해야 한다. 각 건물의 중심점은 GeoDataFrame.geometry.centroid 함수를 사용하면 조회할 수 있다. centroid.x와 centroid.y를 사용하여 x 좌표와 y 좌표를 개별로도 조회할 수 있다. 반복문이 진행될 때마다 건물의 x, y 좌표가 서로 다르게 부여될 테니, 반복문 내에서 임시로 사용될 temp_x, temp_y 변수에 저장하도록 하자.

건물 중심점 좌표를 추출했으면 이제 DEM에서 해당 좌표의 값을 조회한다. rasterio 패키지는 래스터 데이터의 특정 좌표의 값을 반환해주는 함수를 제공한다. 바로 sample() 함수다. sample 함수에 리스트 형태의 x, y 좌푯값을 넣어주면 해당 좌표의 래스터 데이터 값을 반환해준다. 우리는 앞선 과정을 거쳐 건물의 중심점 좌표를 temp_x, temp_y 변수에 저장했다. 이를 sample 함수를 사용하여 DEM 값을 추출하면 된다. 이후 추출된 값을 clip_building GeoDataFrame의 dem_height 열에 넣어줌으로써 과정이 완성된다.

```
# DEM 데이터 불러오기
with rasterio.open(‘./input_data/dem_47930.tif’) as src:

    # 반복문을 사용하여 모든 건물에 기능 적용
    for i in range(len(clip_building)):

        # 개별 건물의 geometry 할당
        geom = clip_building.iloc[i].geometry

        # geometry가 정상적으로 구축되어 있는 경우 아래 코드 실행
        if geom:

            # 건물 중심점의 x좌표 추출
            temp_x = clip_building.iloc[i].geometry.centroid.x

            # 건물 중심점의 y좌표 추출
            temp_y = clip_building.iloc[i].geometry.centroid.y

            # sample 함수를 사용하여 좌표로부터 DEM 값 추출
            for val in src.sample([(temp_x, temp_y)]):
                dem_value = val[0]

            # 추출된 값을 clip_building GeoDataFrame의 dem_height 열에 추가
                clip_building.loc[clip_building.index[i], ‘dem_height’] = dem_value

# 결과 확인하기
cllip_building
```

	A0	A1	A2	A3	A4	A5	A6	A7	A8	A9	...	A15	A16	A17	A18	A19	A20
→ 5829	0	None	4793040027103430000	4793040027	경상북도울진군매화면갈면리	343	1	일반	01000	단독주택	...	651.0	4.35	9.54	9.36	100222425	N
					경상												

저수지보다 고도가 낮은 건물 선별

위험 건물을 추출하기 위한 마지막 단계로, 기양저수지 최저 고도보다 건물의 고도가 낮은 객체만을 선별해야 한다. 우리는 이미 기양저수지 최저 고도값을 앞선 코드를 통해 min_value에 저장해 놓았으므로, 간단한 DataFrame 쿼리를 통해 추출할 수 있다. 결과 GeoDataFrame을 result_building으로 생성하자.

```
# 저수지 최저 고도(min_value)를 사용하여 조건부 건물 추출 + 재할당
result_building = clip_building[clip_building[ ‘ dem_height ’ ] < min_value ]

# 추출 결과 조회
result_building.plot()
```

→

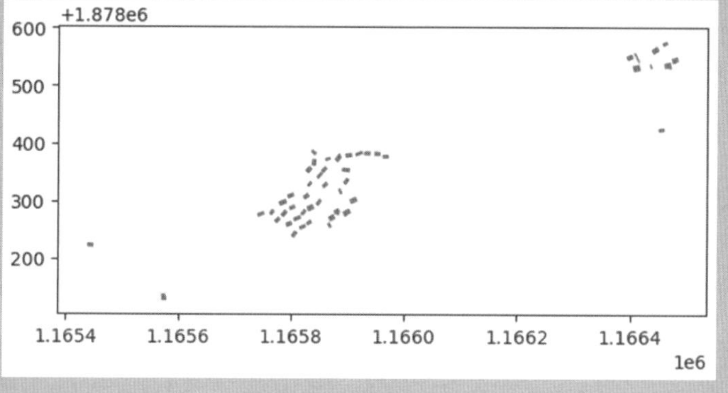

분석 결과 시각화

이제 결과물이 모두 만들어졌으니 Folium으로 시각화를 해보자. 먼저 Folium으로 시각화하기 위해서는 표출되는 객체들의 좌표계를 WGS84 경위도 좌표계로 변환해야 한다. to_crs() 함수를 사용하여 EPSG 4326으로 변환하자.

다음으로 대화형 지도를 생성하기 위해 Folium 패키지를 불러오고, 기본 지도를 생성한다. 7장에서 알아본 것과 같이 기본 지도는 표출되는 중심점을 지정해야 하는데, 경위도 좌표를 직접 쓰는 대신 저수지를 중심으로 위치시켜 보자. folium.Map() 함수의 location 인자에 위도, 경도 순으로 작성하면 된다. 저수지 객체인 wgs.giyang의 centroid 함수를 사용해서 각각 위도와 경도를 지도 중심점 인자로 할당한다.

우리가 표현할 객체는 기양저수지, 추출된 건물, 기양저수지 버퍼 범위로 총 3개 폴리곤이다. 기본 지도에 객체를 추가하기 전에 스타일을 지정해주자. 색상과 투명도를 아래 코드와 같이 설정한다.

이제 마지막으로 기본 지도에 객체를 추가하도록 한다. 우리가 가지고 있는 데이터는 GeoDataFrame 형식이므로 GeoJSON 포맷으로 변환하여 지도에 추가해야 한다. GeoJSON으로 변환하기 위해 folium.features.GeoJson() 함수를 사용했으며, 스타일은 사전에 정의한 항목들을 넣어준다. 이제 결과를 조회하자.

```
# Folium 시각화를 위해 UTM-K → 경위도로 좌표계 변환
wgs_giyang = giyang.to_crs(4326)
wgs_building = result_building.to_crs(4326)
wgs_buffer = giyang_buffer.to_crs(4326)

# Folium 불러오기
import folium

# 기본 지도 생성(지도 위치는 기양저수지 중심점으로 설정)
m = folium.Map(location = [wgs_giyang.centroid.y, wgs_giyang.centroid.x],
             tiles="OpenStreetMap", zoom_start = 14)
```

```
# 객체별 스타일 정의
style_giyang = lambda x: {'color':'blue', 'fillOpacity':0.2}
style_building = lambda x: {'color':'red', 'fillOpacity':0.2}
style_buffer = lambda x: {'color':'orange', 'fillOpacity':0.1}

# 기본 지도에 객체 추가
folium.features.GeoJson(wgs_buffer, style_function = style_buffer).add_to(m)
folium.features.GeoJson(wgs_giyang, style_function = style_giyang,).add_to(m)
folium.features.GeoJson(wgs_building, style_function = style_building).add_to(m)

# 결과 확인
m
```

→

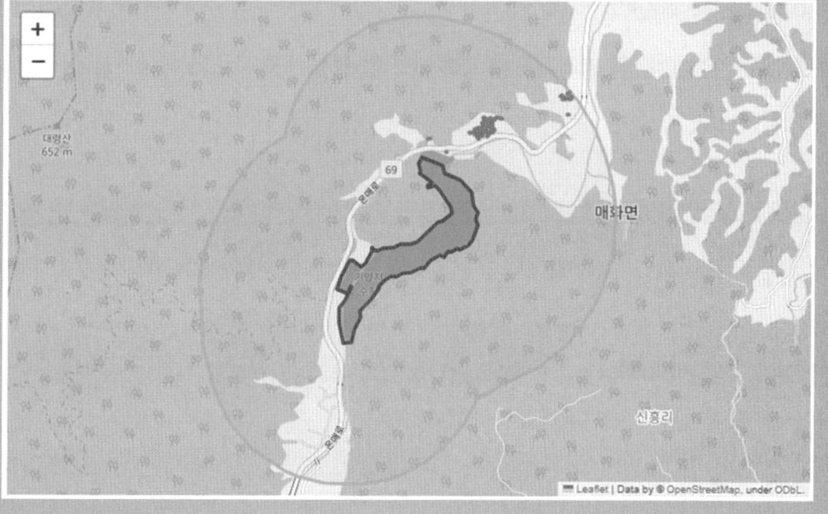

사용자들에게 더 많은 정보를 제공하기 위해 Folium의 툴팁(tooltip) 기능을 추가해보자. 툴팁은 7장 시각화에서 알아본 팝업(popup)과 유사한 기능이다. 전에 알아본 팝업은 대상을 클릭했을 때 팝업창이 등장하는 기능이었는데, 툴팁 기능은 대상을 클릭하지 않고 마우스 커서를 올려놓으면 등장하는 기능이다. 툴팁과 팝업은 비슷하지만 서로 다른 기능을 가지고 있으므로, 상황에 따라 선택해서 사용하면 된다.

기본적으로 툴팁은 folium.features.GeoJson() 함수의 tooltip 파라미터를 통해 생성 및 변경할 수 있다. 예시 코드는 세 가지 방법으로 툴팁의 정보를 표출하는 예시를 담았다.

가장 단순한 방법은 코드의 wgs_building 툴팁이다. tooltip="예상 피해 건물"과 같이 코드를 작성하면 모든 객체에 대해 동일한 텍스트 또는 값을 표출하게 된다. 두 번째 형식은 f-string을 사용하여 툴팁에 변수를 참조하여 내용을 표시하는 방법이다. 저수지 버퍼 폴리곤인 wgs_buffer는 f"범위 내 건물 개수: {len(clip_building)}"를 툴팁의 내용으로 지정했는데, '범위 내 건물 개수: '는 그대로 표현되고, 건물의 개수를 가변적으로 표시하기 위해 len(clip_building) 변수를 삽입하여 표현했다. len() 함수는 길이를 반환하는 기능으로 clip_building에 포함된 건물의 개수를 추출할 수 있다. 마지막은 툴팁 속성을 사전에 정의하고 사용하는 방법이다. 아래 코드의 툴팁 정의 각주를 보자. 기양저수지의 이름을 표출하기 위해 사전 툴팁의 속성을 정의한 예시이다. 표출하고자 하는 열의 이름은 'NAME'으로 하기 위해 fields=['NAME']으로 코드를 작성한다. 하지만 이대로 시각화하게 되면 'NAME 기양저수지'로 툴팁 창에 표시된다. NAME을 다른 이름으로 바꿀 수 없을까? 이때 aliases를 사용한다. aliases에 바꾸고자 하는 텍스트를 입력하면 field에서 정의한 열의 이름을 바꿀 수 있다!

툴팁 관련 코드를 모두 작성했다면 결과지도를 조회해보자. 생성된 웹지도의 마우스를 이리저리 옮겨가며 툴팁 기능을 체험해보자.

```
import folium

m = folium.Map(location=[wgs_giyang.centroid.y.mean(),
              wgs_giyang.centroid.x.mean()],
              tiles="OpenStreetMap", zoom_start=14)
style_giyang = lambda x: {'color':'blue', 'fillOpacity':0.2}
style_building = lambda x: {'color':'red', 'fillOpacity':0.2}
style_buffer = lambda x: {'color':'orange', 'fillOpacity':0.1}

# 툴팁 정의
tooltip_giyang = folium.GeoJsonTooltip(fields=['NAME'],
                    aliases=['저수지명 :'], labels=True, sticky=True)
```

```
# 객체별 툴팁 추가
folium.features.GeoJson(wgs_buffer, style_function=style_buffer,
                        tooltip=f"범위 내 건물 개수: {len(clip_building)}")
                        .add_to(m)
folium.features.GeoJson(wgs_giyang, style_function=style_giyang,
                        tooltip=tooltip_giyang).add_to(m)
folium.features.GeoJson(wgs_building, style_function=style_building,
                       tooltip="예상 피해 건물").add_to(m)

# 결과 확인
m
```

→

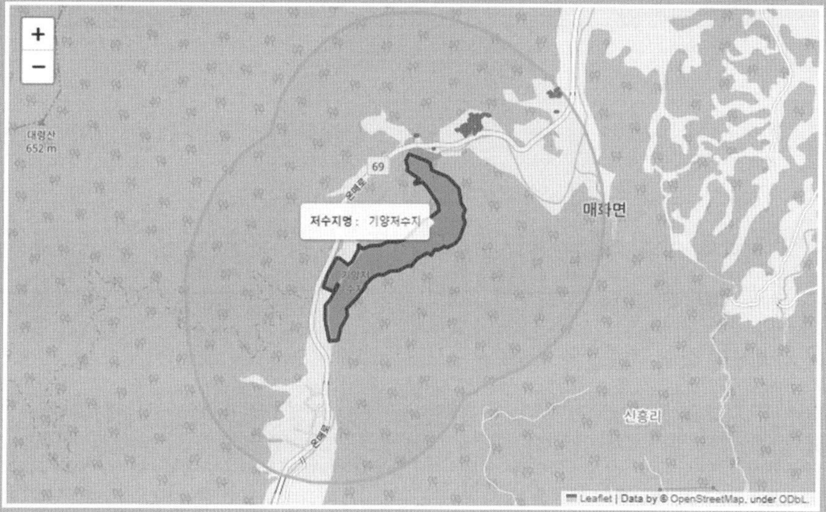

복습 내용

- 범람 위험 저수지와 침수 건물을 탐지하고 가시화하는 5단계의 절차에 관해 설명할 수 있다.
- 범람 위험 저수지와 침수 건물을 탐지하기 위해 필요한 데이터 세 가지에 관해 설명할 수 있다.
- DEM 데이터를 이용해 홍수 시 범람의 대상이 되는 저수지를 선정하는 과정에 관해 설명할 수 있다.
- DEM 데이터를 이용해 침수 대상 건물을 추출하는 과정에 관해 설명할 수 있다.
- 침수 예상 건물 추출 결과지도에 대해 더 많은 정보를 제공할 수 있도록 툴팁을 사용하는 세 가지 방법에 관해 설명할 수 있다.

연습 문제

- 범람 위험 저수지와 침수 건물을 탐지하기 위해 필요한 저수지 데이터, 건물과의 중첩을 위한 저수지 버퍼 생성, DEM 데이터를 불러오고 가시화하는 코드를 작성하여 실행하고 설명해보자.
- 기양저수지 지역에서 최저 고도값을 추출하는 코드를 작성하여 실행하고 설명해보자.
- 기양저수지 인근 지역의 건물별 고도값을 추출하는 코드를 작성하여 실행하고 설명해보자.
- 기양저수지 지역의 최저 고도값보다 낮은 인근 지역의 건물을 선별하는 코드를 작성하여 실행하고 설명해보자.
- 기양저수지 주변 침수 예상 건물 추출 결과에 대해 Folium으로 시각화하는 코드를 작성하여 실행하고 설명해보자.
- 앞에서 작성한 기양저수지 주변 침수 예상 건물 추출 결과지도에 대해 더 많은 정보를 제공할 수 있도록 툴팁을 사용하여 시각화하는 코드를 작성하여 실행하고 설명해보자.

10장

재난 예상 피해 분석

이 장에서는 재난 발생 시 예상 피해정보를 분석하고 결과를 웹에서 단계구분도로 제작하는 절차에 관해 살펴본다. 예상 피해정보 추출을 위해 인구 데이터와 집계구 데이터를 활용한다. 집계구 인구 데이터와 집계구 경계 데이터를 결합하여 집계구 경계별 총인구수를 추출하고 집계구 내의 건물별 인구수를 추출한다. 이를 활용하여 재난 피해 범위에 속해 있는 건물별 예상 피해 인구수를 산출하는 과정을 살펴본다. 또한 결과를 Folium 패키지 기반의 웹지도로 작성하는 방법을 살펴본다.

분석 목표 및 내용

재난으로 인해 피해지역이 발생한 경우, 재난 범위 내 예상되는 피해정보를 추출하는 기능을 실습할 것이다. 피해정보는 건물과 인구수로 설정했다. 건물 데이터, 집계구 경계, 텍스트 포맷의 인구수 데이터를 융합하여 건물별 피해 인구수를 산출한 다음 웹페이지 형식의 단계구분도를 만드는 과정이 주요 내용이다. 재난 발생 범위는 임의의 폴리곤으로 실습 전체 과정을 통해 단계별 기능을 생성하면, 원하는 범위의 피해지역을 폴리곤으로 생성하여 사용자의 입맛에 맞는 정보와 시각화 결과지도를 얻을 수 있다.

데이터

실습에 사용되는 데이터는 표 10.1과 같다. 건물 데이터는 폴리곤 형태이며 국가공간정보포털에서 Shapefile 포맷으로 내려받을 수 있다. 건물별 인구 추정을 위해 집계구 경계데이터와 집계구별 인구 통계 데이터를 사용한다. 집계구 경계는 폴리곤 형태의 Shapefile이며 통계지리정보서비스에서 얻을 수 있다. 집계구별 인구 통계 데이터는 텍스트 포맷이며 이 역시 통계지리정보서비스 홈페이지에서 내려받을 수 있다.

표 10.1 예상 피해 정보 추출을 위해 필요한 데이터

데이터	포맷	출처
건물(울진)	shp	국가공간정보포털
집계구 경계(울진)	shp	통계지리정보서비스
집계구별 통계(인구)	txt	통계지리정보서비스

집계구별 인구 데이터 결합

공간 데이터와 속성 데이터 처리를 위해 지오판다스와 판다스 라이브러리를 불러오자. 다음으로 집계구 경계 Shapefile과 집계구별 인구 데이터 텍스트 파일을 불러온다. 텍스트 파일인 인구 데이터는 열 구분이 특정 기호(^)로 구분되어 있다. 이런 경우, pandas.read_csv() 함수를 사용해서 파일을 불러올 때, sep='기호' 인자를 통해 설정할 수 있다. 예를 들어, 만약 열 구분이 +로 되어 있다면, sep='+'로 코드를 작성하면 된다.

```
# 라이브러리 불러오기
import geopandas as gpd
import pandas as pd
import matplotlib.pyplot as plt

# 집계구 경계, 집계구별 인구 데이터 불러오기
census_boundary = gpd.read_file( ' ./input_data/pop_boundary.shp ' )
census_text = pd.read_csv( ' ./input_data/uljin_population.txt ' , sep= ' ^ ' )
```

불러온 2개의 데이터 구조를 확인해보자. 먼저 울진군 집계구 데이터부터 살펴보자. 6개 열로 구성되어 있다. 기준일자(BASE_DATE), 읍면동 코드(ADM_CD), 집계구 코드(TOT_REG_CD), 집계구역 길이(Shape_Leng), 집계구역 면적(Shape_Area), 기하정보(geometry)가 총 115개 열에 대해서 구축되어 있다. 울진군 집계구는 총 115개로 확인된다.

```
# 집계구 경계 데이터 확인
census_boundary
```

→

	BASE_DATE	ADM_CD	TOT_REG_CD	Shape_Leng	Shape_Area	geometry
0	20190630	3742011	3742011010009	1220.504565	5.437569e+04	POLYGON ((1169065.531 1890595.517, 1169063.193...
1	20190630	3742011	3742011010008	19902.720511	1.266532e+07	POLYGON ((1165493.741 1896529.510, 1165511.509...
2	20190630	3742011	3742011010005	1096.592524	5.548104e+04	POLYGON ((1169598.824 1890697.138, 1169605.513...
3	20190630	3742011	3742011010004	1487.855666	3.790873e+04	POLYGON ((1169429.438 1890204.273, 1169430.826...
4	20190630	3742011	3742011010007	4260.410564	6.776951e+05	POLYGON ((1168722.393 1890897.518, 1168730.677...
...	...	...	...	...	...	...
110	20190630	3742037	3742037010043	3223.231872	9.108159e+03	MULTIPOLYGON (((1171454.660 1896961.718, 11714...
111	20190630	3742037	3742037010049	190.220066	1.568917e+03	MULTIPOLYGON (((1170527.753 1894568.104, 11705...
112	20190630	3742038	3742038010029	705.580394	2.282553e+03	MULTIPOLYGON (((1171940.771 1851240.270, 11719...
113	20190630	3742038	3742038010024	59.933545	1.091565e+02	MULTIPOLYGON (((1175707.286 1855285.980, 11757...
114	20190630	3742040	3742040010011	1282.617269	7.667106e+03	MULTIPOLYGON (((1171266.384 1876577.616, 11712...

```
# 집계구 경계 데이터 그리기
census_boundary.plot()
```

→ 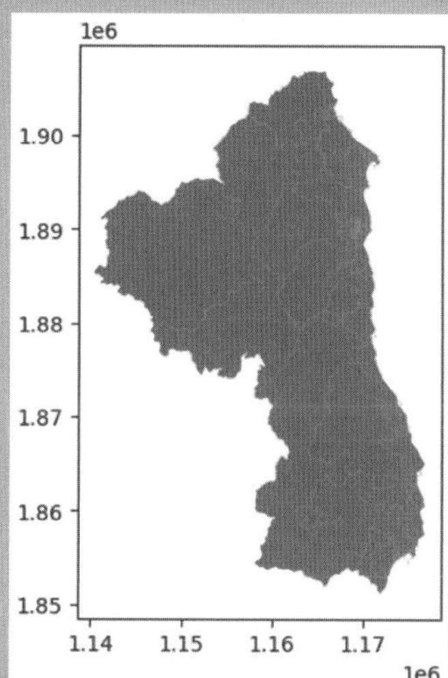


```
# 집계구 코드('TOT_REG_CD') 바탕 집계구 개수 파악
census_boundary.TOT_REG_CD.nunique()
```

→ 115

다음 인구 데이터를 확인해보자. 총 4개의 열로 구성되어 있다. 기준연도(base_year), 집계구 코드(tot_oa_cd), 연령 구분(item), 인구수(value) 열이 있으며 총 5,670개 행으로 구성되어 있다.

```
# 인구 데이터 확인
census_text
```

→

	base_year	tot_oa_cd	item	value
0	2018	3742011010001	in_age_001	10.0
1	2018	3742011010001	in_age_002	7.0
2	2018	3742011010001	in_age_003	11.0
3	2018	3742011010001	in_age_004	12.0
4	2018	3742011010001	in_age_005	14.0
...	...	...	...	...
5665	2018	3742040010005	in_age_077	18.0
5666	2018	3742040010005	in_age_078	11.0
5667	2018	3742040010005	in_age_079	9.0
5668	2018	3742040010007	in_age_999	0.0
5669	2018	3742040010011	in_age_999	0.0

5670 rows × 4 columns

```
# 집계구 개수 파악
census_text.tot_oa_cd.nunique()
→ 115

# 집계구 내 연령별 인구수 예시
census_text[census_text[ ' tot_oa_cd ' ] == 3742011010001]
```

→

	base_year	tot_oa_cd	item	value
0	2018	3742011010001	in_age_001	10.0
1	2018	3742011010001	in_age_002	7.0
2	2018	3742011010001	in_age_003	11.0
3	2018	3742011010001	in_age_004	12.0
4	2018	3742011010001	in_age_005	14.0
5	2018	3742011010001	in_age_006	21.0
6	2018	3742011010001	in_age_007	13.0
7	2018	3742011010001	in_age_008	23.0
8	2018	3742011010001	in_age_009	20.0
9	2018	3742011010001	in_age_010	29.0
10	2018	3742011010001	in_age_011	30.0
11	2018	3742011010001	in_age_012	36.0

건물별로 추정되는 인구수를 할당하려면 집계구별 총인구수를 산출해야 한다. 집계구 경계 속성값으로 추가하면 되는데, 집계구 센서스 자료는 item 열에서 볼 수 있는 것처럼 연령대별 데이터로 구성되어 있다. 이 경우 바로 집계구 코드를 사용하여 결합(join)할 경우 1:多 관계(집계구 코드는 1개인데 인구수는 연령대별로 구분되어 있으므로 여러 개의 행임)에 해당하기에 결합할 수 없다. 그렇다면 먼저 집계구별 총인구수를 산출해야 한다.

집계구 코드를 기준으로 인구수의 합계를 구하려면 pandas.groupby() 함수를 사용하면 된다. groupby() 함수는 특정 조건을 기준으로 값을 분해·결합해주는 함수로써 2차원 텍스트 데이터에 유용하게 사용된다. 우리는 집계구 코드(tot_oa_cd)를 기준으로 연령별 인구수(value)의 합계(sum)를 구해야 한다. 따라서 다음과 같이 코드를 작성해준다. 그리고 이 값을 새로운 데이터프레임인 grouped_census_text 변수에 저장하도록 하자. 115개 집계구 코드에 대해서 총인구수 합계가 집계되어 새로운 데이터프레임으로 생성된 것을 볼 수 있다.

```
# 인구수 합계 산출
grouped_census_text = census_text.groupby('tot_oa_cd')['value'].sum().reset_
index()

# 결과 확인
grouped_census_text
```

→

	tot_oa_cd	value
0	3742011010001	594.0
1	3742011010002	894.0
2	3742011010003	917.0
3	3742011010004	599.0
4	3742011010005	1144.0
...	...	...
110	3742040010003	1109.0
111	3742040010004	645.0
112	3742040010005	561.0
113	3742040010007	0.0
114	3742040010011	0.0

115 rows × 2 columns

연령별 인구수를 집계구별 총인구수로 계산했으니, 이제 집계구 경계의 속성 데이터에 인구수를 할당하면 될 것이다. 어떤 기능을 쓰면 좋을까? 그렇다. pandas.concat() 함수를 사용하면 된다.

concat() 함수는 결합을 원하는 두 데이터프레임의 인덱스를 기준으로 결합이 진행된다. 따라서 센서스 경계 GeoDataFrame의 인덱스와 집계구 인구수 DataFrame의 인덱스를 모두 집계구 코드로 변경해주자. 또한 데이터 타입을 일치시키기 위해 숫자 또는 문자열로 집계구 코드를 일치시켜주자. 예제 코드에서는 집계구 코드를 문자열(str)로 통일하는 과정을 진행했다.

```
# 결합 결과 정보 확인
grouped_census_text.info()
```

```
<class 'pandas.core.frame.DataFrame'>
RangeIndex: 115 entries, 0 to 114
Data columns (total 2 columns):
 #   Column     Non-Null Count  Dtype
---  ------     --------------  -----
 0   tot_oa_cd  115 non-null    int64
 1   value      115 non-null    float64
dtypes: float64(1), int64(1)
memory usage: 1.9 KB
```

```
# 결합 대상 데이터프레임의 인덱스 재설정
census_boundary.set_index('TOT_REG_CD', inplace=True)
grouped_census_text.set_index('tot_oa_cd', inplace=True)

# concat 적용을 위해 index 데이터 타입 일치
census_boundary.index = census_boundary.index.astype(str)
grouped_census_text.index = grouped_census_text.index.astype(str)

# 결과 보기
census_boundary.head()
```

TOT_REG_CD	BASE_DATE	ADM_CD	Shape_Leng	Shape_Area	geometry
3742011010009	20190630	3742011	1220.504565	5.437569e+04	POLYGON ((1169065.531 1890595.517, 1169063.193...
3742011010008	20190630	3742011	19902.720511	1.266532e+07	POLYGON ((1165493.741 1896529.510, 1165511.509...
3742011010005	20190630	3742011	1096.592524	5.548104e+04	POLYGON ((1169598.824 1890697.138, 1169605.513...
3742011010004	20190630	3742011	1487.855666	3.790873e+04	POLYGON ((1169429.438 1890204.273, 1169430.826...
3742011010007	20190630	3742011	4260.410564	6.776951e+05	POLYGON ((1168722.393 1890897.518, 1168730.677...

```
census_boundary_text.head()
```

tot_oa_cd	value
3742011010001	594.0
3742011010002	894.0
3742011010003	917.0
3742011010004	599.0
3742011010005	1144.0

두 데이터프레임의 인덱스를 집계구 코드로 설정해줬으니 이제 concat() 함수를 사용하여 두 데이터

프레임을 결합해보자. 우리는 census_boundary 속성 테이블에 총인구수 값을 추가해야 하므로 첫 번째 파라미터에 census_boundary 데이터프레임을 왼쪽에, grouped_census_text 데이터프레임을 오른쪽에 넣어주자. 다음 결합 방향은 새로운 열을 추가하는 방식이니 axis = 1로 설정하자. 결합방식(join)은 교집합에 해당하는 inner로 지정해주자. 결과물은 uljin_census에 저장한다. 아래 코드와 같이 입력 후 실행하면 GeoDataFrame의 가장 우측 열에 인구수(value) 값이 추가된 것을 볼 수 있다.

```
# 열 방향으로 결합
uljin_census = pd.concat([census_boundary, grouped_census_text], axis = 1,
               join='inner').reset_index()

# 결합 결과 확인
uljin_census.head()
```

→

	index	BASE_DATE	ADM_CD	Shape_Leng	Shape_Area	geometry	value
0	3742011010009	20190630	3742011	1220.504565	5.437569e+04	POLYGON ((1169065.531 1890595.517, 1169063.193...	932.0
1	3742011010008	20190630	3742011	19902.720511	1.266532e+07	POLYGON ((1165493.741 1896529.510, 1165511.509...	717.0
2	3742011010005	20190630	3742011	1096.592524	5.548104e+04	POLYGON ((1169598.824 1890697.138, 1169605.513...	1144.0
3	3742011010004	20190630	3742011	1487.855666	3.790873e+04	POLYGON ((1169429.438 1890204.273, 1169430.826...	599.0
4	3742011010007	20190630	3742011	4260.410564	6.776951e+05	POLYGON ((1168722.393 1890897.518, 1168730.677...	661.0

건물별 인구수 추정

앞선 단계로 만들어진 uljin_census는 집계구 경계와 집계구별 총인구수 정보가 포함되어 있다. 이를 활용해서 재난 피해범위에 속해 있는 건물과 건물별 예상 피해 인구수를 산출하고 시각화 과정을 실습해 보자. 먼저 저자가 임의로 제작한 재난 피해범위 폴리곤 데이터를 불러오자.

```
# 피해범위 불러오기
dmg_polygon = gpd.read_file(' ./input_data/damaged_area.shp ')

# 피해범위 확인
dmg_polygon.plot()
```

→

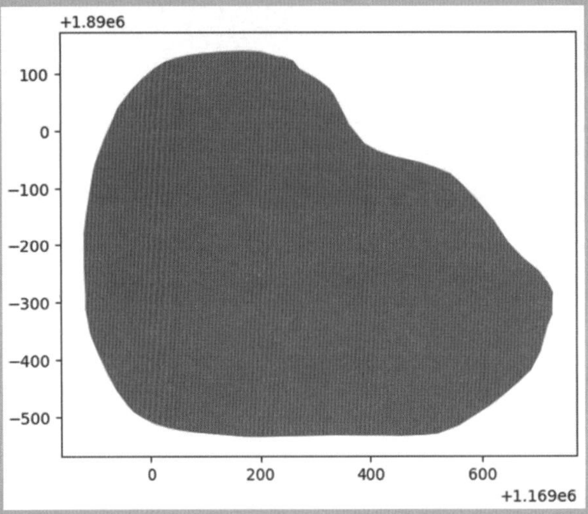


```
# 피해범위 정보 확인
dmg_polygon
```

→

	CODE	geometry
0	47930	POLYGON ((1169200.858 1890138.057, 1169236.576...

위의 재난 피해범위에 있는 건물별 피해 인구수를 계산하기 위해, 우선 주거용 건물을 선별할 것이다. 센서스 데이터는 주거지를 대상으로 실시되는 통계 결과이므로 근린시설, 창고 등 주거용 외의 건물에는 인구가 없다고 가정하고 인구를 산출해보자.

건물별 인구산출 방식은 아래 그림과 같이 건물의 면적비를 활용할 것이다. 간단하게 말해서 넓은 주거용 건물일수록 많은 사람이 거주한다는 가정하에 건물별 인구수를 산출하는 방식이다. 즉 우리는 각 집계구별로 주거용 건물을 추출한 다음, 각 건물의 면적 비율대로 집계구에 있는 총인구수를 할당할 것이다. 마지막으로 피해지역에 포함된 인구수만을 추출하여 예상 피해 총인구수를 산출할 것이다.

즉, 건물별 인구수를 추정하기 위해 우리가 알아내야 하는 값은 ① 개별 건물 면적(단일 건물 면적), ② 집계구 내 총인구수, ③ 집계구 내 전체 건물 면적이다. 3개의 값을 구하면 건물별 추정 인구수를 산출할 수 있다(그림 10.1).

선행되어야 할 과정은 피해가 발생한 집계구를 선별하는 것이다. 어떤 기능을 써야 할까? 잘라내기(Clip)를 써야 할까? 아니다. 바로 공간 조인(Spatial Join) 기능을 사용해야 한다. 잘라내기를 하면 피해범위 모양을 따라서 그대로 집계구 경계가 잘려나가므로 건물별 인구수를 추정할 수 없다. 물론 전체 지역에 대해서 먼저 건물별 인구수를 산출한 다음, 재난 피해범위 모양대로 잘라내는 방법도 있다. 하지만 그런 경우 컴퓨팅 리소스가 많이 소모되어 분석 시간이 오래 걸릴 것이다.

공간 조인은 지오판다스 라이브러리에서 기능을 제공하며, gpd.sjoin() 함수를 사용하면 된다. 첫 번째 입력 인자로 추출을 원하는 원본 데이터를 입력한다. 우리는 결과물로 센서스 경계를 원하므로 uljin_census를 넣어준다. 두 번째 입력 인자는 범위 대상을 넣어준다. 피해범위에 해당되는 집계구 경계를 추출해야 하므로 피해범위 정보가 담겨 있는 dmg_polygon을 넣어준다. 다음으로 결합 프레임 기준과 결합방식을 각각 교집합에 해당되는 inner와 intersects로 설정한다. 참고로 결합방식인 predicate는 내부(within), 포함(contains), 교차(intersects) 기능을 지원한다.

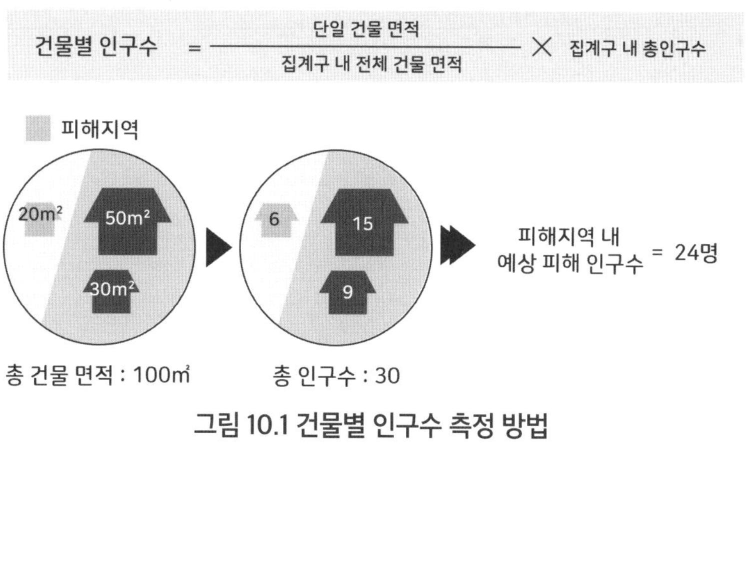

그림 10.1 건물별 인구수 측정 방법

```
# 피해 지역과 울진군을 한 지도에 나타내기
from matplotlib.ticker import ScalarFormatter

fig, ax = plt.subplots(figsize = (9, 6))
census_boundary.plot(ax=ax, color='lightgray', edgecolor='k', linewidth=0.2,
alpha=0.5)
dmg_polygon.plot(ax=ax, color='red', edgecolor='k', alpha=0.8)
formatter = ScalarFormatter(useOffset=False)
formatter.set_scientific(False)
ax.xaxis.set_major_formatter(formatter)
ax.yaxis.set_major_formatter(formatter)

# 그리드 추가
ax.grid(True, which='both', linestyle='-', linewidth=0.1, color='gray')
```

→ 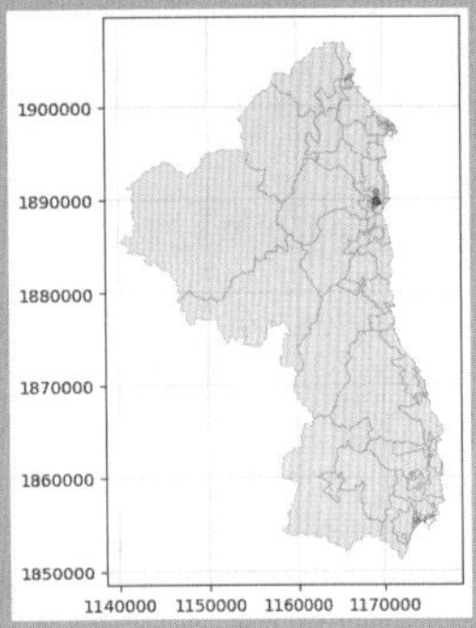


```
# 재난 피해범위에 해당되는 센서스 경계 추출을 위한 공간 결합(spatial join)
sjoin_uljin_census = gpd.sjoin(uljin_census, dmg_polygon, how="inner",
                               predicate="intersects")
```

```
# 결과 확인
sjoin_uljin_census.plot()
```

→ 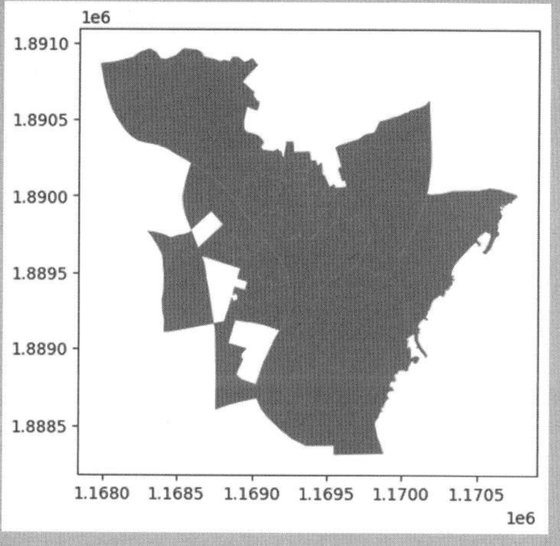


```
# 집계구 확인
import numpy as np

fig, ax = plt.subplots(1, 2, figsize = (9, 6))

# 재난 피해범위에 해당되는 센서스 경계
sjoin_uljin_census.plot(ax=ax[0], color='lightgray', edgecolor='black', alpha=0.3)

# 재난 피해범위
dmg_polygon.plot(ax=ax[0], color='red', edgecolor='black', alpha=0.8)

# 고유한 인덱스 값 추출
unique_indices = sjoin_uljin_census.index.unique()

# 색상 팔레트 생성
colors = plt.colormaps['Set3'](np.linspace(0, 1, len(unique_indices)))
for i, index in enumerate(unique_indices):
    subset = sjoin_uljin_census.loc[[index]]
    subset.plot(ax=ax[1], color=colors[i], edgecolor='black', alpha=0.8)
```

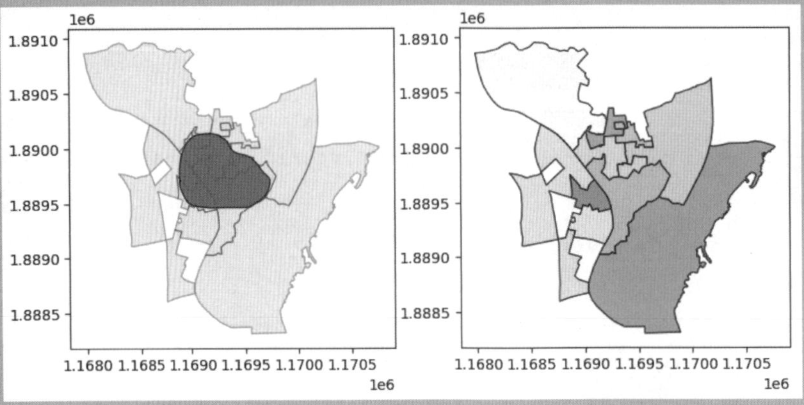

위 과정을 통해 피해범위에 해당되는 집계구 경계와 집계구별 총인구수 데이터를 확보했다. 이제 건물 데이터를 불러와서 주거용 건물을 추출한 다음, 건물 면적비대로 추정 인구수를 산출해보자.

건물 Shapefile을 불러오자. 총 4만 개가 넘는 건물이 있어 불러오는 시간도, 시각화하는 시간도 오래 소요될 것이다. 신속한 분석을 위해 불러온 건물 데이터를 피해범위 집계구 경계 내 범위로 잘라내기(Clip) 기능을 사용해 추출하자. 그다음 주거용 건물을 선별하기 위해 불필요한 열을 제거하고 필요한 열만을 추출하여 uljin_building에 저장하자. 예제 코드에서는 건물구분 코드(A0), 건물용도(A9), geometry 열만 따로 추출했다.

```
# 건물 Shapefile 불러오기
building = gpd.read_file('./input_data/building.shp')

# 피해범위 집계구 경계 내 건물 자르기
uljin_building = gpd.clip(building, sjoin_uljin_census)

# 불필요한 열 제거
uljin_building = uljin_building[['A0', 'A9', 'geometry']]
```

```
# 결과 확인
uljin_building
```

	A0	A9	geometry
9469	44951	NaN	POLYGON ((1170455.532 1889710.918, 1170453.426...
9453	45709	단독주택	POLYGON ((1170410.665 1889712.431, 1170406.006...
9470	44952	제2종근린생활시설	POLYGON ((1170446.960 1889718.013, 1170455.721...
9471	45708	단독주택	POLYGON ((1170458.177 1889725.830, 1170465.244...
9446	73666	제2종근린생활시설	POLYGON ((1170338.704 1889731.782, 1170337.654...
...	...	...	...
11090	48096	단독주택	POLYGON ((1168537.450 1890788.548, 1168524.738...
11093	48089	단독주택	POLYGON ((1168590.405 1890788.403, 1168580.723...
11091	48095	단독주택	POLYGON ((1168550.601 1890796.796, 1168550.685...
11092	48091	NaN	POLYGON ((1168567.466 1890802.321, 1168565.292...
9330	45742	NaN	POLYGON ((1170599.450 1889927.380, 1170597.144...

2237 rows × 3 columns

이제 다음 단계로 주거용 건물인 단독주택, 다가구주택, 공동주택, 연립주택, 다세대주택만을 추출하는 과정이 필요하다. 아마도 여러분은 건물용도 열(A9)에서 위의 주택 종류를 나열하여 일치하는 행만을 추출하는 방법을 떠올릴 것이다. 그 방법도 옳다. 하지만 이번엔 조금 다르게 접근해보자. 우리가 추출하길 원하는 건물용도는 '주택'으로 끝나는 단어이다. 즉, 문자열의 끝이 '주택'인 행만 가져오면 된다. 또한, 위 데이터프레임을 조회해보면 NaN(Not A Number) 값이 존재한다. 이들은 제거하고 불러와야 할 것이다.

자, 이제 위의 조건을 만족하는 행들을 다음 코드와 같이 추출하여 결과물을 res_building에 담자. 두 가지 조건을 모두 만족해야 하므로 각 조건 사이에 '&' 기호를 넣어준다. 좌측의 조건은 uljin_building의 건물용도(A9) 열에서 NaN 값을 제외하는 조건이다. 코드와 같이 notna() 함수를 사용하면 된다. 우측의 조건은 건물용도(A9) 열을 문자열로 변환한 뒤(str), 끝의 문자열이 주택인 경우를 endswith('주택') 코드로 부여한 것이다. 만약 특정 문자열로 시작하는 조건을 부여하고 싶다면 startswith() 함수를 사용하면 된다. 위 조건을 모두 부합하는 총 859개 건물이 검색되었다!

```
# 건물용도 고윳값 확인
uljin_building.A9.unique()
```

```
→ array([None, '단독주택', '제2종근린생활시설', '창고시설', '제1종근린생활시설', '공동주택',
         '동.식물 관련시설', '분뇨.쓰레기처리시설', '위험물저장및처리시설', '업무시설', '교육연구시설',
         '자동차관련시설', '노유자시설', '숙박시설', '종교시설', '판매시설', '운수시설', '문화및집회시설',
         '의료시설', '장례식장', '수련시설', '관광휴게시설', '방송통신시설', '운동시설', '위락시설', '공장',
         '교정및군사시설', '교육연구및복지시설'], dtype=object)
```

```
# uljin_building 중 건물용도(A9)가 '~주택' 인 경우만 추출
# 추출 시 NaN 값을 제외하고 추출
res_building = uljin_building[uljin_building['A9'].notna() &
                uljin_building['A9'].str.endswith('주택')]

# 결과 확인
res_building
```

→

	A0	A9	geometry
9453	45709	단독주택	POLYGON ((1170410.665 1889712.431, 1170406.006...
9471	45708	단독주택	POLYGON ((1170458.177 1889725.830, 1170465.244...
9451	45696	단독주택	POLYGON ((1170450.059 1889771.395, 1170444.886...
9480	46038	단독주택	POLYGON ((1170482.370 1889771.888, 1170476.409...
9494	44982	단독주택	POLYGON ((1170526.634 1889776.432, 1170516.656...
...	...	...	...
11087	48094	단독주택	POLYGON ((1168513.485 1890760.258, 1168512.648...
11084	48090	단독주택	POLYGON ((1168574.433 1890773.280, 1168575.943...
11090	48096	단독주택	POLYGON ((1168537.450 1890788.548, 1168524.738...
11093	48089	단독주택	POLYGON ((1168590.405 1890788.403, 1168580.723...
11091	48095	단독주택	POLYGON ((1168550.601 1890796.796, 1168550.685...

859 rows × 3 columns

다음으로 개별 건물들의 면적을 계산하여 속성 데이터에 추가해야 한다. GeoDataFrame에서 각 객체의 면적은 GeoDataFrame.geometry.area 함수를 사용하여 간단하게 산출할 수 있다. res.building에 'building_area' 열을 새로 생성하여 면적값을 할당하자. 원본 데이터의 좌표계가 UTM-K이므로 단위는 제곱미터(m^2)로 산출된다.

```
# res_building에 건물별 면적 계산 및 할당
res_building.loc[:, 'building_area'] = res_building.geometry.area

# 결과 확인
res_building
```

→

	A0	A9	geometry	building_area
9453	45709	단독주택	POLYGON ((1170410.665 1889712.431, 1170406.006...	81.347764
9471	45708	단독주택	POLYGON ((1170458.177 1889725.830, 1170465.244...	58.873668
9451	45696	단독주택	POLYGON ((1170450.059 1889771.395, 1170444.886...	22.417146
9480	46038	단독주택	POLYGON ((1170482.370 1889771.888, 1170476.409...	71.071488
9494	44982	단독주택	POLYGON ((1170526.634 1889776.432, 1170516.656...	69.937182
...	...	...	...	...
11087	48094	단독주택	POLYGON ((1168513.485 1890760.258, 1168512.648...	100.685086
11084	48090	단독주택	POLYGON ((1168574.433 1890773.280, 1168575.943...	78.060009
11090	48096	단독주택	POLYGON ((1168537.450 1890788.548, 1168524.738...	86.812238
11093	48089	단독주택	POLYGON ((1168590.405 1890788.403, 1168580.723...	77.558759
11091	48095	단독주택	POLYGON ((1168550.601 1890796.796, 1168550.685...	85.078197

859 rows × 4 columns

개별 건물들의 면적을 계산했으니 다음으로 집계구 내 총인구수 값을 개별 건물의 속성값으로 할당해 보자. 앞선 단계에서 만든 sjoin_uljin_census 데이터프레임을 상기해보자. sjoin_uljin_census은 집계구 경계 shapefile이며, 속성값으로 집계구별 총인구수 정보를 텍스트 파일로부터 가져왔다. 총인구수 정보는 'value' 행에 저장되어 있다.

집계구 경계와 집계구별 인구수 데이터를 가지고 있는 sjoin_uljin_census를 활용해서 각 건물의 속성에 총인구수 값을 넣으려면 어떤 기능을 사용해야 할까? 그렇다. 바로 공간 조인(Spatial Join)을 활용하면 된다. 동일한 공간적 위치에 있는 건물과 집계구 경계의 속성값을 위치 기반으로 결합하는 것이다. 우리는 건물별 인구수를 추정해야 하므로 직전에 제작한 건물별 면적값이 있는 res_building 데이터프레임에 집계구 총인구수 값을 넣어주도록 한다.

먼저 sjoin_uljin_census에서 불필요한 값을 제거하자. 우리에게 필요한 내용인 'index', 'geometry', 'value'만을 추출하여 덮어쓰기를 해주자. 여기서 value는 이전에 계산한 집계구의 총인구수다. 다음 GeoPandas.sjoin() 함수를 사용하여 공간 조인을 한다. 건물 데이터프레임에 값을 추가해야 하므로 첫 번째 입력 인자로 res_building을 넣어주고, 공간 조인 결괏값을 가져올 데이터인 sjoin_uljin_census를 두 번째 입력 인자로 넣는다. 결과는 pop_res_building 변수에 저장한다.

```
# 불필요한 열 제거
sjoin_uljin_census = sjoin_uljin_census[[ ' index ', ' geometry ', ' value ' ]]

# 건물이 속해 있는 집계구 총인구수 정보를 각 건물의 속성값으로 할당
pop_res_building = gpd.sjoin(res_building, sjoin_uljin_census, how=" inner " )

# 결과 확인
pop_res_building.head()
```

→

	A0	A9	geometry	building_area	index_right	index	value
9453	45709	단독주택	POLYGON ((1170410.665 1889712.431, 1170406.006...	81.347764	7	3742011010003	917.0
9471	45708	단독주택	POLYGON ((1170458.177 1889725.830, 1170465.244...	58.873668	7	3742011010003	917.0
9451	45696	단독주택	POLYGON ((1170450.059 1889771.395, 1170444.886...	22.417146	7	3742011010003	917.0
9480	46038	단독주택	POLYGON ((1170482.370 1889771.888, 1170476.409...	71.071488	7	3742011010003	917.0
9494	44982	단독주택	POLYGON ((1170526.634 1889776.432, 1170516.656...	69.937182	7	3742011010003	917.0

건물별로 건물이 위치한 집계구의 총인구수 정보가 삽입되었다. 이제 건물별 추정 인구수를 산출하기 위해 필요한 마지막 값은 동일 집계구 내 건물의 총면적을 구하는 것이다.

같은 집계구에 있는 건물의 총면적은 어떻게 구할 수 있을까? 바로 직전 단계에서 만든 pop_res_building의 속성 테이블을 살펴보자. building_area 열은 개별 건물의 면적값이고, index 열은 집계구 코드 정보다. 그렇다. groupby 함수를 사용하여 집계구 코드를 기준으로 속성값을 묶어서 building_area의 합계(sum)를 구하면 될 것이다. 다음 코드를 입력해서 집계구별 건물 총면적 값을 구해보자.

```
# 동일 집계구 내 건물 총면적 산출
census_area = pop_res_building.groupby( ' index ' ).sum()
census_area = census_area[[ ' building_area ' ]]

# 집계구별 총 건물 면적
census_area
```

	building_area
index	
3742011010001	5138.624391
3742011010003	13852.490691
3742011010004	4674.939154
3742011010007	8059.335505
3742011010011	6994.781662
3742011010018	8536.153601
3742011010022	4871.325759
3742011010023	10569.254896
3742011020002	11316.326699
3742011020003	9361.676601
3742011020007	10192.056529

pop_res_building에 집계구 코드(index 행)를 기준으로 결합하여 건물의 총면적 값을 추가하자. 다음 코드와 같이 merge() 함수를 사용한다. 다음 코드는 pop_res_building 데이터프레임에 census_area 값을 추가한다는 의미이다. left_on = 'index' 인자는 코드에서 왼쪽 데이터프레임인 pop_res_building에서 'index' 행을 결합의 기준으로 삼을 것이며, right_index = True 인자는 census_area의 인덱스를 결합의 기준으로 설정한다는 의미이다. 결과를 보면 'building_area_x' 행이 개별 건물 면적, 'building_area_y'가 동일 집계구 내 전체 건물 면적이다. 이는 2개의 데이터프레임을 결합할 때, 두 데이터프레임 모두 동일한 열 이름(building_area)을 가지고 있어 중복을 피하기 위해 자동으로 이름 부여 규칙이 적용된 결과다.

```
# 집계구 내 총 건물 면적 정보를 집계구 코드를 기준으로 결합
final_building = pop_res_building.merge(census_area, left_on = ' index ',
                                        right_index = True)

# 결과 확인
final_building
```

index	A0	A9	geometry	building_area_x	index_right	value	building_area_y
3742011010003	45709	단독주택	POLYGON ((1170410.665 1889712.431, 1170406.006...	81.347764	7	917.0	13852.490691
3742011010003	45708	단독주택	POLYGON ((1170458.177 1889725.830, 1170465.244...	58.873668	7	917.0	13852.490691
3742011010003	45696	단독주택	POLYGON ((1170450.059 1889771.395, 1170444.886...	22.417146	7	917.0	13852.490691
3742011010003	46038	단독주택	POLYGON ((1170482.370 1889771.888, 1170476.409...	71.071488	7	917.0	13852.490691
3742011010003	44982	단독주택	POLYGON ((1170526.634 1889776.432, 1170516.656...	69.937182	7	917.0	13852.490691
...	...	...	...	...	...	...	...
3742011010004	45248	단독주택	POLYGON ((1169426.773 1890209.299, 1169419.928...	100.097707	3	599.0	4674.939154
3742011010004	45246	단독주택	POLYGON ((1169408.783 1890215.545, 1169410.385...	120.589165	3	599.0	4674.939154
3742011010004	92997	공동주택	POLYGON ((1169358.465 1890214.774, 1169359.814...	291.424171	3	599.0	4674.939154
3742011010004	45247	단독주택	POLYGON ((1169407.918 1890217.862, 1169402.915...	109.751158	3	599.0	4674.939154
3742011010004	44598	단독주택	POLYGON ((1169412.065 1890218.007, 1169410.327...	107.929323	3	599.0	4674.939154

자, 이제 final_building 데이터프레임에 건물별 인구 추정을 위한 세 가지 값이 모두 모였으니 계산해보도록 하자. 건물별 인구수는 아래 식 10.1로 산정할 수 있다.

$$\text{건물별 인구수} = \frac{\text{단일 건물 면적}}{\text{집계구 내 전체 건물 면적}} \times \text{집계구 내 총인구수} \quad \text{식 10.1}$$

단일 건물 면적은 final_building의 'building_area_x' 열에 해당되며 집계구 내 전체 건물 면적은 'building_area_y', 집계구 내 총인구수는 'value' 열이다. 건물별 인구수 값을 'est_population' 행에 저장하도록 하자. 계산 결과는 소수점으로 나오므로, 이를 다음 코드와 같이 apply(int) 함수를 사용하여 정숫값으로 변환하자.

```
# 건물별 인구수 산출
final_building['est_population'] = final_building['building_area_x'] /
                                   final_building['building_area_y'] *
                                   final_building['value']

# 추정 인구수를 정숫값으로 변환
final_building['est_population'] = final_building['est_population'].apply(int)

# 결과 일부 보기
final_building.head()
```

→

index	BASE_DATE	ADM_CD	Shape_Leng	Shape_Area	value	index_right_old	CODE	building_area_y	est_population
2011010003	20190630	3742011	7407.535566	1.207532e+06	917.0	0	47930	13852.490691	5
2011010003	20190630	3742011	7407.535566	1.207532e+06	917.0	0	47930	13852.490691	3
2011010003	20190630	3742011	7407.535566	1.207532e+06	917.0	0	47930	13852.490691	1
2011010003	20190630	3742011	7407.535566	1.207532e+06	917.0	0	47930	13852.490691	4
2011010003	20190630	3742011	7407.535566	1.207532e+06	917.0	0	47930	13852.490691	4

웹지도 만들기

이제 시각화 단계이다. 이번 장에서는 Folium을 사용하여 단계구분도 웹지도를 만들 것이다. 먼저 Folium 라이브러리를 불러오고 시각화를 위해 좌표계를 경위도(EPSG: 4326) 좌표계로 변경해주자.

```
# Folium 불러오기 및 시각화를 위해 경위도 좌표계로 변경
import folium

# 경위도 좌표계로 변경
dmg_polygon = dmg_polygon.to_crs(4326)
final_building = final_building.to_crs(4326)
```

Folium 라이브러리에서는 단계구분도 제작 기능을 지원한다. folium.Choropleth() 함수를 사용해 단계구분도를 생성할 수 있으며, 이전에 알아본 것과 같이 기본 지도에 결과물을 추가하여 출력하는 방식이다. 건물별 인구수를 단계구분도로 시각화해보자. folium.Choropleth 함수의 입력 인자는 표 10.2와 같다.

표 10.2 folium.Choropleth 함수의 입력 인자와 그 내용

파라미터명	내용
geo_data	GeoJSON 파일
data	GeoDataFrame
columns	GeoDataFrame에서 식별자와 표현값 열(2개 지정 필수)
key_on	geo_data와 data의 연결을 위한 항목
fill_color	색상
fill_opacity	채우기 투명도
line_opacity	선 투명도
legend_name	범례 제목

우리가 표현할 사상은 건물이며, 단계구분도로 표현될 기준값은 인구수이다. 따라서 geo_data는 GeoDataFrame을 GeoJson으로 변환한 값을 넣어주고, data는 건물 GeoDataFrame인 final_building을 넣어준다. columns는 단계구분도로 표현할 값과 식별자를 지정해줘야 한다. final_building에서 식별자는 'A0' 열에 해당되며, 인구수는 'est_population' 열이다. 순서대로 넣어준다. 다음으로 key_on은 geo_data와 data 값을 연결해주는 키를 지정해주는 항목이다. 고유 식별자는 'A0' 행에 해당되므로 A0의 속성인 feature.properties.A0으로 설정해준다. 만약 'A0' 행이 아닌 다른 열이 고유 식별자라면, features.properties. 열이름 형식으로 입력하면 된다. 나머지 색상과 범례 제목을 입력하고 코드를 실행해보자.

```
# 지도 중심점을 피해범위(dmg_polygon)의 중심점으로 설정
m = folium.Map(location=[dmg_polygon.centroid.y, dmg_polygon.centroid.x],
                zoom_start=16)

# 단계구분도 생성 및 시각화
choropleth = folium.Choropleth(
    geo_data = final_building.to_json(),
    data = final_building,
    columns = [ ' A0 ' , ' est_population ' ],
    key_on = ' feature.properties.A0 ' ,
    fill_color = ' YlOrRd ' ,
    fill_opacity = 1.0
    line_opacity = 0.2,
    legend_name = ' 예상 피해 인구(명) '
).add_to(m)
```

```
# 결과 그리기
m
```

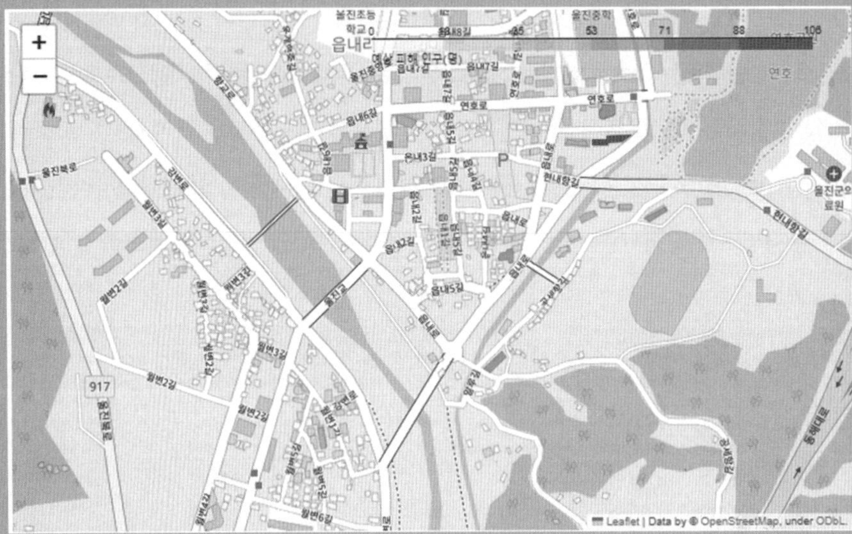

결과로 생성된 지도에 툴팁을 추가해서 건물별 인구수 정보를 함께 표현해보자. 여기서 중요한 사실은, 안타깝게도 앞선 단계에서 생성한 단계구분도에 직접 툴팁을 추가하는 기능은 아직 지원되지 않는다는 점이다. 이를 극복하기 위해 우리는 인구수 툴팁 레이어를 단계구분도 위에 얹는 방식을 사용할 것이다. 툴팁 레이어에 표현되는 건물을 투명으로 처리함으로써 단계구분도에 표현되는 색상은 살리고, 툴팁 기능을 추가함으로써 조금 더 사용자에게 많은 정보를 주는 지도를 제작해보자.

먼저 건물의 색상을 투명하게 만들기 위해 스타일을 설정해주자. 우리가 자주 사용한 파라미터인 fill Opacity와 opacity를 모두 완전히 투명한 값인 0으로 지정해주고, 외곽선의 굵기를 없애기 위해 weight는 0으로 지정해주자.

다음으로 툴팁 정보를 folium.GeoJsonTooltip() 함수를 사용해서 생성한다. 표출되는 값은 인구수 열인 'est_population'이며, 툴팁에 표시되는 이름을 '예상피해인구: '로 설정해주자. 마지막으로 생성된 툴팁 정보를 기본 지도에 GeoJson으로 변환해서 추가하자. 스타일은 사전 정의된 building_style을 적용시키면 된다.

```
# 툴팁 레이어에 사용되는 건물 스타일 정의(투명)
def building_style(feature):
    return { 'fillOpacity' : 0, 'weight' : 0, 'opacity' : 0}

# 툴팁 정보 생성
tooltip_building = folium.GeoJsonTooltip(fields = [ 'est_population' ],
                         aliases = [ '예상피해인구 : ' ],
                         labels = True, sticky = True)

# 툴팁 레이어를 기본 지도에 추가
info_layer = folium.features.GeoJson(final_building,
                       style_function = building_style,
                       tooltip = tooltip_building).add_to(m)
# 결과 그리기
m
```

→ 

피해범위 영역도 추가해보자. 여기에 피해범위에 포함된 건물의 개수와 예상 피해 인구수 정보를 함께 표시해보자. 우리가 열심히 만든 최종 건물 정보인 final_building을 GeoPandas.clip() 기능을 사용하여 피해범위 영역만큼 자른 다음, 속성값을 사용하여 레이어를 추가하면 될 것이다.

이전에 제작한 2개의 GeoDataFrame인 final_building과 dmg_polygon을 사용하여 clip_building을 생성하자. 이는 피해범위 내 건물만을 담고 있는 GeoDataFrame이다.

피해범위 폴리곤의 스타일을 약간의 투명도를 가미하여 설정해주자. 그다음 피해범위 레이어를 기본 지도에 추가해주자. 툴팁에 표시되는 내용은 2개다. 먼저 범위 내 건물 개수는 clip_building에 포함된 객체(행)의 개수에 해당되므로 길이 값을 반환해주는 len() 함수를 사용하면 된다. f-string 구문을 사용하여 범위 내 건물 개수 툴팁을 추가한다. 다음으로 피해범위 내 예상 피해 인구수는 clip_building의 속성값인 피해인구수(est_population 열)의 합계로 구할 수 있으므로, clip_building['est_population'].sum()와 같이 코드를 작성한다.

```
# 피해범위 내 건물 추출
clip_building = gpd.clip(final_building, dmg_polygon)

# 피해범위 스타일 설정
def dmg_style(feature):
    return {'fillOpacity': 0.3, 'opacity': 0}

# 피해범위 레이어를 기본 지도에 추가
dmg_layer = folium.features.GeoJson(dmg_polygon, style_function = dmg_style,
                tooltip = f"범위 내 건물 개수: {len(clip_building)},
                예상피해인구수: {clip_building['est_population'].sum()}").add_to(m)

# 결과 그리기
m
```

→

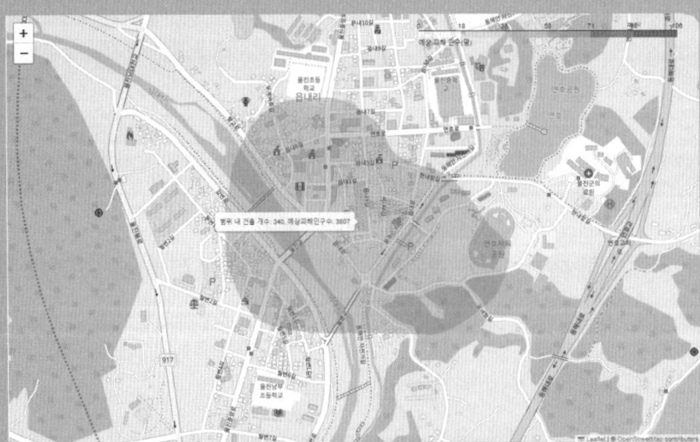

지금까지 우리가 만든 지도는 3개의 레이어인 ① 피해범위 레이어, ② 건물정보 툴팁 레이어(투명), ③ 건물 단계구분도 레이어로 구성되어 있다. 다중 레이어로 구성된 웹지도를 더 편하게 조회하기 위해 레이어를 켜고 끌 수 있는 컨트롤 패널을 추가해보자.

패널을 추가하기 전에, 패널에 표현되는 레이어의 이름을 설정할 수 있다. 아래 코드와 같이 layer_name 기능을 사용하여 3개 레이어의 이름을 지정하자. 그리고 기본 지도에 컨트롤 패널을 추가하면 된다. 컨트롤 패널은 foliumMap.add_child(folium.map.LayerControl()) 형식으로 코드를 작성하여 추가할 수 있다. 코드를 실행시키면 지도의 우측 상단에 레이어를 켜고 끌 수 있는 패널이 등장한다.

```
# 컨트롤 패널에 표시될 레이어 이름 정의
dmg_layer.layer_name = ‘ 피해범위 ’
choropleth.layer_name = ‘ 건물 ’
info_layer.layer_name = ‘ 건물 피해 정보 ’

# 기본 지도에 컨트롤 패널을 추가
m.add_child(folium.map.LayerControl())
```

→

복습 내용

- 재난 발생 시 예상 피해정보를 분석하고 결과를 웹에서 단계구분도로 제작하는 절차에 관해 설명할 수 있다.
- 예상 피해정보 추출을 위해 필요한 데이터 세 가지에 관해 설명할 수 있다.
- 집계구 인구 데이터와 집계구 경계 데이터를 결합하는 절차에 관해 설명할 수 있다.
- 집계구별 경계와 총인구수 정보를 활용해서 재난 피해 범위에 속해 있는 건물과 건물별 예상 피해 인구수를 산출하는 과정을 설명할 수 있다(그림 10.1 참조).
- Folium을 활용하여 웹지도를 작성하는 방법에 관해 설명할 수 있다.

연습 문제

- 집계구 인구 데이터와 집계구 경계 데이터를 결합한 후 집계구별 총인구를 산정하여 인구 데이터 칼럼에 추가하는 코드를 작성하여 실행하고 설명해보자.
- 재난 피해범위에 속해 있는 건물별 총면적을 산정하는 코드를 작성하여 실행하고 설명해보자.
- 앞서 산정한 집계구별 건물 총면적과 총인구수 정보를 활용해서 건물별 예상 피해 인구수를 산출하는 코드를 작성하여 실행하고 설명해보자.
- 앞서 산출한 건물별 예상 피해 인구수를 웹지도로 시각화하는 코드를 작성하여 실행하고 설명해보자.
- 앞서 제작한 웹지도에 툴팁 기능을 사용하여 건물별 피해 인구를 확인할 수 있는 코드를 작성하여 실행하고 설명해보자.
- 툴팁을 포함한 건물별 피해인구 웹지도에 피해지역 정보를 추가하여 최종 재난 예상 피해 인구 지도를 가시화하는 코드를 작성하여 실행하고 설명해보자.

11장

대피경로 분석

이 장에서는 도로 네트워크를 이용한 대피경로 분석을 실습한다. 재난 발생 시 대피경로를 분석하기 위해 필요한 라이브러리를 설치하고 도로 네트워크의 개념을 살펴본다. OSMax에서 그래프를 불러와서 경희대학교 정문에서 회기역으로 가는 최단경로를 도출하고 시각화하는 과정을 살펴본다. 이 과정을 재난에 적용하여 재난 피해 건물별 최근린 대피소로 대피경로를 도출하고 시각화하는 과정에 관해 살펴본다. 건물별 최근린 대피소로 대피경로를 도출한 후 각 대피소로 향하는 건물들을 그룹화하여 주제도를 작성하는 과정을 살펴본다.

분석 목표 및 내용

침수, 화재, 산불 등 재난이 발생하면 인근 임시주거시설로 대피해야 한다. 이때 도로 네트워크 데이터를 사용해서 거주지로부터 가장 가까운 거리에 있는 임시주거시설로 대피경로를 분석할 수 있다. 대피 정보 제공은 국민들에게 유사시 신속한 대처를 도울 수 있으므로 재난대응 측면에서 중요한 역할을 한다. 우선 파이썬에서 도로 네트워크 분석을 지원하는 NetworkX 라이브러리와 오픈스트리트맵 기반의 네트워크 분석을 지원하는 OSMnx 라이브러리에 대해서 알아본다. 이후 실제 건물, 대피소 데이터를 활용하여 특정 지역의 대피경로를 도출하여 시각화하는 과정을 살펴본다.

데이터

분석에 사용되는 데이터는 표 11.1과 같다. 건물 데이터는 폴리곤 형태이며 국가공간정보포털에서 Shapefile 포맷으로 다운로드받을 수 있다. 도로 네트워크는 오픈스트리트맵을 활용한다. OSMnx 라이브러리는 온라인에서 직접 조회를 원하는 지역을 설정하면, 도로네트워크를 불러와서 사용할 수 있도록 지원한다. 대피소 정보는 국민재난안전포털에서 온라인으로 조회할 수 있다(그림 11.1). 광역시도, 시군구를 지정하면 해당 위치에 있는 대피소 주소와 이름 등의 정보를 확인할 수 있다. 본 장에서는 실습을 위한 대피소 Shapefile을 첨부했다.

표 11.1 대피경로 분석을 위해 사용되는 데이터

데이터	포맷	출처
건물(울진)	shp	국가공간정보포털
도로 네트워크	-	OpenStreetMap
대피소(임시주거시설)	shp	국민재난안전포털

© https://www.safekorea.go.kr/idsiSFK/neo/sfk/cs/sfc/res/acmdfcltyList.jsp?menuSeq=740

그림 11.1 국민재난안전포털의 대피소 조회 화면

우리가 사용하게 될 도로 네트워크의 개념에 대해서 간단히 알아보자. 도로 네트워크는 그래프 이론(Graph Theory)의 응용사례로 볼 수 있다. 다음 그림 11.2에서 실세계에 존재하는 좌측과 같은 도로망이 있다고 가정해보자. 우리는 경험적으로 각 도로 교차로 부분에서 좌회전, 우회전, 직진이 가능한 구조인 것을 인지하고 있다. 하지만 컴퓨터 이론에서는 결절지나 변곡점에 대한 정보가 주어져 있지 않으면 단순히 일련의 선의 집합으로 판단하게 된다. 이를 해결하기 위해 오른쪽 그림과 같이 도로망을 노드(node)와 링크(link) 개념을 도입하여 표현한 것이 바로 도로 네트워크다.

노드는 그래프에서 개별적인 위치 또는 점을 나타낸다(그림 11.2). 도로 네트워크에서는 교차로, 회전교차로, 끝점, 또는 관심지점(예: 정류소)을 나타낸다. 링크는 두 노드를 연결하는 선을 의미하며 엣지(edge)라고도 불린다. 링크는 방향성을 가질 수도 있고 방향성을 가지지 않을 수도 있다. 도로 네트워크에서는 서로 다른 교차로나 노드 사이의 실제 도로를 나타낸다. 링크는 각각의 길이, 차로 수, 제한속도 등 다양한 속성을 가질 수 있다.

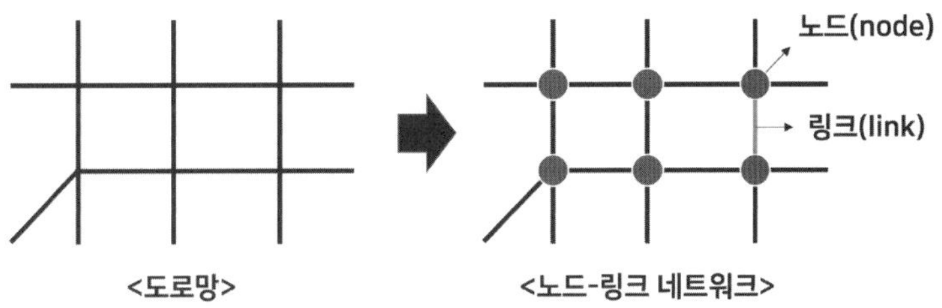

그림 11.2 도로 네트워크 개념도

네트워크 데이터 준비

먼저 실습에 사용할 패키지를 불러온다. OSMnx 패키지는 오픈스트리트맵(OpenStreetMap)으로부터 도로 네트워크, 지리적 객체를 불러와 다운로드, 모델링, 분석을 지원하는 통합 패키지다. 오픈스트리트맵의 구성요소 중 하나인 도로, 도보, 자전거도로 등을 선별하여 다운로드받을 수 있고 시각화 기능도 지원한다. NetworkX 패키지는 파이썬에서 그래프 이론 및 네트워크 분석을 위한 기능을 제공하는 라이브러리다. 그래프의 조작, 분석이 가능한 다양한 라이브러리를 제공한다. 또한 Matplotlib와 연동하여 그래프 시각화를 지원한다.

만약 설치되지 않은 패키지가 있다면 pip 명령어를 사용하여 설치하도록 하자.

```
# 관련 패키지 불러오기
import OSMnx as ox
import NetworkX as nx
import matplotlib.pyplot as plt
import geopandas as gpd
import pandas as pd
from shapely.geometry import LineString
import folium
import random
```

OSMnx에서 그래프를 불러오는 방법은 여러 가지가 있다. 먼저 가장 간단한 지역명을 활용하는 방법을 알아보자. OSMnx.graph_from_place() 함수를 사용하면 된다. 아래 코드와 같이 대한민국 대구시를 입력하여 그래프를 불러오자. network_type 파라미터를 사용하여 용도별 도로를 불러올 수 있다. 도보는 network_type = 'walk'와 같이 입력하고, 자전거도로(bike), 자동차전용도로(drive) 등 다양한 옵션을 제공한다. 실습에서는 모든 노드와 링크를 가져오기 위해 all로 설정하자.

```
# Openstreet map 도로 네트워크 다운로드
G = ox.graph_from_place( ' 대구시, 대한민국 ' , network_type= ' all ' )

# 시각화
fig, ax = ox.plot_graph(G)
```

→

도로 네트워크는 시군구, 읍면동 단위로도 불러올 수 있다. 그런 경우 역순으로 지역명을 작성하면 된다. 실습을 위해 경희대학교가 위치한 서울시 동대문구 회기동의 데이터도 다음과 같이 다운받아 보자.

```
# Openstreet map 도로 네트워크 다운로드
G = ox.graph_from_place('회기동, 동대문구, 서울시, 대한민국', network_type='all')

# 시각화
fig, ax = ox.plot_graph(G)
```

→ 

두 번째 방법은 특정 경위도 지점으로부터 떨어진 거리를 지정하여 그래프를 불러오는 방법이다. 중심점 좌표를 지정한 뒤, 해당 지점으로부터 특정 거리까지에 해당하는 노드와 링크를 불러오는 방식이다. 거리는 총 두 가지가 있는데, network 유형의 거리는 반경을 사용하는 버퍼(buffer) 범위가 아닌 네트워크 거리로, 실제 도로의 길이를 고려한 범위를 불러올 수 있는 기능이다.

OSMnx.graph_from_point() 함수를 사용하여 그래프를 불러올 수 있다. 첫 번째 입력 인자는 중심점을 위도와 경도 순으로 지정해야 한다. 다음 dist 파라미터에 미터(m) 단위로 거리를 지정한다. dist_type은 network로 설정하면 된다. 예시의 경위도 좌표는 경희대학교 정문으로, 정문으로부터 도로거리 1km에 해당하는 노드와 링크를 불러온다.

```
# 중심점으로부터 네트워크 거리만큼 그래프 다운로드
point = (37.59382, 127.05267)
G = ox.graph_from_point(point, dist = 1000, dist_type = 'network')

# 시각화
fig, ax = ox.plot_graph(G)
→
```

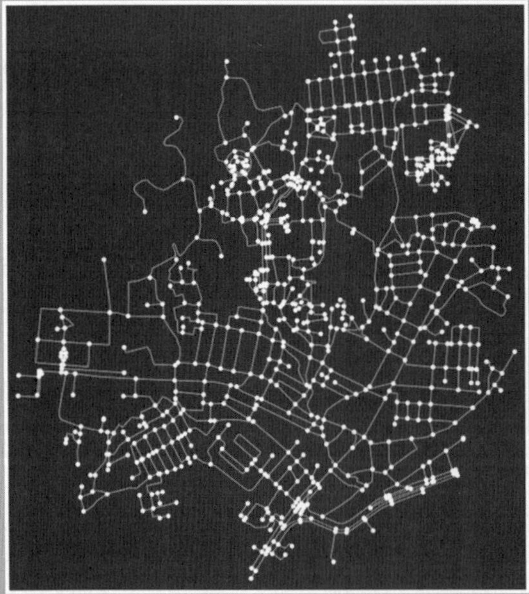

세 번째 방법은 동서남북으로 경위도 범위를 지정해서 불러오는 방법이다. OSMnx.graph_from_bbox() 함수를 사용하면 된다. 각 입력 인자는 위쪽 위도(north), 아래 위도(south), 동쪽 경도(east), 서쪽 경도(west)를 순서대로 입력해주면 된다.

```
# 동서남북 범위를 지정하여 그래프 다운로드
north, south, east, west = 37.5972, 37.5859, 127.0491, 127.0614

G = ox.graph_from_bbox(north, south, east, west)
# 시각화
fig, ax = ox.plot_graph(G)
```

→

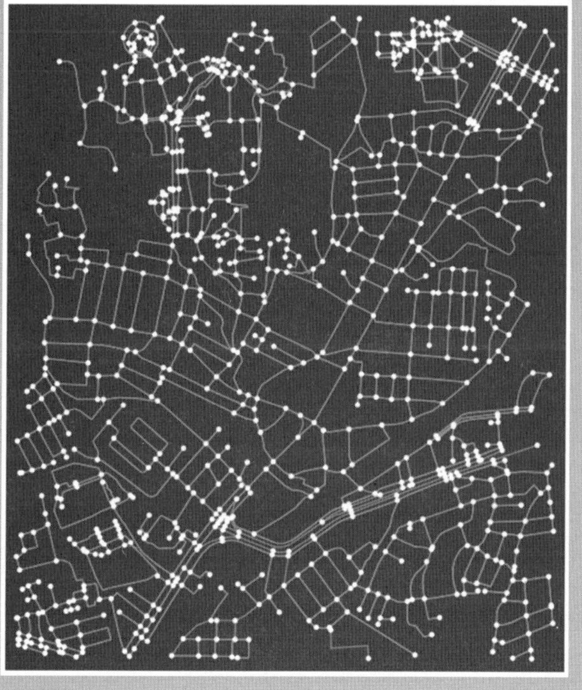

두 지점 간 최단경로 찾기

노드와 링크로 구성된 도로 네트워크를 불러오는 방법을 알았으니, A 지점에서 B 지점으로 가는 최소 경로를 찾는 실습을 진행해보자. 원리는 다음과 같다. 먼저 OSMnx의 함수를 사용하여 출발지에서 가장 가까운 노드를 찾고, 도착지에서 가장 가까운 노드를 찾는다. 다음 NetworkX의 최단거리 도출 함수를 사용하여 최단거리 경로에 해당되는 노드 리스트들을 생성한다. 마지막으로 노드 리스트들의 목록을 사용하여 시각화한다.

예시코드는 경희대학교 정문에서 회기역으로 가는 최단경로 도출과정이다. 먼저 경희대학교 정문과 회기역의 경위도 좌표 정보를 khu와 station 변수에 입력한다.

```
# 출발지점과 도착지점의 좌표 설정(경위도 순서)
khu = (128.69024, 35.82967)        # route 정보 출력
station = (127.05267, 37.59382)    # route 데이터 유형
```

출발지점인 경희대학교 정문과 도착지점인 회기역의 좌표로부터 가장 가까이에 위치한 노드를 찾아야 한다. 이 과정은 OSMnx.nearest_nodes() 함수를 사용하여 가능하다. 첫 번째 입력 인자는 검색의 범위가 되는 그래프를 입력하면 되고, 두 번째 입력 인자는 경도, 세 번째 입력 인자는 위도를 입력한다.

위 과정을 거쳐 출발지 노드와 도착지 노드를 찾았다면, 이제 이 노드 정보를 활용하여 최단거리 경로를 찾아야 한다. 이 단계에서는 NetworkX.shortest_path() 함수를 사용한다. 첫 번째 입력 인자에 그래프를 넣어주고, 출발지와 도착지를 넣어준다. 다음 weight 입력 인자는 'length'로 설정한다. 그래프 이론에서 최단거리를 도출하는 알고리즘은 다양하게 존재한다. NetworkX에서는 기본값으로 다익스트라(dijkstra) 알고리즘을 사용하며, 벨만포드(bellman-ford) 알고리즘도 제공한다.

```
# 가장 가까운 노드 찾기
ori_node = ox.nearest_nodes(G, khu[0], khu[1])
dest_node = ox.nearest_nodes(G, station[0], station[1])

# 최단거리 경로 찾기
route = nx.shortest_path(G, ori_node, dest_node, weight='length')
```

도출된 최단거리 경로를 직접 확인해보자. 시각화 이전에 최단거리 정보가 담겨 있는 route를 확인해보자. 숫자들의 목록이 나열되어 있는데, 이것이 바로 출발지점으로부터 도착지점까지 도달하기 위해 지나가는 노드 식별자들의 목록이다. 또한 이 경로의 타입을 보면 리스트 형태인 것을 알 수 있다. 즉, 도출된 경로 리스트를 조작하여 경유지 설정, 우회도로 분석 등을 쉽게 할 수 있다.

```
# 최단경로 route 정보 확인
print(route)
→ [3831326760, 3831326771, 3831326785, 3831326815, 2335009681, 3831326874, 2335009675, 3831326882, 3831326894,
3831326867, 3831326905, 3831326919, 3831326927, 3831326956, 3831327005, 4173391965, 10286224295, 9776807502,
7068840799, 7068840800, 6272903457, 7068840798, 9776882781, 3298394712, 3831193168, 9776882774, 3831193165, 4
172510148, 3830680250, 3830680283, 414686052, 3339251699, 3830680370, 4988192644, 3365345927, 3365345956, 240
1067414, 3365345930, 436776274, 3369129930, 3356325634, 8721774540, 8721742113]

# 최단경로 route 데이터 유형 확인
type(route)
→ list
```

이제 도출된 최단경로를 시각화해보자. OSMnx.plot_graph_route() 함수를 사용하여 가능하다. 첫 번째 입력 인자는 전체 그래프, 두 번째 입력 인자는 경로 리스트를 넣어주면 된다. 경로의 굵기, 노드의 크기, 배경지도 색상 등을 지정할 수 있다.

```
# 경로 시각화
ox.plot_graph_route(G, route, route_linewidth=5, node_size=0, bgcolor='w')
```

→

생성한 경로는 우리가 즐겨 사용했던 GeoDataFrame으로도 변환이 가능하다. OSMnx.utils_graph.route_to_gdf() 함수를 사용하면 된다. GeoDataFrame을 조회하면 OpenStreetMap에 입력된 속성을 그대로 불러와 자동으로 속성정보를 구성해준다. 도로명, 일방통행 여부, 도로 길이, 터널, 차선 등 다양한 정보가 입력되어 있다. 정말 훌륭한 기능이다. 이처럼 OSMnx와 NetworkX는 이 책에서 하나하나 모두 다룰 수 없을 만큼 다양한 기능을 제공한다. 네트워크 분석에 관심 있는 독자는 꼭 API 문서를 찾아보길 바란다.

```
# 경로 정보를 데이터프레임으로 전환
route_gdf = ox.utils_graph.route_to_gdf(G, route, 'length')

# 결과 일부 보기
route_gdf.head()
```

→

u	v	key	osmid	oneway	name	highway	reversed	length	geometry	lanes	tunnel
3831326760	3831326771	0	379795844	False	망우로18다길	residential	True	17.106	LINESTRING (127.06090 37.58591, 127.06088 37.5...	NaN	NaN
3831326771	3831326785	0	379795844	False	망우로18다길	residential	True	32.408	LINESTRING (127.06088 37.58606, 127.06083 37.5...	NaN	NaN
3831326785	3831326815	0	379795844	False	망우로18다길	residential	True	35.336	LINESTRING (127.06083 37.58635, 127.06077 37.5...	NaN	NaN
3831326815	2335009681	0	379795844	False	망우로18다길	residential	True	26.425	LINESTRING (127.06077 37.58666, 127.06075 37.5...	NaN	NaN
2335009681	3831326874	0	379795844	False	망우로18다길	residential	True	43.132	LINESTRING (127.06075 37.58690, 127.06073 37.5...	NaN	NaN

대피경로 도출

도로 네트워크를 활용하고 최단경로를 생성하는 과정을 알아봤으니, 이제 대피소와 건물 데이터를 활용하여 대피경로를 도출하고 시각화하는 과정을 실습해보자. 그림 11.3은 건물별 최인근 대피소로 대피경로를 도출하고 시각화하는 과정을 그린 흐름도이다. 아래 과정에 따라서 우리는 코드를 작성할 것이다.

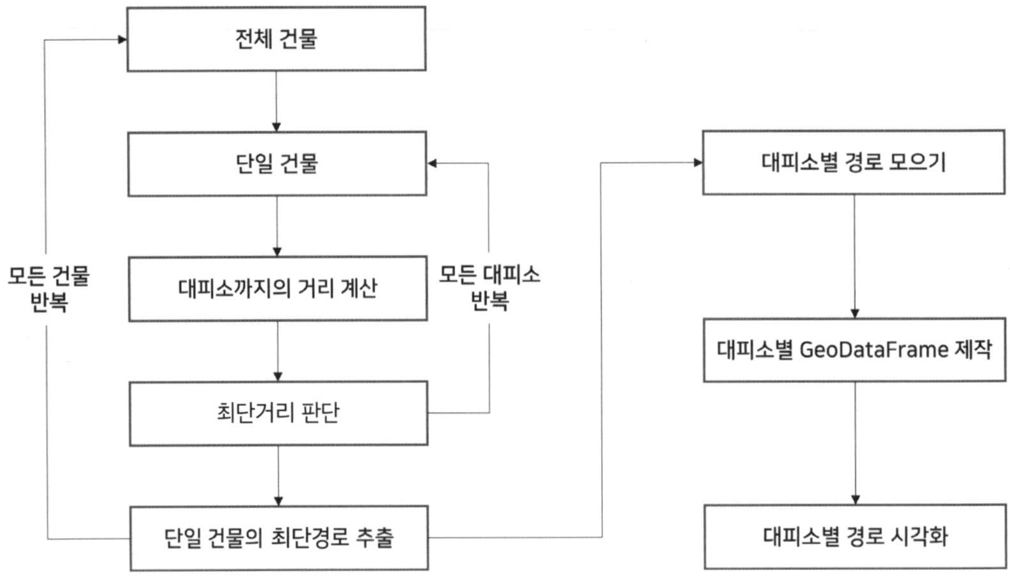

그림 11.3 대피경로 도출 흐름도

먼저 건물별로 할당된 대피소의 ID와 대피경로 정보를 반환하는 임의의 함수를 만들어보자. 함수의 목적은 개별 건물에 대해서 모든 대피소와의 대피거리를 계산하고, 그중에서 가장 짧은 경로를 선정하여 결괏값으로 대피소 ID와 대피경로를 반환하는 것이다.

먼저 전체 코드를 독자들에게 보여줄 것이다. 이후 단계별 설명을 첨부한다. 전체 코드는 다음과 같다. 다소 복잡해 보일 수 있지만 2개의 반복문과 1개의 조건문을 사용하는 구조로, 앞에서 보여준 개념도와 함께 보면 이해할 수 있을 것이다.

```
# 데이터 경로 설정
shelter_shp_path = 'C:/Users/user/Test/input_data/shelter.shp'
building_shp_path = 'C:/Users/user/Test/input_data/building.shp'
road_cpg_path = 'C:/Users/user/Test/input_data/road.cpg'
shelter_csv_path = 'C:/Users/user/Test/input_data/shelter.csv'

# 데이터 입력
building = gpd.read_file(building_shp_path)
shelter = gpd.read_file(shelter_shp_path)
shelter=shelter.to_crs(4326)

# OpenStreetMap 도로 네트워크 다운로드
G = ox.graph_from_place('울진군, 대한민국', network_type='all')

# 최단거리 대피경로 및 대피소 반환 함수 정의
def evacuation_route(temp_building):
    shortest_distance = float('inf')
    shortest_path = []
    assigned_shelter = None

    for _, shel in shelter.iterrows():
        building_node = ox.nearest_nodes(G, temp_building.geometry.centroid.x,
                                         temp_building.geometry.centroid.y)
        shelter_node = ox.nearest_nodes(G, shel.geometry.x, shel.geometry.y)

        try:
            path = nx.shortest_path(G, building_node, shelter_node,
                                    weight='length')
            path_length = 0
            for i in range(len(path) - 1):
                edge_data = G[path[i]][path[i+1]]
```

```
                min_edge_length = min([data[ ' length ' ] for key,
                                       data in edge_data.items()])
                path_length += min_edge_length

            if path_length < shortest_distance:
                shortest_distance = path_length
                shortest_path = path
                assigned_shelter = shel.name
        except:
            continue
    return assigned_shelter, shortest_path
```

이제 단계별로 함수 코드를 살펴보자. def 문을 사용하여 evacuation_route라는 이름의 함수를 정의한다. 매개변수로는 건물 데이터(temp_building)를 입력값으로 받는다. shortest_distance는 계속 갱신될 최단거리를 의미한다. 초깃값을 float('inf')로 선언했는데, 이는 최초 값을 무한대로 설정한다는 의미이다. 최단거리의 초깃값을 무한대로 설정해야 최단거리를 갱신할 수 있다. 만약 최단거리 초깃값을 shortest_distance = float()으로 정의한다면, 초깃값이 0으로 할당될 것이므로 최단거리 갱신이 이루어지지 않을 것이다. 물론 9999와 같은 구체적인 숫자로 입력할 수 있지만, 이보다 더 큰 거리가 산출될 수 있다. 따라서 변수를 없애고자 초깃값을 무한대로 설정한 것이다. shortest_path는 최단거리 경로의 리스트를 담는 공간이다. 앞에서 살펴본 것처럼 대피경로는 연속적인 노드의 리스트 형태로 반환되었음을 기억하자. assigned_shelter는 해당 경로의 대피소 ID를 의미한다.

```
# 함수정의 및 초깃값 설정
def evacuation_route(temp_building):
    shortest_distance = float( ' inf ' )
    shortest_path = []
    assigned_shelter = None
```

다음은 반복문을 사용하여 건물과 대피소에서 가장 가까운 노드를 찾는 과정이다. 최근 거리 노드를 검색하기 위해 OSMnx.nearest_nodes() 함수를 사용하고, 검색의 기준점은 건물과 대피소의 중심점

(centroid) 좌표를 사용한다.

```
# 반복문을 사용하여 가장 가까운 노드를 검색
for _, shel in shelter.iterrows():
        building_node = ox.nearest_nodes(G, temp_building.geometry.centroid.x,
                                         temp_building.geometry.centroid.y)
        shelter_node = ox.nearest_nodes(G, shel.geometry.x, shel.geometry.y)
```

검색된 건물과 대피소의 최인근 노드를 NetworkX.shortest_path() 함수를 사용하여 최단경로를 추출한다. 최단경로는 path에 저장됨을 기억하자.

```
# 최단경로 추출
path = nx.shortest_path(G, building_node, shelter_node, weight='length')
```

다음은 추출된 경로의 노드 목록을 사용해서 전체 길이를 산출하는 과정이다. 반복문을 사용해 전체 노드를 순차적으로 순회한다. G[path[i]][path[i+1]]는 네트워크 그래프에서 path 경로 중 i번째 노드와 i+1번째 노드의 속성정보를 불러온다는 의미이다. 다음 줄은 불러온 속성정보에서 길이에 해당되는 'length' 값을 추출하는 과정이다. 여기서, 노드와 노드 사이에 다중 경로가 있는 경우가 존재할 수 있다. 따라서 For 문과 link_data.items() 함수를 사용하여 다중 경로 중 최솟값(min)을 찾아서 노드와 노드 거리의 최솟값을 min_link_length에 담는 것이다. 이후 도돌이 연산자(+=)를 사용하여 전체 노드에 대해 path_length에 지속해서 값을 더해나간다. path_length가 전체 경로 길이가 된다.

```
# 경로 길이 계산
path_length = 0
for i in range(len(path) - 1):
        link_data = G[path[i]][path[i+1]]
        min_link_length = min([data['length'] for key, data in link_data.items()])
        path_length += min_link_length
```

계산된 path_length를 shortest_distance 변수와 비교하여 더 짧은 경로일 경우 최단경로를 갱신하는 부분이다. 최초의 shortest_distance는 무한대 값이었음을 기억하자. 이를 반복하여 최단경로는 shortest_distance에 저장된다.

```
# 최단경로 발견 시 갱신
if path_length < shortest_distance:
                shortest_distance = path_length
                shortest_path = path
                assigned_shelter = shel.name
```

위의 모든 과정을 거쳐 찾아낸 최단경로의 대피소 ID와 최단경로 결괏값 2개를 반환하며 함수는 종료된다.

```
# 최단경로 대피소 ID, 최단경로 결괏값 반환
return assigned_shelter, shortest_path
```

이제 함수가 완성되었으니 적용해보도록 하자! 우리의 목표는 방금 제작한 evacuation_route 함수를 건물 데이터(building)에 적용하여 건물별 속성값으로 할당된 대피소 ID와 경로(노드 리스트)를 저장하는 것이다.

아래 코드를 사용하여 실행하도록 하자. 건물의 개수와 대피소의 개수에 따라서 소요 시간이 오래 걸릴 것이다. 아래 코드를 살펴보면 apply 함수를 사용하여 함수를 적용했으며, 우리가 제작한 함수는 2개의 인자를 반환하므로 zip(*) 형식을 사용하여 반환된 2개의 인자를 분리하여 각각 'shelter_id' 열과 'path' 열에 할당하는 과정을 거쳤다. 코드 실행이 완료되면 결과를 확인해보자.

```
# 함수를 사용하여 건물별로 할당된 대피소 ID와 대피경로 정보를 저장
building['shelter_id'], building['path'] = zip(*building.apply(evacuation_route,
axis=1))
```

```
# 결과 보기
building
```

→

	A0	A9	building_a	index_righ	index	value	building_1	est_popula	geometry	shelter_id	path
0	51365	????	200.860756	6	3742011010001	594.0	5138.624391	23	POLYGON ((129.40313 36.98843, 129.40314 36.988...	6	[5152841529, 5152841530, 4742689895, 477122918...
1	45815	????	99.948352	6	3742011010001	594.0	5138.624391	11	POLYGON ((129.40322 36.98843, 129.40322 36.988...	6	[5152841529, 5152841530, 4742689895, 477122918...
2	45865	????	100.649158	6	3742011010001	594.0	5138.624391	11	POLYGON ((129.40269 36.98844, 129.40267 36.988...	6	[5152841529, 5152841530, 4742689895, 477122918...
3	45795	????	112.581241	6	3742011010001	594.0	5138.624391	13	POLYGON ((129.40309 36.98868, 129.40309 36.988...	6	[4771229181, 4758168732, 4771229184, 475816873...

대피소 기준 출발 건물 그룹화

건물별로 할당된 대피소와 경로가 올바르게 입력된 것을 확인했는가? 이제 각 대피소로 향하는 건물들을 그룹화하여 주제도를 작성해보자. 시각화의 편의를 위해 대피소 ID를 활용하여 같은 대피소 ID를 갖는 경로를 모을 것이다. 즉, A대피소로 대피하는 건물들을 하나로 묶고, B대피소로 대피하는 건물들을 하나로 묶는 과정이다.

shelter_gdfs에 대피소별 GeoDataFrame을 담는다. 반복문을 사용하여 shelter_id를 기준으로 같은 shelter_id를 갖는 경로만을 하나로 묶는다. 그다음 polyline으로 제작하기 위해 모든 노드의 x, y 좌표를 추출해야 한다. 우리가 지금까지 사용한 GeoDataFrame의 geometry 열을 기억하는가? 그렇다. 우리는 아래 코드를 통해 연속적인 LineString 좌표 목록을 생성할 것이다. 아래 코드를 보면 각 노드에서 x, y 좌표를 추출하고, 연속적인 튜플 형태로 누적하여 lines에 저장하는 과정을 확인할 수 있다. 즉, lines에는 전체 경로 노드의 좌표쌍 목록이 담겨 있다. LineString 함수를 사용하여 LineString geometry로 변환한다. 이렇게 생성된 GeoDataFrame은 개별로 조회할 수 있으며 geometry 정보를 담고 있어서 to_file() 함수를 사용하여 Shapefile로도 저장할 수 있다.

```
# 대피소별 GeoDataFrame 생성
shelter_gdfs = {}
for sh_id in shelter.index:
    routes = building[building[ ' shelter_id ' ] == sh_id][ ' path ' ]
    lines = []

    # polyline으로 제작하기 위해 각 노드의 x, y 좌표쌍 목록을 lines에 저장
    for route in routes:
        lines.extend([((G.nodes[route[i]][ ' x ' ], G.nodes[route[i]][ ' y ' ]),
                      (G.nodes[route[i+1]][ ' x ' ], G.nodes[route[i+1]][ ' y ' ]))
                       for i in range(len(route)-1)])

    # 생성된 좌표쌍 목록 lines를 활용하여 LineString(PolyLine) 형태로 변환
    shelter_gdfs[sh_id] = gpd.GeoDataFrame(geometry=
                                       gpd.GeoSeries([LineString(line)
                                       for line in lines]), crs=4326)
```

웹지도 그리기

이제 마지막으로 시각화 단계다. Folium 라이브러리를 불러오고 기본 지도를 생성하자. 그리고 건물을 추가하자.

```
# 라이브러리 불러오기
import folium
import random

# folium 기본 지도 생성
m = folium.Map(location=[shelter.iloc[0].geometry.y,
                         shelter.iloc[0].geometry.x], zoom_start=16)

# 건물 추가
folium.GeoJson(building).add_to(m)
```

다음 대피소를 시각화하자. 대피소는 시각적으로 잘 보여야 하므로 마커 기능을 사용하여 표현하도록 하자. 그리고 마커를 클릭했을 때, 대피소 명이 나오도록 설정하자. 우리가 가지고 있는 데이터는 '민방위' 열에 대피소 명이 입력되어 있다.

```
# 대피소를 마커로 추가
for idx, row in shelter.iterrows():
    folium.Marker([row['geometry'].y, row['geometry'].x],
                  icon = folium.Icon(color="red", icon="info-sign"),
                  popup = shelter['민방위'][idx]).add_to(m)
```

대피소별 경로를 서로 다른 색으로 표현하기 위해 무작위 색상 함수를 만들어서 적용해보자. 색상을 표현하는 무작위 헥사코드를 만들기 위해 random.randint() 함수를 사용하도록 하자. 그리고 딕셔너리 형태로 대피소 ID별로 랜덤 색상 코드를 shelter_colors에 생성하도록 하자. 당연히 색상 코드는 랜덤으로 만들어지므로 코드를 실행할 때마다 색상은 변경될 것이다.

```
# 대피소별 경로를 서로 다른 무작위 색상으로 표현하기 위해 함수 정의
def random_color():
    return "#{:06x}".format(random.randint(0, 0xFFFFFF))

# 딕셔너리 형태로 대피소 ID별 랜덤 색상코드 생성
shelter_colors = {sh_id: random_color() for sh_id in shelter.index}

# 결과 보기
shelter_colors
```

→
```
{0: '#c0160d',
 1: '#4e681c',
 2: '#1c937a',
 3: '#98f7f0',
 4: '#363a39',
 5: '#08e394',
 6: '#cac771',
 7: '#1e2b93',
 8: '#56c5c5'}
```

이제 마지막으로 시각화 과정이다. shelter_gdfs에는 대피소별 경로 정보가 담겨 있다. 다음 코드는 대피소별로 FeatureGroup을 생성하는 과정이다. 그룹 내 경로를 folium.PolyLine() 함수를 사용하여 지도에 표현될 선으로 변환한다. 이때 GeoDataFrame에서 가져온 점 좌표의 목록들을 route_group에 연속적으로 저장한 다음, 최종적으로 각 route_group을 기본 지도(m)에 추가하는 과정이다. 우리는 사전에 무작위 색상을 갖는 shelter_colors 딕셔너리를 만들었으므로, 대피소 ID별로 랜덤 색상이 부여된다. 코드를 실행하여 결과를 확인하자.

```
# 동일 대피소별 경로를 랜덤 색상으로 시각화하여 지도에 추가
for sh_id, gdf in shelter_gdfs.items():
    route_group = folium.FeatureGroup(name=shelter['민방위'][sh_id])
    for _, row in gdf.iterrows():
        line_coordinates = [(coord[1], coord[0])
                            for coord in row['geometry'].coords]
        folium.PolyLine(line_coordinates, color=shelter_colors[sh_id],
                        weight=2.5, opacity=1).add_to(route_group)
    route_group.add_to(m)

# 결과 그리기
m
```

→

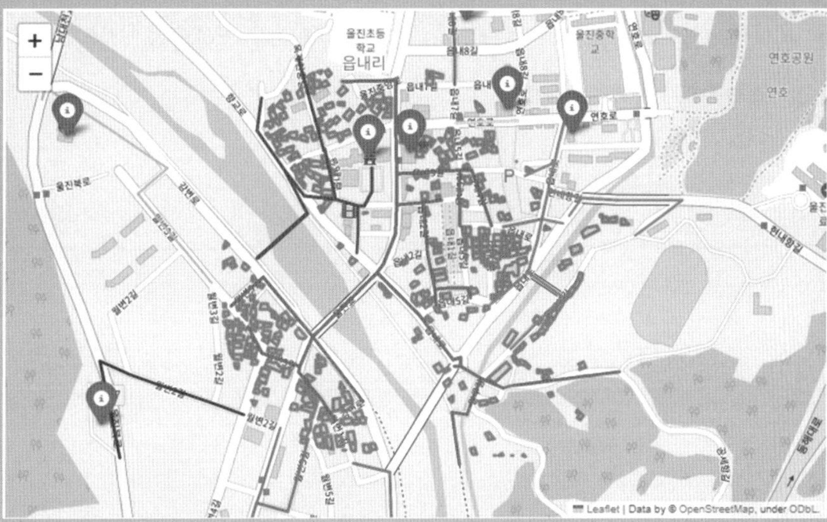

복습 내용

- 재난 발생 시 대피경로를 분석하기 위해 필요한 라이브러리에 관해 설명할 수 있다.
- 대피경로 분석을 위해 필요한 데이터 세 가지에 관해 설명할 수 있다.
- 도로 네트워크의 개념에 관해 설명할 수 있다(그림 11.2 참조).
- OSMax에서 그래프를 불러오는 세 가지 방법에 관해 설명할 수 있다.
- 경희대학교 정문에서 회기역으로 가는 최단경로를 도출하고 시각화하는 과정에 관해 설명할 수 있다.
- 건물별 최근린 대피소로 대피경로를 도출하고 시각화하는 과정에 관해 설명할 수 있다(그림 11.3 참조).
- 건물별 최근린 대피소로 대피경로를 도출한 후 각 대피소로 향하는 건물들을 그룹화하여 주제도를 작성하는 과정에 관해 설명할 수 있다.

연습 문제

- OSMnx 패키지, NetowrkX 패키지, Matplotlib 패키지를 설치하고 불러오는 코드를 작성하여 실행하고 설명해보자.
- 대구시 도로 네트워크와 동대문구 회기동의 도로 네트워크를 다운로드하고 시각화하는 코드를 작성하여 실행하고 설명해보자.
- 특정 경위도 지점으로부터 떨어진 거리를 지정하여 도로 네트워크를 다운로드하고 시각화하는 코드를 작성하여 실행하고 설명해보자.
- 동서남북으로 경위도 범위를 지정하여 도로 네트워크를 다운로드하고 시각화하는 코드를 작성하여 실행하고 설명해보자.
- 경희대학교 정문에서 회기역으로 가는 최단경로를 도출하고 시각화하는 코드를 작성하여 실행하고 설명해보자.
- 건물별 최근린 대피소로 대피경로를 도출하고 시각화하는 코드를 작성하여 실행하고 설명해보자.
- 건물별 최근린 대피소로 대피경로를 도출한 후 각 대피소로 향하는 건물들을 그룹화한 주제도를 웹지도로 작성하는 코드를 작성하여 실행하고 설명해보자.

12장

산불 피해지역 탐지

이 장에서는 위성영상을 활용하여 산불 피해지역을 탐지하는 방법을 살펴본다. 위성영상을 시각화하는 데 rasterio 패키지, earthpy 패키지, numpy 패키지가 필요하며, 이를 활용하여 Sentinel-2A 영상의 다중밴드 래스터 데이터를 다루기 위한 스택 자료구조를 살펴본다. 위성영상의 밴드를 조합하여 이미지를 생성할 때 True color 조합과 False color 조합을 이용하여 가시화할 수 있다. 특히 산불 발생 지역 탐지를 위해 적용할 수 있는 정규산불피해비율(Normalized Burn Ratio, NBR) 지수를 사용하는 방법에 관해 살펴본다.

분석 목표 및 내용

산불 피해 추정을 위해 다양한 방법과 센서가 사용되지만, 산불은 넓은 범위에서 발생하며 사람이 직접 접근하기 어려운 지역이 있다는 특징이 있어 위성영상을 활용한 피해지역 탐지 방법이 널리 사용되고 있다. 이 장에서는 실제 산불이 발생한 경북 안동시의 2020년 4월 Sentinel 영상을 사용하여 실습을 진행할 것이다. 위성영상은 래스터 포맷의 데이터이므로 파이썬에서 이를 다룰 수 있는 Rasterio 패키지와 Earthpy 패키지를 사용한다. 래스터 영상을 다루는 다양한 방법을 실습하기 위해 RGB Band를 사용한 True Image 제작하기, Near Infrared Band를 사용한 False Image 제작하기, 정규산불피해비율(Normalized Burn Ratio, NBR) 산출 및 시각화 실습을 진행한다.

데이터

실습에 사용되는 영상은 실제 산불 피해가 발생했던 경북 안동시 부근의 Sentinel-2A 영상이다. 촬영 날짜는 2020년 4월 29일이다. 실습을 위한 Sentinel-2A 샘플 영상을 첨부하였다(표 12.1).

표 12.1 산불 피해지역 탐지를 위해 필요한 데이터

데이터	포맷	출처
Sentinel-2 Image(경북 안동시 부근)	GeoTiff	European Space Agency

Sentinel 위성영상은 여러 온라인 플랫폼에서 간단한 회원가입 후 무료로 다운로드받을 수 있다. 영상 조회와 다운로드를 할 수 있는 대표적인 웹사이트는 표 12.2와 같다.

표 12.2 위성영상 다운로드 사이트

플랫폼	URL 주소
Copernicus Open Access Hub	https://scihub.copernicus.eu/dhus
Sentinel Hub EO Browser	https://apps.sentinel-hub.com/eo-browser
Google Earth Engine	https://earthengine.google.com
Amazon Web Services(AWS) Public Datasets	https://registry.opendata.aws/sentinel-2

실습에 앞서 우리가 사용하는 Sentinel-2A 영상에 대해 간단히 알아보도록 하자. Sentinel 위성은 유럽우주국(European Space Agency, ESA)과 유럽 위성 센터(European Organisation for the Exploitation of Meteorological Satellites, EUMETSAT)가 주도하는 코페르니쿠스(Copernicus) 지구 관측 프로그램의 일환으로 제작·운영되는 위성이다. Sentinel-2A 위성은 2015년에 발사되었으며 지구 표면을 관측하여 식생, 토양, 수역, 도시 지역 등의 정보를 제공하고 있다. Sentinel-2A에 탑재된 밴드의 중심파장과 공간해상도는 표 12.3과 같다. 우리가 실습에 사용할 밴드는 표 12.3에 음영으로 표시된 Blue(Band2), Green(Band3), Red(Band4), NIR(Band8), SWIR(Band12)이다.

표 12.3 Sentinel-2A 밴드별 중심파장과 공간해상도

밴드	중심파장(㎛)	공간해상도(m)
Band1 - Coastal aerosol	0.443	60
Band2 - Blue	0.490	10
Band3 - Green	0.560	10
Band4 - Red	0.665	10
Band5 - Vegetation Red Edge	0.705	20
Band6 - Vegetation Red Edge	0.740	20
Band7 - Vegetation Red Edge	0.783	20
Band8 - Near InfraRed(NIR)	0.842	10

밴드	중심파장(㎛)	공간해상도(m)
Band8A - Vegetation Red Edge	0.865	20
Band9 - Water vapour	0.945	60
Band10 - Short Wavelength InfraRed(SWIR)	1.375	60
Band11 - Short Wavelength InfraRed(SWIR)	1.610	20
Band12 - Short Wavelength InfraRed(SWIR)	2.190	20

위성영상 시각화

먼저 실습에 사용할 패키지를 불러오자. rasterio는 래스터 데이터를 불러오고 처리할 수 있는 대표적인 패키지이다. earthpy는 래스터 데이터와 벡터 데이터 처리 기능을 지원하는 패키지이다. 래스터 데이터는 기본적으로 배열화하여 다뤄지므로 numpy와 시각화를 위한 Matplotlib 패키지 역시 사용된다.

```
# 관련 패키지 불러오기
import rasterio as rio
import earthpy as ep
import earthpy.plot as et
import matplotlib.pyplot as plt
import numpy as np
```

제공되는 실습용 데이터는 파일명 'sentinel_band_밴드' 형식으로 되어 있다. 가장 먼저 단일 밴드 파일을 불러오고 밴드의 데이터를 확인해보자. Blue 밴드에 해당되는 GeoTiff 파일인 sentinel_band_B2.tif rasterio.open() 함수를 사용하여 불러오자. rasterio.open() 함수는 래스터 파일의 밴드에 접근할 수 있도록 해주는 데이터 리더(reader) 역할을 한다.

```
# 단일 Blue 밴드 불러오기
b_band_data = rio.open( ' ./input_data/sentinel_band_B2.tif ' )

# 데이터 확인
print(type(b_band_data))
→<class ' rasterio.io.DatasetReader ' >
print(b_band_data)
→<open DatasetReader name= ' ./input_data/sentinel_band_B2.tif '  mode= ' r ' >
```

여러분이 익히 알고 있는 것처럼 래스터 데이터는 단일 밴드 정보만을 가지고 있을 수 있지만, 단독 GeoTiff 파일에 여러 밴드가 합쳐진(composite) 형태로 존재하는 경우도 있다. 하나의 위성영상의 경우는 대부분 하나의 파일에 여러 개 밴드를 포함하고 있다. 이런 경우 개별 밴드별로 접근이 가능하도록 rasterio 패키지에서는 read() 함수를 제공한다. 아래 코드를 살펴보자. 우리가 불러온 b_band_data는 단일 블루 밴드에 접근할 수 있도록 해주는 데이터셋 리더이다. 여기서 개별 밴드에 직접 접근하려면 read() 함수를 사용하면 된다. 즉, 아래 코드는 'sentinel_band_B2.tif 파일에서 1번째 밴드를 읽어라(read)'라는 의미가 된다. 만약 어떤 파일이 Blue - Green - Red 순서로 3개의 밴드가 합쳐진 단일 GeoTiff일 때, 두 번째 Green 밴드를 불러오고 싶다면 read(2)와 같이 접근할 수 있다. 불러온 밴드 데이터의 타입을 확인해보자. numpy 다차원 배열(numpy.ndarray) 형태인 것을 볼 수 있다. 그리고 shape 함수를 사용하면 가로, 세로 셀 개수를 확인할 수 있다. 예제에서는 2048×2048인 것을 확인할 수 있다. 또한 각 배열에 셀 값이 정상적으로 입력되어 있는 것을 볼 수 있다.

```
# read 함수를 사용하여 밴드값을 할당
b_band = b_band_data.read(1)

# 밴드 정보 확인
print(type(b_band))
→ <class 'numpy.ndarray'>
print(b_band.shape)
→ (2048, 2048)
b_band
```

```
array([[1407, 1395, 1469, ..., 1145, 1129, 1140],
       [1453, 1435, 1437, ..., 1137, 1133, 1140],
       [1476, 1450, 1422, ..., 1129, 1134, 1146],
       ...,
       [1037, 1039, 1044, ..., 1130, 1100, 1061],
       [1033, 1028, 1042, ..., 1108, 1094, 1055],
       [1023, 1039, 1051, ..., 1105, 1083, 1061]], dtype=uint16)
```

Blue 밴드를 matplotlib.pyplot을 사용하여 시각화해보자. plt.imshow() 함수를 사용해서 시각화할 수 있다. 색상 범례를 확인할 수 있도록 colorbar() 함수를 추가하도록 하자. plt.clim() 함수는 범례에 표시되는 값의 최솟값과 최댓값을 설정하는 기능이다.

```
# Blue Band 시각화
plt.figure(figsize = (10,10))
plt.imshow(b_band)
plt.colorbar()
plt.clim(0, 3000)
```

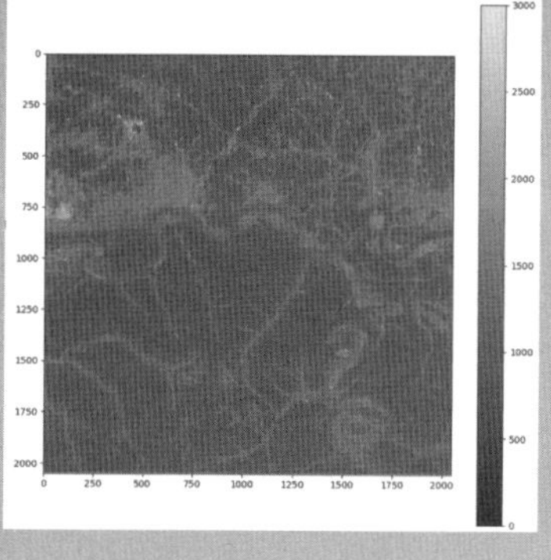

밴드 히스토그램 역시 확인할 수 있다. matplotlib.pyplot은 히스토그램을 지원한다. plt.hist() 함수를 사용하면 되는데, 우리가 사용하는 밴드는 다차원 배열이므로 flatten() 함수를 사용하여 1차원으로 평탄화 작업을 해준 뒤에 히스토그램을 그리면 된다. 다음 코드와 같이 입력하고 Blue 밴드의 히스토그램을 확인해보자.

```
# 밴드 히스토그램 확인
plt.hist(b_band.flatten(), bins=500)
plt.show()
```

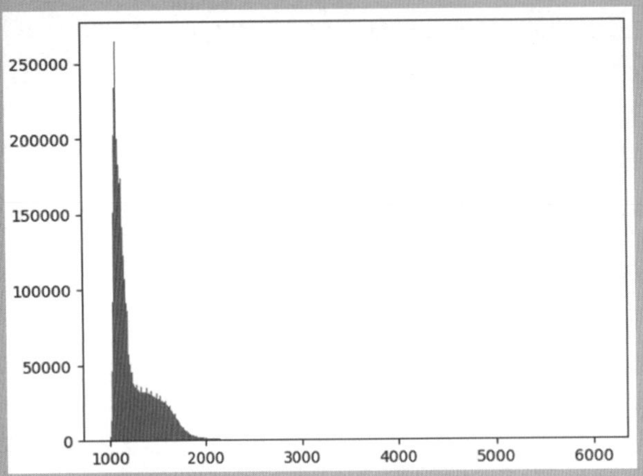

단일 밴드를 불러오고 조회하는 방법을 알아봤으니, 이제 여러 밴드를 합성(composite)하고 조작하는 방법을 알아보도록 하자. 다중밴드 래스터 데이터를 다루기 위해 우리는 스택(stack) 자료구조를 사용할 것이다. 스택(stack) 구조란 단어의 의미에서 유추할 수 있듯이 자료가 겹겹이 쌓인 개념적인 형태를 의미한다. 스택은 데이터의 삽입과 삭제가 데이터의 가장 한쪽 끝에서만 발생하는 구조로, 가장 마지막에 삽입된 데이터가 가장 먼저 사용되거나 삭제된다. 이를 후입선출(LIFO : Last In, First Out)이라 한다. 그림 12.1은 리스트와 스택의 개념적인 형태를 도식화한 그림이다. 나열된 리스트를 스택형 구조로 바꾼다면 우리가 알고 있는 위성영상의 다중밴드와 유사함을 확인할 수 있을 것이다.

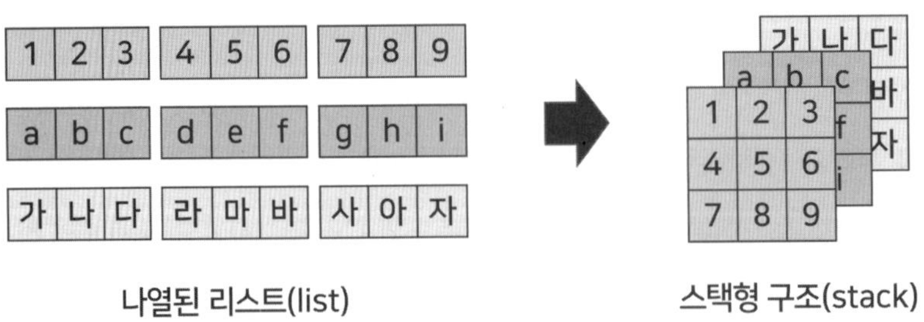

그림 12.1 리스트와 스택의 개념도

이제 실습코드를 통해 알아보도록 하자. 각 밴드의 정보를 우선 리스트에 담아줄 것이다. 우리는 4개의 밴드(RGB + NIR)를 하나로 합친 영상을 제작할 것이다. 먼저 빈 리스트를 생성한 뒤, 반복문을 통해 rasterio.open() 함수를 사용하여 밴드값을 불러온다. 리스트 append() 함수를 사용해서 Blue(B2) - Green(B3) - Red(B4) - NIR(B8) 순서로 밴드값을 담도록 하자.

```
# Blue, Green, Red, NIR 밴드 합성
rgbn = []
for i in [2, 3, 4, 8]:
    temp_band = rio.open(f'./input_data/sentinel_band_B{i}.tif')
    rgbn.append(temp_band.read(1))

# list 병합 결과 확인
print(type(rgbn))
→ <class 'list'>
print(rgbn)
```

```
[array([[1407, 1395, 1469, ..., 1145, 1129, 1140],
       [1453, 1435, 1437, ..., 1137, 1133, 1140],
       [1476, 1450, 1422, ..., 1129, 1134, 1146],
       ...,
       [1037, 1039, 1044, ..., 1130, 1100, 1061],
       [1033, 1028, 1042, ..., 1108, 1094, 1055],
       [1023, 1039, 1051, ..., 1105, 1083, 1061]], dtype=uint16), array([[1360, 1341, 1401, ...,  978,  970,
979],
       [1382, 1375, 1365, ...,  998,  989,  980],
       [1454, 1422, 1356, ..., 1004, 1018, 1026],
       ...,
       [ 956,  964,  979, ..., 1012,  988,  935],
       [ 956,  967,  960, ...,  993,  976,  962],
→      [ 941,  945,  961, ...,  990,  952,  963]], dtype=uint16), array([[1434, 1434, 1545, ...,  823,  814,
812],
       [1496, 1507, 1443, ...,  816,  781,  784],
       [1594, 1524, 1449, ...,  814,  791,  806],
       ...,
       [ 637,  653,  700, ...,  873,  860,  713],
       [ 633,  641,  654, ...,  865,  813,  716],
       [ 635,  637,  659, ...,  869,  778,  711]], dtype=uint16), array([[2593, 2480, 2727, ..., 1742, 1766,
1820],
       [2484, 2455, 2629, ..., 2027, 2034, 1873],
       [2508, 2499, 2533, ..., 2130, 2201, 2171],
       ...,
       [2297, 2315, 2049, ..., 2030, 1939, 1863],
       [2226, 2320, 2131, ..., 2029, 1934, 2039],
       [2178, 2256, 2241, ..., 2011, 1838, 2095]], dtype=uint16)]
```

rgbn 리스트에 정상적으로 4개 밴드값이 담겼다면 스택(stack) 형태로 바꾼다. numpy.stack() 함수를 사용하여 변환할 수 있다. 변환 이후 shape 속성을 통해 정보를 살펴보자. 2048 × 2048 크기의 4개 밴드 형태인 것을 확인할 수 있다!

```
# stack 함수를 사용하여 다차원 배열 생성
rgbn_stack = np.stack(rgbn)

# 밴드 수, 행, 열 확인
print(rgbn_stack.shape)
→ (4, 2048, 2048)

# 밴드 정보 확인
print(type(rgbn_stack))
→ <class 'numpy.ndarray'>

print(rgbn_stack)
→ [[[1407 1395 1469 ... 1145 1129 1140]
    [1453 1435 1437 ... 1137 1133 1140]
    [1476 1450 1422 ... 1129 1134 1146]
    ...
    [1037 1039 1044 ... 1130 1100 1061]
    [1033 1028 1042 ... 1108 1094 1055]
    [1023 1039 1051 ... 1105 1083 1061]]

   [[1360 1341 1401 ...  978  970  979]
    [1382 1375 1365 ...  998  989  980]
    [1454 1422 1356 ... 1004 1018 1026]
    ...
    [ 956  964  979 ... 1012  988  935]
    [ 956  967  960 ...  993  976  962]
    [ 941  945  961 ...  990  952  963]]

   [[1434 1434 1545 ...  823  814  812]
    [1496 1507 1443 ...  816  781  784]
    [1594 1524 1449 ...  814  791  806]
    ...
    [ 637  653  700 ...  873  860  713]
    [ 633  641  654 ...  865  813  716]
    [ 635  637  659 ...  869  778  711]]

   [[2593 2480 2727 ... 1742 1766 1820]
    [2484 2455 2629 ... 2027 2034 1873]
    [2508 2499 2533 ... 2130 2201 2171]
    ...
    [2297 2315 2049 ... 2030 1939 1863]
    [2226 2320 2131 ... 2029 1934 2039]
    [2178 2256 2241 ... 2011 1838 2095]]]

# 다차원 배열 생성
array = np.array([[1, 2, 3], [4, 5, 6], [7, 8, 9]])
print(array)
→ [[1 2 3]
   [4 5 6]
   [7 8 9]]
```

```
print(array.shape)
→ (3, 3)
# 1차원 배열로 변환
flattened_array = array.flatten()
print(flattened_array)
→ [1 2 3 4 5 6 6 8 9]
print(flattened_array.shape)
→ (9,)

# 2차원 배열 생성
x = np.array([[1, 2], [3, 4]])
y = np.array([[5, 6], [7, 8]])
stacked_2d = np.stack((x, y), axis=0)
print (stacked_2d)
→ (4, 2048, 2048)

stacked_2d_axis1 = np.stack((x, y), axis=1)
print (stacked_2d_axis1)
→ <class 'numpy.ndarray'>
  [[[1407 1395 1469 ... 1145 1129 1140]
  [1453 1435 1437 ... 1137 1133 1140]
  ...
  [2178 2256 2241 ... 2011 1838 2095]]]
```

다중밴드로 구성된 rgbn_stack을 생성했으니 자료를 조회해보자. 이번엔 시각화를 위해 earthpy 패키지를 사용할 것이다. 먼저, 서로 다른 4개의 밴드가 제대로 스택이 되었는지 확인하기 위해 개별 밴드를 시각화한다. earthpy.plot에 plot_bands() 함수를 사용하여 여러 밴드를 한 번에 시각화할 수 있다. 다음 코드와 같이 입력하고 결과를 조회하여 확인한다.

```
# earthpy 패키지 불러오기
import earthpy as ep
import earthpy.plot as et

# 밴드별 영상 확인
et.plot_bands(rgbn_stack, figsize=(15,10), title=[“Blue”, “Green”, “Red”,
“NIR”], cmap=‘Greys_r’, cols=2)

# 결과 확인
plt.show()
```

→

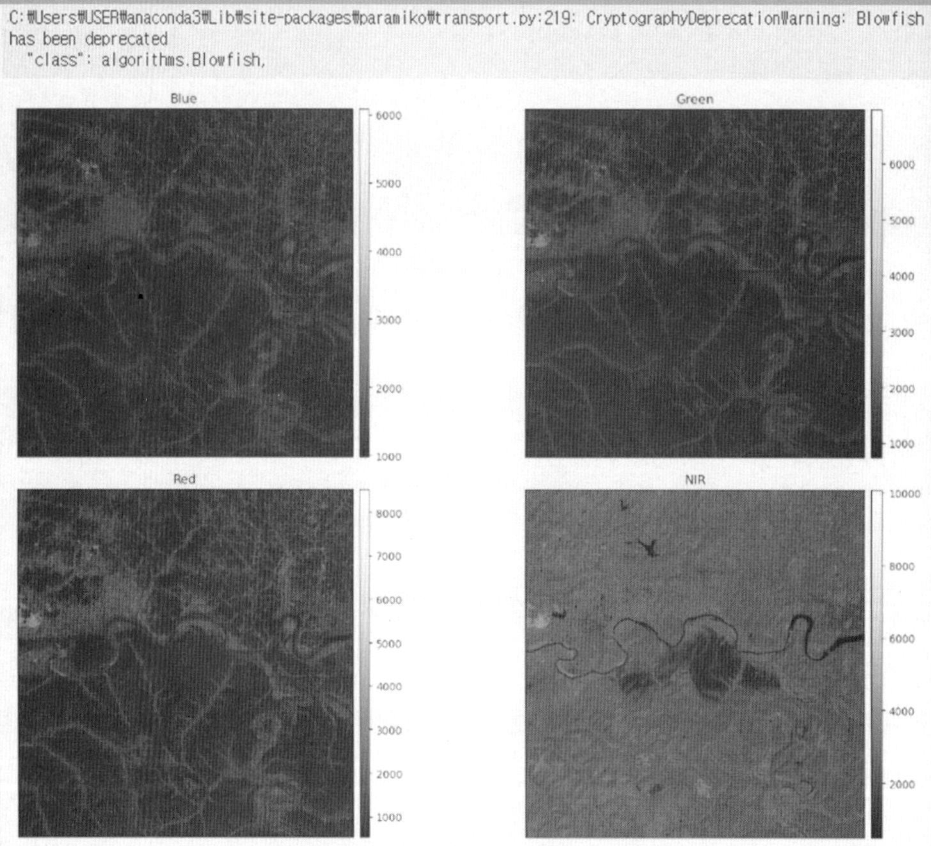

earthpy는 밴드 레이어를 지정하여 RGB True Color 영상을 시각화하는 기능을 지원한다. earthpy.plot.plot_rgb() 함수를 사용한다. 첫 번째 입력 인자로 다중밴드 영상을 넣는다. 그다음 두 번째 인자에 Red, Green, Blue에 해당하는 레이어를 순서대로 넣어주면 된다. 우리가 생성한 rgbn_stack은 첫 번째가 Blue 밴드, 두 번째가 Green 밴드, 세 번째가 Red 밴드, 네 번째가 NIR 밴드였음을 기억하자. 따라서 True Color 영상을 시각화하려면 R → G → B 순서인 2 → 1 → 0으로 입력하면 될 것이다. 아래 코드와 같이 입력하고 실행하여 결과를 확인해보자.

```
# 밴드 레이어를 지정하여 시각화
et.plot_rgb(rgbn_stack, rgb=(2,1,0), figsize=(10,10), stretch=True)

# 시각화
plt.show()
```

→ 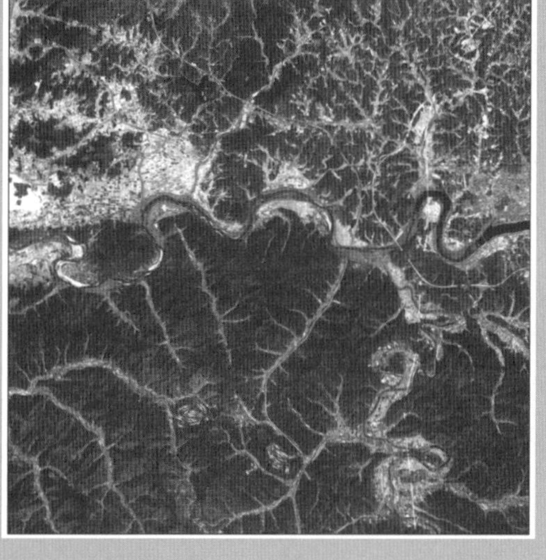

```
# 밴드 레이어를 stretch를 False로 지정하여 시각화
et.plot_rgb(rgbn_stack, rgb=(2,1,0), figsize=(10,10), stretch=False)
```

```
# 시각화
plt.show()
```

→ 

위의 방법을 활용하여 False color 영상을 제작할 수도 있다. False color 영상은 특정 목적을 탐지하기 위해 다른 색상으로 표현하는 영상이다. 예시로 식생을 탐지하기 위한 False color 영상을 표 12.4를 참고하여 제작해보자.

표 12.4 칼라별 밴드 조합

방법	Red	Green	Blue	목적
True color	Red 밴드	Green 밴드	Blue 밴드	실세계 확인
False color	NIR 밴드	Red 밴드	Green 밴드	식생 탐지

식생 탐지를 위한 False color 영상을 만들려면 Red color 위치에 NIR 밴드를 넣고, Green color에 Red 밴드, Blue color에 Green 밴드를 넣어주면 된다. 우리가 사전에 제작한 rgbn_stack에서 맨 마지막 네 번째에 NIR 영상이 위치하고 있으므로 rgb 인자에서 처음 4를 입력해야 할 것이며, 두 번째로는 Red 밴드 인덱스인 2, 마지막으로 Green 밴드 인덱스인 1을 넣어주면 된다. 코드를 실행하고 결과를 확인해보자. 식생 지역이 붉게 표시될 것이다. 또한 산불이 발생한 영상 중앙의 검은 부분을 관찰해보자.

```
# False color 시각화
et.plot_rgb(rgbn_stack, rgb=(3,2,1), figsize=(10,10), stretch=True)

# 그리기
plt.show()
```

→ 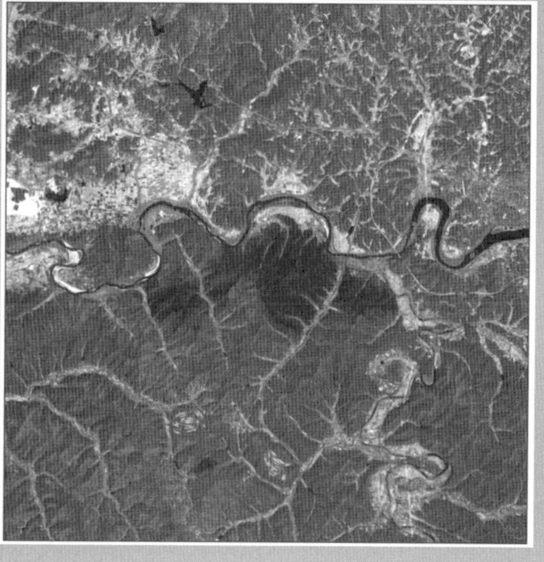

산불 지역 분류

이제 산불이 발생한 지역을 탐지하고 라벨링하여 래스터 데이터를 제작해보자. 산불 발생 범위를 탐지하기 위해 정규산불피해비율(Normalized Burn Ratio, NBR) 지수를 사용할 것이다. NBR은 대규모 화재 지역에서 연소가 발생한 부분을 강조하기 위해 고안된 지표이다. 근적외선 NIR 밴드와 단파장 적외선 SWIR 밴드를 사용하여 지수를 계산할 수 있다.

그림 12.2를 보자. 회색 선은 건강한 식생에서의 파장별 반사율을 나타내고, 검은색 선은 산불 이후 연소 지역에서의 파장별 반사율을 나타낸 그래프이다. 그림에서 화살표를 참고하여 보면, 건강한 식생은 근적외선에서 높은 반사율을 나타내고 단파장 적외선에서 낮은 반사율을 나타내는 것을 확인할 수 있다. 또한, 연소지역의 경우 근적외선에서 낮은 반사율을 나타내고, 단파장 적외선에서 높은 반사율을 나타내는 것을 볼 수 있다. 이러한 연소지역과 건강한 식생 지역의 반사율 특성을 활용하여 NBR 지수가 개발되었다.

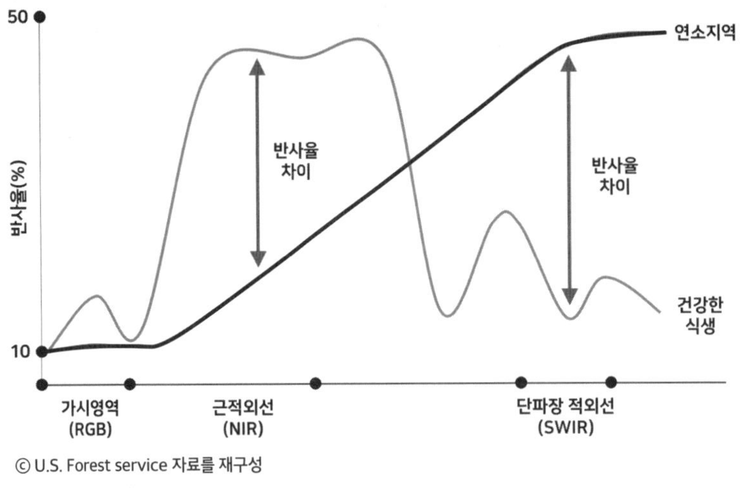

그림 12.2 파장대별 연소 지역과 색상 차이

NBR 지수는 식 12.1과 같다. 위 그래프와 함께 보면, NBR 값이 낮다는 것은 SWIR 반사율이 크다는 의미로 연소지역임을 추정할 수 있다.

$$\text{정규산불피해비율 (NBR)} = \frac{\text{NIR - SWIR}}{\text{NIR + SWIR}} \quad \text{식 12.1}$$

우리는 SWIR 밴드와 NIR 밴드를 모두 가지고 있으므로 이를 활용하여 NBR 값을 계산할 수 있다. 지수 산출을 위해 NIR 밴드값과 SWIR 밴드값을 정규화한 뒤 연산을 진행해야 한다. 먼저 사용자 정의 정규화 함수를 식 12.2와 같이 만들어보자.

$$\text{정규화 (Normalization)} = \frac{\text{측정값 - 최솟값}}{\text{최댓값 - 최솟값}} \quad \text{식 12.2}$$

```
# 정규화 함수 생성
def normalize(array):
    array_min, array_max = array.min(), array.max()
    return (array - array_min) / (array_max - array_min)
```

다음으로 NBR 산출을 위해 우리에게 필요한 NIR 밴드와 SWIR 밴드를 불러온다. rasterio.open() 함수를 사용하여 각각 서로 다른 변수에 밴드값을 저장하자. 아래 코드에서 nir은 데이터셋 리더이며, 리더를 통해 첫 번째 밴드를 읽어 nir_band 변수에 밴드값을 할당하는 코드이다. 동일한 방식으로 swir 데이터셋 리더를 통해 swir_band에 밴드값을 할당한다.

```
# NBR 산출을 위해 NIR, SWIR 밴드 불러오기
nir = rio.open( ‘ ./input_data/sentinel_band_B8.tif ’ )
nir_band = nir.read(1)
swir = rio.open( ‘ ./input_data/sentinel_band_B12.tif ’ )
swir_band = swir.read(1)
```

NBR 지수 산출을 위해 재료가 준비됐으니 결과를 도출해본다. 먼저 앞서 제작한 사용자 정의 정규화 함수를 적용하여 NIR 밴드값과 SWIR 밴드값을 정규화한다. 앞에서 설명한 것처럼, 서로 다른 밴드값을 직접 비교하기 위해서는 정규화 과정을 꼭 거쳐야 한다. 우리가 만든 정규화 함수는 입력 인자로 1개의 배열을 넣으면 반환(return) 값으로 단일 정규화 값을 산출하는 기능이다.

정규화 함수를 사용하여 새로운 변수에 정규화로 변환된 값을 입력한다. 이후 정규화 이전 값과 정규화 이후 값을 서로 비교하여 올바르게 정규화되었는지 확인한다.

```
# 정규화
nir_band_norm = normalize(nir_band)
swir_band_norm = normalize(swir_band)

# 정규화 이전 NIR 값
print(nir_band)
```

```
→ [[2593 2480 2727 ... 1742 1766 1820]
   [2484 2455 2629 ... 2027 2034 1873]
   [2508 2499 2533 ... 2130 2201 2171]
   ...
   [2297 2315 2049 ... 2030 1939 1863]
   [2226 2320 2131 ... 2029 1934 2039]
   [2178 2256 2241 ... 2011 1838 2095]]
```

```
# 정규화 이후 NIR 값
print(nir_band_norm)
```

```
→ [[0.22030891 0.20851597 0.23429347 ... 0.13149656 0.13400125 0.13963682]
   [0.20893342 0.20590691 0.22406596 ... 0.16123982 0.16197036 0.14516802]
   [0.21143811 0.21049885 0.21404717 ... 0.17198915 0.17939887 0.176268  ]
   ...
   [0.18941766 0.19129618 0.1635358  ... 0.16155291 0.15205594 0.1441244 ]
   [0.18200793 0.19181799 0.17209351 ... 0.16144855 0.15153413 0.16249217]
   [0.17699854 0.1851388  0.18357337 ... 0.15957003 0.14151534 0.16833646]]
```

이제 NBR 지수 값을 산출해보자. NBR 값은 앞서 알아본 것과 같이 NIR 값과 SWIR 값의 차이를 NIR 값과 SWIR 값의 합으로 나누어 준 것과 같다. 다음 코드와 같이 직접 밴드 간 연산을 통해 nbr에 결괏값을 삽입한다. 두 밴드의 값은 가로 세로 셀 개수가 동일하므로 배열 간 연산이 가능하다는 것을 기억한다. 만약 두 밴드가 서로 다른 길이의 셀 값으로 구성되어 있다면 정상적인 NBR 지수 값을 산출할 수 없다.

```
# NBR index 산출(index range : -1 ~ 1)
nbr = (nir_band_norm - swir_band_norm) / (nir_band_norm + swir_band_norm)
```

```
[[0.16637862 0.04240917 0.10037489 ... 0.24312561 0.25198162 0.27070207]
 [0.09929015 0.0467616  0.08881921 ... 0.41056458 0.41244209 0.32421722]
 [0.10518622 0.05775939 0.0660854  ... 0.43703455 0.45393819 0.40816666]
 ...
 [0.6222253  0.59620665 0.54331391 ... 0.26977217 0.24146193 0.32836228]
 [0.60984591 0.59708382 0.56103926 ... 0.26947256 0.23984267 0.38077692]
 [0.61636186 0.61745426 0.61482034 ... 0.32955429 0.27502393 0.50735509]]
```

이제 NBR 값을 matplotlib.pyplot 라이브러리를 통해 시각화하여 확인한다. 연속적인 지수 값의 범례를 표시하기 위해 colorbar() 함수를 사용한다. 결과 화면에서 영상 중앙 부근(남색) 지역이 산불 피해지역으로 관측된다. 범례를 통해 NBR 값이 낮은 셀이 어둡게 표현된 것을 확인하자.

```
# 시각화
plt.imshow(nbr)
plt.colorbar()
→ <matplotlib.colorbar.Colorbar at 0x267d02f3250>
```

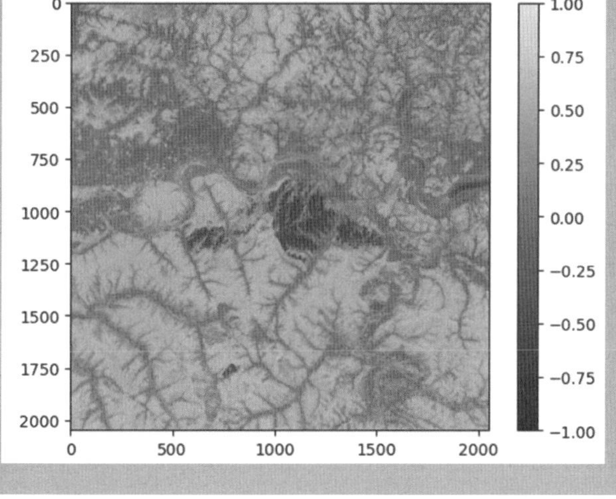

결과 재분류 및 저장

산불이 발생해 연소된 지역만을 추출하기 위해 NBR 지수 값을 사용하여 재분류해보자. 즉, 산불이 발생한 지역의 셀 값은 모두 1로 바꾸고, 이외의 지역은 2로 변환할 것이다.

셀 값 재분류는 numpy.digitize() 함수를 사용하면 된다. 셀 값은 지정한 수를 기준으로 값이 재분류된다. 예를 들어, 경곗값을 0으로 설정하면 음수는 0으로, 양수는 1로 재분류되는 방식이다. 앞서 알아본 것과 같이 NBR은 값이 작을수록 많이 연소된 지역을 의미한다. 예제 코드에서는 -0.4를 기준으로 재분류하였다. 아래 코드와 같이 경계를 -0.4로 설정하여 bound 변수에 저장하자. 이후 numpy.digitize() 함수를 사용하여 값을 재분류한다. 재분류가 잘 되었는지 확인하기 위해 numpy.unique() 함수를 사용하자. np.unique() 함수에서 return_counts 파라미터를 참(True)으로 설정하면 고윳값의 개수를 동시에 확인할 수 있다. 결괏값을 보면 -0.4를 기준으로 값이 0과 1로 재분류되었으며, 0은 42,147개, 1은 4,152,157개로 확인된다. 즉, 셀 값이 0인 지역이 연소된 지역을 의미한다.

```
# 재분류를 위한 경계 설정 및 치환
bound = np.array([-0.4])

# digitize 함수를 사용하여 값 재분류
nbr_class = np.digitize(nbr, bound)

# 재분류된 값과 개수 확인
np.unique(nbr_class, return_counts = True)
→ (array([0, 1], dtype=int64), array([42147, 4152157], dtype=int64))
```

이제 재분류 결과를 시각화하도록 하자. plt.imshow() 함수를 사용하여 플롯을 그린다. 그리고 범례를 생성하기 위해 earthpy.plot.draw_legend() 함수를 사용하자. 이전에 범례를 생성하기 위해 사용한 colobar() 함수는 연속적인 값을 표현하는 데 적합하지만, 재분류된 값과 같이 이산된 값을 표현하기에는 부적합하다. 따라서 earthpy.plot.draw_legend() 함수를 사용하도록 하자.

```
# 결과 시각화
nbr_plot = plt.imshow(nbr_class)
# 범례 추가
et.draw_legend(nbr_plot)
```

```
<matplotlib.legend.Legend at 0x267ceb42910>
```

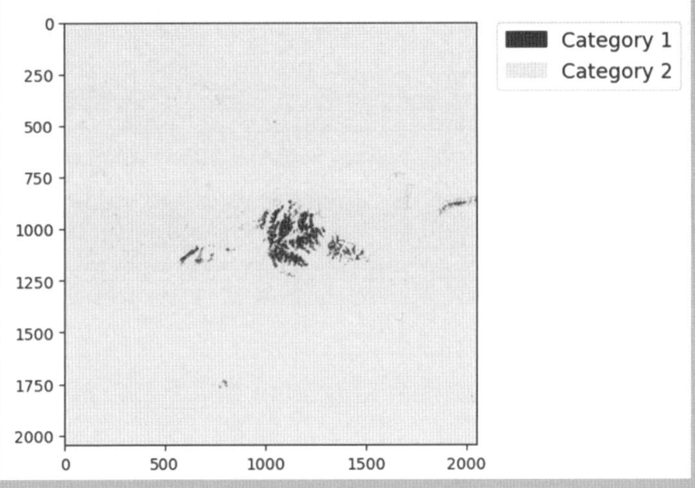

마지막으로 결과 파일을 저장해보자. rasterio.open() 함수를 사용하여 결과 파일이 저장될 경로를 먼저 설정한다. 다음으로 mode를 w로 설정하자. w는 write(쓰기)이며, 데이터 쓰기 모드를 선언하는 의미이다. 결과물의 높이와 너비는 height 인자와 width 인자로 설정할 수 있다. 우리가 새로 만든 재분류된 결괏값은 원본 영상과 동일하므로 shape 속성을 사용하여 값을 지정한다. shape 값으로 반환되는 첫 번째 값은 행이므로 shape[0]을 height로 입력하고, 열은 shape[1]을 width에 입력한다. count는 밴드로 저장할 숫자에 해당한다. 우리가 만든 결괏값은 단일 밴드이므로 1로 지정하면 된다. dtype은 데이터 타입을 의미하며, 저장될 래스터 데이터의 타입을 지정하는 인자이다. 마지막으로 crs는 공간 참조 정보로 원본 밴드 영상의 값을 그대로 가져와서 설정하면 된다.

```
# 결과 파일 저장(binary)
resultRaster = rio.open(‘./output_data/nbr_result.tif’, mode = ‘w’,
                        height = nbr_class.shape[0],    # 행(높이)
                        width = nbr_class.shape[1],     # 열(너비)
                        count = 1,                      # 밴드로 저장할 숫자
                        dtype = nir.dtypes[0],          # 데이터 타입
                        crs = nir.crs)                  # 좌표계
# 결과 파일 쓰기
resultRaster.write(nbr_class, 1)

# 결과 파일 닫기
resultRaster.close()
```

복습 내용

- 위성영상을 이용하여 산불 피해지역을 탐지하는 과정에 관해 설명할 수 있다.
- Sentinel-2A 영상의 밴드별 특성에 관해 설명할 수 있다.
- 위성영상을 시각화하는 데 필요한 rasterio 패키지, earthpy 패키지, numby 패키지에 관해 설명할 수 있다.
- 다중밴드 래스터 데이터를 다루기 위한 스택 자료구조에 관해 설명할 수 있다(그림 12.1 참조).
- 위성영상의 밴드를 조합하여 이미지를 생성할 때 True color 조합, False color 조합과 그 차이에 관해 설명할 수 있다.
- 산불 발생 지역 탐지를 위해 적용할 수 있는 정규산불피해비율 지수에 관해 설명할 수 있다(그림 12.2 참조).
- 생성한 NBR 지수 결과 이미지에서 -0.4를 기준으로 연소지역을 0, 그 외 지역을 1로 재분류하고 그 결과를 래스터 이미지로 저장하는 절차에 관해 설명할 수 있다.

연습 문제

- Sentinel-2A 영상의 Blue 밴드를 불러와서 밴드 정보를 확인하고 밴드를 시각화한 후 밴드 히스토그램을 가시화하는 코드를 작성하여 실행하고 설명해보자.
- Sentinel-2A 영상의 Blue, Green, Red, NIR 밴드를 스택하고 밴드별 영상을 시각화하는 코드를 작성하여 실행하고 설명해보자.
- 앞에서 스택한 Sentinel-2A 영상에 대해 Red, Green, Blue 순서를 적용하여 True color로 영상을 시각화하는 코드를 작성하여 실행하고 설명해보자.
- 앞에서 스택한 Sentinel-2A 영상에 대해 False color 조합으로 영상을 시각화하는 코드를 작성하여 실행하고 설명해보자.
- Sentinel-2A 영상의 NIR 밴드와 SWIR 밴드를 불러와 정규화한 후 정규산불피해비율(NBR) 지수를 이미지를 생성하고 가시화하는 코드를 작성하여 실행하고 설명해보자.
- 앞서 생성한 NBR 지수 결과 이미지에서 산불과 관련된 내용을 설명해보자.
- 앞서 생성한 NBR 지수 결과 이미지에서 -0.4를 기준으로 연소지역을 0, 그 외 지역을 1로 재분류하고 그 결과를 래스터 이미지로 저장하는 코드를 작성하여 실행하고 설명해보자.

파이썬을 활용한 공간분석 도구 개발

초판1쇄 인쇄 2024년 12월 2일
초판1쇄 발행 2024년 12월 10일

지은이 최진무, 김민준
펴낸이 김진상
책임편집 최정미
표지 디자인 이수정
본문 디자인 최효진
펴낸곳 경희대학교 출판문화원
주소 서울시 동대문구 경희대로 26
전화 02-961-0106~8, 팩스 02-961-0291
설립 1960년 9월 16일 제5-8호
등록 1977년 11월 8일 제6-5호

홈페이지 www.khupress.com
전자우편 press@khu.ac.kr

ISBN 978-89-8222-780-6 (93000)